Willi Rudolf

GEHT NICHT – GIBT'S NICHT

Mein steter Kampf als Schwerstbehinderter gegen Barrieren im Kopf

Oertel+Spörer

Bildnachweis: Abbildungen aus Privatbesitz, mit Ausnahme von:
S. 156: Firma AQUA TEC, S. 174: BSK e.V.; S. 205: GEA; S. 209:
Staatsministerium Baden-Württemberg; S. 250: Flughafen Stuttgart;
S. 260: Ulla Kenntner

Bibliografische Information der Deutschen Nationalbibliothek:
Die Deutsche Nationalbibliothek verzeichnet diese Publikation in der
Deutschen Nationalbibliografie; detaillierte Daten sind im Internet
über http://dnb.d-nb.de abrufbar.

2. erweiterte und überarbeitete Auflage 2017
© Verlag: Oertel+Spörer
Verlags-GmbH+Co. KG
Beutterstraße 10 · 72764 Reutlingen
Postfach 16 42 · 72706 Reutlingen

Umschlaggestaltung: PMP Agentur für Kommunikation, Reutlingen
Titelfoto: Willi Rudolf
Lektorat: Petra Wägenbaur, Sabine Tochtermann
Satz und Repro: Uhl+Massopust GmbH, Aalen
Druck und Bindung: Longo AG, I-Bozen

ISBN 978-3-88627-468-0

Besuchen Sie uns im Internet unter: www.oertel-spoerer.de

INHALT

VORWORT ZUR 2. AUFLAGE

Geht nicht, gibt's nicht: Das ist der Titel des Buches, das Sie nun in zweiter Auflage in Händen halten. Und zugleich das Motto meines Lebens. Eines Lebens, das mich unter schwierigen Startbedingungen hat meinen Weg finden lassen. Ich habe alles aufgeschrieben, was dieses Leben bestimmt hat. Und was ich alles dank der Hilfe meiner Familie, meiner Frau, meiner Freunde, meiner Kollegen, ja, mit der Hilfe eines ganzen Dorfes erreichen konnte – Ziele und Erlebnisse, Erfolge und Einsichten, von denen ich als kleiner Bub, als behinderter Bub nur träumen konnte.

Behinderung und Krankheit haben mich oft genug zurückgeworfen, mir Steine in den Weg gelegt, ja, mich auch gequält. Aber gerade weil ich letzten Endes beides angenommen und mich mit beiden immer wieder von Neuem auseinandergesetzt habe, Behinderung wie Krankheit, stellt sich die Frage: Weshalb habe ich eigentlich dann noch dieses Buch geschrieben?

Es gibt dafür eine einfache Erklärung: Das Verfassen dieses Buches erscheint mir heute wie ein Blick in den Rückspiegel, wenn ich die vielfältigen Erlebnisse meines Lebens vor den Lesern und mir Revue passieren lasse.

In meinem Leben spielten Spiegel eine große Rolle – und das im wirklichen genauso wie im übertragenen Sinn. Mit einem Spiegel konnte ich zum Beispiel immer wieder meine mangelnde Beweglichkeit kompensieren. Wenn ich etwa, eingezwängt in ein Korsett, mich monatelang nicht bewegen konnte, wenn ich, wie es während der Behandlung des Öfteren geschah, wie ein Maikäfer auf dem Rücken liegend, durch die eingeschränkte Beweglichkeit nicht in die Richtung blicken konnte, in die ich so gerne geschaut hätte – da war es ein Spiegel, der mir diesen Ausblick ermöglichen konnte.

Denn ein Spiegel ist durchaus nicht nur ein Rück-Spiegel. Er ist zudem ein Instrument, das es möglich machen kann, im wahrsten Sinne des Wortes um die Ecke zu sehen. Und das nicht nur in der Rückenlage im Bett zum Fenster hinaus, sondern auch im weiteren Sinne in sich selbst.

Um die Ecke sehen zu können, dorthin, wo ich eigentlich in meinen Einschränkungen nie ganz hätte hinschauen können – das bedeutet für mich gleichzeitig auch, um die Ecke denken zu können.

Wie anders hätte ich die Lust und die Kraft entwickeln können, mich mein Leben lang gerade auf jene Ziele zu konzentrieren, für die es bei vielen meiner Mitmenschen nur hieß: »Geht nicht!« Doch geht nicht – gibt's nicht. Der Blick in den Spiegel dieses Buches zeigt, dass Grenzen von uns nur dann überwunden werden können, wenn wir es schaffen, sie nicht als Grenzen zu akzeptieren. Es war stets dieser Spiegel, der meinen Horizont erweitern half. Und damit auch meinen Mut, das zu denken, was eigentlich undenkbar war.

Der Spiegel als Symbol ist mir noch in vielen weiteren Lebenssituationen vertraut. Im übertragenen Sinne war es bei den unzähligen Gesprächen, die ich mit vielen Menschen in vielen Funktionen mein ganzes Leben lang geführt habe, immer wieder von Vorteil, wenn ich mich in die Situation des Gesprächspartners hineinversetzte. In den Spiegel zu schauen bedeutet ja auch: sich selbst und sein Verhalten spiegeln zu können. Und den Anderen, der vor uns steht, auch aus seiner Sicht sehen und begreifen zu können.

Als Rentner im Ruhestand habe ich nun mein Leben zurückblickend wie im Spiegel betrachtet, auch mir schien es nach meinem Menschenverstand bei dieser Ausgangsbasis früher unmöglich, diese Ziele erreichen zu können. Doch ich habe sie erreicht.

Ich habe dieses Buch geschrieben, um für diesen Blick in den Spiegel zu werben: uns zu sensibilisieren für die kostbaren Unterschiede, die uns als unterschiedliche Individuen mit unterschiedlichen Gaben, Fähigkeiten und Möglichkeiten auszeichnen. Und einen Blick in den Spiegel eines Menschen zu wagen, der vielleicht ein paar Probleme mehr als andere Menschen seiner Generation bewältigen musste – eben weil ich nicht so bin wie die anderen. Deshalb spiegelt dieses Buch auch sehr persönliche Fragen: Mit welchen Hürden musste ich kämpfen? Welche Ängste und Sorgen trieben mich um? Welche Komplexe bestimmten meine Selbstsicht?

Ja, ich gestehe, ich selbst hatte auch Vorurteile. Ja, ich selbst hatte auch Hemmungen gegenüber Menschen mit einer guten Bildung – die ich nicht hatte. Ich bewunderte Menschen, die sportlich waren und dazu noch gut aussahen – ich war es eben nicht. Ja, und ich beäugte manchmal missgünstig erfolgreiche Menschen, die sich weltgewandt aufgrund ihrer vielen Reisen durch die Gesellschaft bewegten. Erst sehr viel später durfte ich solche Erfahrungen selbst für mich machen – und diese Gefühle im Laufe der Jahrzehnte abbauen.

Wahrscheinlich war ich vor vielen Jahren auf manche von diesen schönen, gebildeten, erfolgreichen, sportlichen, weltgewandten Menschen sogar ziemlich neidisch.

War das verwunderlich? Eigentlich nicht. Denn zu kompensieren gab es für mich viel: Ich wurde am Ende des Krieges als Halbwaise geboren – als Einzelkind mit einer starken Behinderung und mit einer mangelnden Körpergröße. Ich leide unter dem sogenannten Napoleon-Syndrom. Aufgewachsen bin ich zudem auf dem Lande, in einem Dorf mit etwas über eintausend Einwohnern am Rand der Schwäbischen Alb. Und auch mit der Mobilität war das so eine Sache: Wir hatten kein Auto in der Familie.

Und so startete ich in ein Leben, mein Leben, dass unter anderem mit dem folgenden Satz eines Arztes begann: »An einem solch schäbigen Kind ist eh nichts mehr zu machen!«

Ich blieb in den ersten Jahrzehnten zwangsweise ohne große Welt-Erfahrung, wuchs mit einem Erfahrungsradius von 30 bis 80 Kilometern auf – und erhielt nur eine mangelnde Schulbildung. Und keine Ausbildung. Waren das die richtigen Voraussetzungen dafür, die gesellschaftlichen Vorstellungen eines schwäbischen Mannes zu erfüllen?

Als Kind wurde mir erklärt, dass es für einen Mann zu den schwäbischen Tugenden gehöre, einen Baum zu pflanzen, eine Familie zu gründen, einen Sohn zu zeugen und ein Haus zu bauen. Dass mir, ausgerechnet mir, dem »schäbigen Kind«, trotz aller Widrigkeiten all dies gelingen würde, erschien mir viele Jahre lang unvorstellbar. Und doch ist alles so eingetreten. Allerdings mit der kleinen Einschränkung, dass ich mich beim Baum auf das Gießen beschränkt habe. Und mit dem Hausbau auf die Detailplanung – und das Überweisen der Rechnungen.

Das, was ich in meinem Leben tun durfte und das, was ich getan habe, fand Bestätigung. Für meine Arbeit habe ich zahlreiche Auszeichnungen erhalten: Das Bundesverdienstkreuz, die Landesmedaille, die Eduard-Knoll-Ehren-Medaille, die Ehrennadel des Städtetages, die Ehrennadel des Gemeindetags und die Bürgermedaille der Stadt Mössingen für jahrzehntelange Kommunalpolitik.

Dabei bin ich mir über Eines stets bewusst: All das konnte ich nur mit der Unterstützung meiner Mutter, meiner Ehefrau Emma, unserer Kinder, der ganzen Verwandtschaft, vieler Freunde und Kollegen und der Nachbarn in unserem Dorf Öschingen erreichen.

Ebenso unterstützt haben mich meine zahlreichen Kolleginnen und Kollegen, Mitarbeiter in vielen Funktionen, insbesondere die unzähligen Zivildienstleistenden, mit deren Hilfe ich in 25 Jahren in Anspruch nehmen durfte. Und natürlich seien nicht vergessen jene Menschen, mit denen ich in zahllosen Gremien, Kommissionen, Ausschüssen und Vorständen zusammenarbeiten durfte.

Dafür danke ich. Und wenn ich in den Spiegel schaue, weiß ich: Ich kann und darf das Leben genießen.

Allen Barrieren zum Trotz. Denn Barrieren sind dafür da, aus dem Weg geräumt zu werden: **Geht nicht, gibt's nicht!**

Willi Rudolf im April 2017

»Wer ihn kennt, weiß was Optimismus heißt.«

Geht nicht – gibt's nicht! Das Lebensmotto von Willi Rudolf spiegelt sich auch in seinem Buch wider, das nun in der zweiten Auflage erscheint. Willi Rudolf zeigt damit einmal mehr, dass fast alles möglich ist, wenn man Probleme anpackt, Herausforderungen angeht und seine Ziele beharrlich verfolgt. Wer ihn kennt, weiß, was Optimismus heißt! Wenn man dieses Buch gelesen hat, wird einem klar, dass es im Leben von Willi Rudolf immer wieder Situationen gegeben hat, in denen viele andere ihren Optimismus verloren hätten.

Er nicht – und das ist bemerkenswert!

Oft denke ich an die Zeit zurück, als ich Willi Rudolf im Jahr 2004 kennengelernt habe. Ich war seit wenigen Monaten neuer Landrat des Landkreises Tübingen; er wurde als Mitglied der Fraktion der Freien Wähler in den Kreistag gewählt und das alte Landratsamtsgebäude in der Doblerstraße in Tübingen war alles andere als barrierefrei. Für die Sitzungen mussten wir Willi Rudolf in seinem Rollstuhl noch die Treppe hinauf- und heruntertragen. Das war für uns zwar beschwerlich, aber eine Selbstverständlichkeit. Für ihn war es wohl eher abenteuerlich!

Hier haben wir mit dem im Jahr 2006 fertiggestellten Neubau des Landratsamts glücklicherweise eine andere Ausgangslage. Willi Rudolf hat mit seiner Arbeit im Gremium, in seiner späteren Funktion als Kreisbehindertenbeauftragter, vor allem aber mit seiner Persönlichkeit einen ganz entscheidenden Beitrag dazu geleistet, dass Inklusion und Teilhabe heute für den Landkreis Tübingen ein Schwerpunktthema sind. Hier gibt uns Willi

Rudolf immer wieder wertvolle Anregungen, die von Kreistag und Verwaltung dankbar aufgegriffen werden und in verschiedenste Themenbereiche einfließen. So ist Willi Rudolf mit seinem großen Erfahrungsschatz und seiner offenen und ehrlichen Art ein geschätzter Gesprächspartner und Experte. Ich möchte auch dieses zweite Buch jeder und jedem ans Herz legen, der sich anstecken lassen möchte von der Empathie und der Unerschütterlichkeit eines außergewöhnlichen Menschen, der uns lehrt, dass Barrierefreiheit im Kopf beginnt – und dass davon alle Menschen profitieren, ob mit oder ohne Behinderung. Ich möchte Willi Rudolf sehr herzlich danken – für sein herausragendes Engagement für den Landkreis Tübingen und dafür, dass er Vorbild für uns alle ist.

Allen Leserinnen und Lesern wünsche ich viel Freude beim Schmökern und Nachdenken.

Joachim Walter
Landrat

»Eine lebendige und lebenswerte Gesellschaft braucht die Beteiligung aller ihrer Bürger.«

Im Jahr 2009 wurde die UN-Konvention über die Rechte von Menschen mit Behinderungen für Deutschland ratifiziert. Dort heißt es unter anderem, dass auch Menschen mit Behinderungen »die volle und wirksame Teilhabe an der Gesellschaft und Einbeziehung in die Gesellschaft« zusteht (Artikel 3). Im selben Jahr habe ich Willi Rudolf bei einer Veranstaltung in Mössingen kennengelernt.

Für ihn ist diese wirksame Teilhabe seit vielen Jahren selbstverständlich. Politik, so habe ich in dem kurzen Gedankenaustausch mit Willi Rudolf erfahren, ist ihm Herzensanliegen und Leidenschaft zugleich. Seit mehr als 30 Jahren engagiert er sich in diversen sozial-politischen Verbänden und Gremien für die Belange von Menschen mit Behinderungen. Fast genau so lange schon ist er in seiner Heimatgemeinde politisch aktiv. Nicht nur für behindertenspezifische Themen, sondern ganz allgemein für all das, was die Menschen betrifft und beschäftigt. Und das immer aus seiner Perspektive, mit dem besonderen Blickwinkel eines körperlich eingeschränkten Rollstuhlfahrers.

Willi Rudolf musste sich diese Mitwirkung und Mitbestimmung in der Kommunalpolitik hart erkämpfen, zu einer Zeit, als selbst öffentliche Gebäude und Versammlungsräume nur über Treppen zu erreichen waren und noch kein Mensch an einen barrierefreien Wahlraum dachte. Durch den zähen Einsatz der Betroffenen selbst hat sich in den vergangenen Jahrzehnten vieles verbessert, wenn auch längst nicht alle Wünsche erfüllt und Ziele erreicht sind. Das politische Engagement von Menschen mit Be-

hinderungen bleibt deshalb nicht nur wünschenswert, sondern dringend erforderlich. Regierungen können zentrale Vorschriften für die Erleichterung des Lebens mit einer Behinderung erlassen, die konkrete Umsetzung jedoch etwa durch barrierefreie Zugänge erfolgt vor Ort und eben durch den Einsatz von Menschen wie Willi Rudolf. Eine lebendige und lebenswerte Gesellschaft braucht die Beteiligung aller ihrer Bürger, auch derer die im Rollstuhl sitzen oder eine sonstige Behinderung haben. Das ist gute Kommunalpolitik und somit gelebte Demokratie.

Dass Willi Rudolf nun seine Lebenserinnerungen in einem Buch veröffentlicht hat, freut mich. Es soll Mut machen zum Leben, auch wenn es für den einen oder anderen vielleicht ungewöhnliche Wege oder Umwege nimmt. Und es soll Mut machen, sich einzumischen und mitzumachen und seine Interessen zu vertreten. In diesem Sinne wünsche ich dem Buch und allen seinen Lesern viel Erfolg!

Ihr Dr. Wolfgang Schäuble

KINDHEIT UND JUGEND AUF DEM LAND

Kriegshochzeit der Eltern

Mein Name ist Willi Rudolf. Eigentlich hätte ich ein Mädchen werden und Hannelore heißen sollen. Aber da ich ein Junge geworden bin und mein Vater zum Zeitpunkt meiner Geburt irgendwo in Russland vermisst war und nicht gefragt werden konnte, hat mir meine Mutter, wie damals üblich, den Namen meines Vaters Wilhelm gegeben. Schon ganz früh wurde ich nur noch Willi genannt, damit man unterscheiden konnte, welchen Wilhelm man gerade meinte.

Ich kam am 28. November 1944 in dem kleinen, zu der Zeit noch württembergischen Dorf Öschingen am Fuß der Schwäbischen Alb zur Welt. Das Jahr 1944 war ein hartes Jahr, der schreckliche Krieg hatte längst auch mein Heimatdorf erreicht, das unter Filsenberg und Rossberg am Ende eines Tales so abgeschieden und idyllisch daliegt. Doch die Idylle war in diesem letzten Kriegswinter nur äußerer Schein. Die meisten Öschinger lebten noch ganz oder zumindest teilweise von der Landwirtschaft, alle jungen Männer waren an der Front und die Frauen, Kinder und Alten mussten die schwere Arbeit im Haus und auf den Feldern alleine bewältigen. Hinzu kam die Angst um die Ehemänner und Söhne, immer mehr junge und alte Frauen trugen plötzlich Schwarz.

Mein Vater Wilhelm Rudolf und meine Mutter Frida, geborene Schneider, hatten im Herbst 1943 in der evangelischen Kirche in Öschingen geheiratet. Es war eine sogenannte Kriegstrauung, die in vereinfachtem Verfahren innerhalb kurzer Zeit durchgeführt werden konnte. Im Dorf wurde aber trotzdem richtig Hochzeit gefeiert. Tage vorher liefen die kleinen Buben und Mädchen zum Haus der Braut und brachten Mehl, Eier und Butter. »Zum Bache trage« – zum Backen tragen nannte man diesen Brauch, der auch notwendig war, denn das gesamte Dorf wurde vor der Trauung ins Haus der Brautfamilie zu Kaffee, Brezeln und Hefekranz eingeladen. Anschließend – während der kirchlichen Feier – versorgten die ledigen Mädchen die gebrechlichen Alten und Kranken mit Kaffee und Kuchen. Das traditionelle Festessen wurde wie üblich im »Lamm« gefeiert, der größten Wirtschaft im Dorf mit Festsaal genau gegenüber dem Haus der Braut. Die Brauteltern hatten an nichts gespart. Wie in Friedenszeiten gab es das traditionelle Öschinger Hochzeitsessen: Nudelsuppe, Braten, Kartoffelsalat und Spätzle.

Von meiner Mutter gibt es einige Bilder im bodenlangen, weißen Brautkleid mit Schleier und weißen Handschuhen. Schüchtern sieht sie aus, wie sie im herbstlichen Garten steht. Ihr Haar trägt sie, wie ihr ganzes Leben lang, hinten zu einem Knoten zusammengebunden. Zur Feier des Tages hat sie ihre Haare mit der Brennschere etwas gewellt. Ihre Mutter, meine Ahne, war in ihrer Jugend eine unternehmungslustige Frau gewesen und hatte sich zum Ausgehen gern hübsch gemacht. Sie besaß ein solches Gerät, das man zum Erhitzen im Herd in die Glut legte.

Meine Mutter lächelt, weil sie sich freut, dass sie ihren Wilhelm heiraten durfte, trotz Krieg und ungewisser Zukunft. Aber wie eine strahlende Braut sieht sie nicht aus. Wie auch, wenn sie weiß, dass der Liebste wenige Tage später wieder in den Zug steigen und Richtung Tod und Schrecken fahren muss.

Hochzeitsurlaub wurde meinem Vater erst im Frühjahr 1944 genehmigt. Es waren die einzigen gemeinsamen Tage, die meine Eltern miteinander hatten. Sie wussten es nicht, aber befürchtet haben sie es bestimmt. Auf den wenigen Fotos, die in diesen Tagen gemacht wurden, trägt mein Vater immer seine Uniform. Ernst sieht er aus, man ahnt, was er im zurückliegenden russischen Winter erlebt hat, und dass ihm bange ist vor dem, was

Meine Eltern Frida und Wilhelm Rudolf im Herbst 1943.

in wenigen Tagen wieder auf ihn zukommt. Dennoch müssen es für meine Eltern glückliche Stunden und innige Begegnungen gewesen sein. Solange sie lebte, hat meine Mutter mit tiefer Liebe und Wärme von meinem Vater gesprochen. Sie hat ihn nie vergessen, hat nie wieder geheiratet und bis zu ihrem Tod hing immer ein Bild von ihm in unserer Stube.

Wie mag es für die beiden gewesen sein, dieses Glück auf Zeit? Konnten die Zärtlichkeit und die Begeisterung ihrer jungen Liebe das Grauen und die Angst verdrängen? Sie hat mir nie davon erzählt, wohl aber darüber, dass sie sich anschließend fast täglich geschrieben haben und wie sehr mein Vater sich gefreut hat, als sie ihm wenige Wochen nach dem Hochzeitsurlaub von ihrer Schwangerschaft berichten konnte. Voll jugendlichem Überschwang schrieb er nach Hause, wie er sich schon auf seine kleine Hannelore freuen würde und wie schön es sein würde, eine richtige kleine Familie zu sein.

Warten und Sorgen

Die freudigen Zeilen über »seine kleine Hannelore« gehörten zu den letzten, die meine Mutter je von meinem Vater erhalten hat. Schon im Juni setzten seine regelmäßigen Briefe plötzlich aus. Es folgten lange Wochen der Ungewissheit. In Gedanken waren meine Mutter und meine Großmutter oft bei meinem Vater, den sie irgendwo in der Gegend zwischen Orscha und Minsk vermuteten. Sie waren nicht sicher, ob er gefallen war, sich irgendwo versteckt hielt, vielleicht sogar schwer verwundet oder in Gefangenschaft geraten war. Immer wieder kamen widersprüchliche Nachrichten von Heimkehrern, die ihn entweder noch gesehen haben wollten oder von seinem Tod berichteten.

Währenddessen musste die schwere Arbeit in der Landwirtschaft natürlich weitergehen, obwohl nicht einmal mehr ein Schlepper vorhanden war. Alles was Räder und irgendeinen

In den letzten Kriegsjahren wurde in Öschingen noch Landwirtschaft ganz im alten Stil betrieben: Mein Großvater, der Ehne, und Helmut Walter neben einem hochbeladenen Heuwagen.

Nutzen hatte, war für kriegswichtige Zwecke konfisziert worden. Mein Großvater Georg Schneider war zu dieser Zeit der einzige Mann im Haus. Er war damals erst 46 Jahre alt und kräftig gebaut – leider aber nicht ganz gesund, er hatte schon seit vielen Jahren Probleme mit dem Magen. In jenem Jahr war es ganz schlimm, er sollte sich deshalb möglichst schonen, was ihm bei der vielen Arbeit, die entweder liegen bleiben oder von seiner Frau und der schwangeren Tochter erledigt werden musste, nicht leicht gefallen ist.

Zu unserem Haushalt gehörten damals noch zwei Kinder, die zwar nicht mit uns verwandt, aber vollkommen in die Familie eingebunden waren. Ingrid Fuhr stammte aus dem Rheinland und war mit etwa zehn Jahren über die Erweiterte Kinderlandverschickung[1] in unser Dorf eingewiesen worden, wo sie etwa drei Jahre lang bis Kriegsende blieb. Wir haben heute noch Kontakt, und in jüngeren Jahren hat uns Ingrid häufig besucht.

Helmut Walter war ein Nachbarsjunge, dessen Eltern irgendwann innerhalb Öschingens an den Mühlberg umgezogen waren. Helmut habe es dort gar nicht gefallen, und so sei er bei meiner Familie und in seiner vertrauten Umgebung geblieben. Er war ein gutmütiger und sehr fleißiger Junge. Ganz besonders mochte er meinen Großvater, den Ehne. Der war sein großes Vorbild und Helmut wollte wie der Ehne Bauer werden. Meine Großeltern behandelten ihn wie ein eigenes Kind, und Helmut lebte bis zu seiner Hochzeit bei uns im Haus.

»Zwei sehr erfreuliche junge Menschen«
Bericht Schwester Käthe, Diakonisse

An die Hochzeit von Frida und Wilhelm, die Eltern von Willi Rudolf, erinnere ich mich noch gut. Die beiden waren ein schönes Paar, zwei sehr erfreuliche junge Menschen. Meine Cousine Frida ist unter den Mädchen im Dorf aufgefallen. Sie war hübsch, immer adrett angezogen. Alle Kleidungsstücke hat sie selbst genäht. Und der Wilhelm sowieso! Das war ein ganz stattlicher, charmanter, fröhlicher und selbstbewusster Mann. Er arbeitete bei der Trikotagenfabrik Schöller in der Färberei als Ausrüster. Dem Dorf mit seinen Menschen und Traditionen war er stark verbunden, er war aber auch gern unterwegs. Sein Spruch war immer:»Wenn ich übers Rau's Brückle rausgeh, dann wird ein anderer Gang eingelegt.« Damit wollte er sagen: Hier bei euch bin ich ein einfacher Öschinger, aber wenn ich das Dorf verlasse, dann kann ich auch ganz anders.

Dass er nicht mehr aus Russland zurückkam, war für die Frida ein harter Schlag. Auch in der Landwirtschaft fehlte er an allen Ecken und Enden, denn der Ehne war schon während der Kriegsjahre nicht mehr richtig gesund. Es war nur gut, dass der Helmut im Haus lebte und in der Landwirtschaft mit anpackte. Der Junge war 1928 geboren, war also bei Willis Geburt 16 Jahre alt und konnte schon beinahe wie ein Mann arbeiten. Vor allem war er unglaublich fleißig! Für den Ehne war er eine große Hilfe und Stütze, denn er wusste, dass er sich auf ihn verlassen konnte.

Willis Großvater Georg Schneider starb 1954 mit nur 56 Jahren an einem Magendurchbruch. Damals dachte ich: Jetzt geht alles den Bach runter. Kein Mensch wusste, wie's mit dem Willi weitergehen würde. Irgendwie meinten alle, das schaffen die beiden Fridane, so nannte man die beiden Frauen mit demselben Vornamen, allein nicht. Das ganze Dorf trauerte mit der Familie. Ich glaube, es gab niemanden, der nicht überlegte, wie er die beiden Frauen und den Willi unterstützen könnte.

Hausgeburt mit Tränen

Als bei meiner Mutter am Abend des 27. November die ersten Wehen einsetzten, war es gut, dass sie im elterlichen Haus lebte und meine Großmutter Frida, die eine sehr resolute Frau war, das Regiment übernehmen konnte. Natürlich war meine Mutter vor ihrer ersten Geburt aufgeregt, denn obwohl Hausgeburten bei uns auf dem Land zu dieser Zeit noch selbstverständlich waren, ist sie mit ihren 24 Jahren noch nie selbst dabei gewesen. Unsere Hebamme, die Schneider Luis', war eine sehr erfahrene Frau mit guten medizinischen Kenntnissen. Man suchte sie auch auf, wenn man sich einmal tiefer als üblich geschnitten oder den Arm verstaucht hatte. Sie war unsere nächste Nachbarin und wohnte im Untergeschoss vom alten »Lamm«, dort, wo sich heute der Firmensitz von LeoBa-GmbH befindet. Diese räumliche Nähe war sehr praktisch, denn so musste man die Luis' erst holen, »wenn es soweit war«. Und das war es bei meiner Mutter dann irgendwann in den frühen Morgenstunden des 28. November. Wie schön wäre es gewesen, den jungen Ehemann als Stütze neben sich, oder, wie damals eher üblich, im

Zimmer nebenan mit ausharrend zu wissen! Aber da war niemand! »Wo Wilhelm ist, das weiß allein der Herrgott«, pflegten die Frauen sich gegenseitig zu trösten. Doch das half meiner Mutter in diesen schweren Stunden auch nicht mehr, sie stöhnte und schrie all ihren Schmerz und Kummer aus sich heraus.

Die Luis', als sie endlich kam, tat ihr Bestes, um die Frau zu beruhigen. Meine Mutter war felsenfest überzeugt, ein kleines Mädchen zur Welt zu bringen. Doch die Hebamme hatte immer wieder gewarnt, so ganz sicher solle man lieber nicht sein, vielleicht werde es ja auch ein kleines Büble. Man müsse sich über jedes Kind freuen, Hauptsache, es sei gesund.

Ja, und dann kam ich. Kein Mädle, und erst recht nicht »gesund«. Zwar litt ich zum Zeitpunkt meiner Geburt unter keiner akuten Erkrankung, es war aber auf den ersten Blick ersichtlich, dass meine Hände und Füßchen nicht richtig ausgebildet waren. Ganz offensichtlich würde ich zeit meines Lebens schwerbehindert sein, und das war nach dem allgemeinen Verständnis eben alles andere als »gesund«.

Meine Mutter war nach den Schmerzen der schwierigen Geburt völlig außer sich, als sie sah, was für schwere körperliche Fehlbildungen ihr Baby hatte. Sie jammerte und schluchzte vor Enttäuschung und Mitleid und weder ihre Mutter noch die Hebamme waren zunächst in der Lage, die hysterisch weinende junge Frau zu beruhigen. Der spätere Öschinger Schultes Martin Buck, dessen Schlafstubenfenster, nur durch einen schmalen Gartenstreifen getrennt, genau gegenüber dem Schlafzimmer meiner Mutter lag, erzählte noch im Alter, wie er seinerzeit von dem Schreien und Wehklagen meiner Mutter aus dem Schlaf gerissen worden war und dass er diesen Jammer sein ganzes Leben lang nicht vergessen konnte.

Später habe ich oft darüber nachgedacht, welches Glück ich gehabt hatte, dass ich zu Hause in Öschingen zur Welt gekommen bin. Ob ich wohl überlebt hätte, wenn ich in einem öffentlichen Krankenhaus geboren worden wäre? 1944? Mitten im »Totalen Krieg«? Vielleicht hätte ich mir dort »zufällig« eine Lungenentzündung oder irgendeinen anderen Infekt zugezogen und wäre »leider« plötzlich verstorben? Ganz gewiss aber hätte sich niemand besondere Mühe mit einem schwerbehinderten Baby gegeben, es war am Anfang keineswegs sicher, ob ich überhaupt eine Chance hatte durchzukommen. Die Hebamme und meine Familie waren da zunächst sehr skeptisch, denn niemand wusste, ob zu den offensichtlichen äußerlichen Fehlbildungen nicht noch unsichtbare, innere Schädigungen hinzukamen.

Ein lebenswertes Leben für ihr Kind
Kommentar Schwester Käthe

Dass der Wilhelm, Willis Vater, in Russland vermisst blieb, war für die junge Frida sehr schmerzhaft. Dazu noch das Kind mit den schweren Behinderungen. Eine andere hätte da vielleicht den Mut verloren. Nicht so die Frida. Sie war unglaublich erfinderisch, hatte ständig neue Einfälle, was man tun könnte, um etwas für den Willi zu vereinfachen oder ihn besser zu fördern. Im Haus wurde häufig etwas umgebaut, dauernd fielen ihr andere Dinge ein, die sie dem Willi zum Spielen geben wollte, damit seine Fingerchen beweglicher oder seine Muskeln gekräftigt würden. Es wurde ihre Lebensaufgabe, ihrem Kind das Leben lebenswert zu machen.

Im Brotkorb zum Spezialisten

Nachdem sich bei meiner Mutter der erste Schock gelegt hatte, kam ihre Kämpfernatur zum Vorschein. Ob nun Mädchen oder Junge, gesund oder behindert: Das kleine Menschlein da in der alten Familienwiege aus dunklem Holz, das war ihr Kind! Mit ihrer Energie und ihrem außergewöhnlichen Einfallsreichtum hat sich meine Mutter ihr ganzes Leben lang dafür eingesetzt, mein Leben so »normal« und so vielfältig wie nur möglich zu gestalten. Dass ihre finanzielle Situation und die damals dürftigen therapeutischen, gesellschaftlichen und schulischen Möglichkeiten nur einen geringen Spielraum ließen, steht auf einem anderen Blatt. Meine Mutter, ja, meine ganze Familie, hat alles in ihren Kräften stehende getan, um mir behindertem Kind und Jugendlichem die Teilhabe am gesellschaftlichen Leben unseres Dorfes zu ermöglichen.

Und das von Anfang an: Ich war erst ein paar Wochen alt, da hatte meine Mutter bereits ausfindig gemacht, dass in Dettingen an der Erms noch ein orthopädischer Spezialarzt praktizierte, den man nicht für kriegswichtige Einsätze abberufen hatte, und machte sich dorthin auf den Weg. Das liest sich heute so selbstverständlich, doch Ende 1944 war es nicht einfach, überhaupt an die entsprechenden Informationen zu kommen. In Öschingen gab es keinen Arzt, den man hätte um Rat fragen können. Nur ganz wenige Familien besaßen ein Telefon, und »mal eben mit dem Auto in die Stadt fahren« war auch unmöglich, da fast alle Privatfahrzeuge zu Kriegszwecken eingezogen worden waren.

Da auch Busse und Bahnen in den letzten Kriegswochen, wenn überhaupt, nur noch unregelmäßig fuhren, entschied meine Mutter, sich zu Fuß auf den Weg zu machen.

Ich habe mir später die Strecke angesehen. Laut *Google-Maps* könne man sie von 26 bis 28 Kilometern in 5 Stunden und 35 Minuten zu Fuß bewältigen. Mit einem wenige Wochen alten

Säugling, der unterwegs gestillt und gewickelt werden muss, dürfte es deutlich länger gedauert haben.

Meine Mutter war keine besonders große und kräftige Frau, aber sie war an schwere Arbeit gewöhnt und traute sich den Fußmarsch zu. Ihre Tante Marie, die Schwester ihres Vaters, begleitete sie. Sie packten mich in warme Decken – es war Mitte Dezember – und betteten mich in einen großen runden Weidenkorb, wie ihn die Frauen benutzten, um die Brotlaibe ins Backhaus zu tragen. Seinerzeit trugen die Frauen auf dem Land die schweren Brotkörbe noch auf dem Kopf, aber das waren immer nur kurze Distanzen, ein Neugeborenes fast 30 Kilometer auf dem Kopf zu balancieren war dann doch noch mal eine andere Leistung.

Die beiden Frauen machten sich noch vor Tagesanbruch auf den Weg Richtung Dettingen. Hinter Reutlingen begegneten sie einem Milchwagen, der die vollen Kannen bei den Bauern in den umliegenden Dörfern einsammelte und nach Reutlingen zur Molkerei brachte. Der Fahrer bot ihnen einen Platz auf der offenen Ladefläche des Lastwagens an, so konnten sie wenigstens einen Teil der Strecke fahren. Benzin oder Diesel waren zu dieser Zeit kaum noch zu bekommen, deshalb war der Lastwagen mit einem Holzvergasermotor ausgestattet, der fürchterlich qualmte und die Ladefläche, auf der die beiden Frauen mit dem Baby kauerten, in Rauch und Gestank hüllte. Diese Motoren waren sehr ineffizient, sie wurden aber in den letzten Kriegsjahren in Deutschland häufig eingesetzt, damit wenigstens die notwendigsten Fahrten erledigt werden konnten.

Die Untersuchung beim Orthopäden in Dettingen war für meine Mutter deprimierend. Fast schien es, als sei bei ihrem Baby gar nichts, wie es sich gehörte. Außer den offensichtlichen Klumpfüßchen und den fehlenden Fingergliedern diagnostizierte der Orthopäde noch eine Hüftluxation. Von diesem Zeitpunkt an war klar, dass ich, wenn überhaupt, nur sehr eingeschränkt gehfähig sein würde. Wegen der Klumpfüße legte er noch am selben

Tag an beiden Füßen Klebeverbände an, die Hüftluxation versuchte er erst im März des folgenden Jahres mit einem sogenannten »Gipsbett« zu behandeln. Bedauerlicherweise sprang bei der Nachuntersuchung eine der beiden Hüften wieder aus der Hüftpfanne, und dem Spezialisten gelang es trotz mehrfacher Versuche nicht, sie dauerhaft in der korrekten Position zu halten. In der Folge wurden die Behandlungen einseitig weitergeführt.

Vermutlich übernachteten die Frauen mit dem Baby bei einer Bekannten in Dettingen und machten sich am nächsten Morgen auf den Heimweg. Dieses Mal gab es keine Mitfahrgelegenheit und die Frauen kamen nur langsam voran. Unterwegs gesellte sich ein heimkehrender Soldat zu ihnen und bot sich als Schutz und Gesellschaft an. In Wahrheit fürchtete sich der Mann nicht weniger als die Frauen. Er hatte sich nämlich von seiner Einheit abgesetzt und versuchte, in der Dunkelheit zu seinem Heimatort zu gelangen. Solche »Deserteure« waren in den letzten Kriegsmonaten massenhaft unterwegs, da viele Kampfeinheiten schon aufgelöst waren und eigentlich klar war, dass der Krieg verloren und das offizielle Ende nur noch eine Frage der Zeit war. Nichtsdestoweniger wurden solche »Volksverräter« von den linientreuen Anhängern des NS-Regimes verfolgt und, wenn sie gefasst wurden, streng bestraft. In Begleitung der beiden Frauen mit dem Baby hoffte der Mann, bei einer Begegnung mit Feldjägern nicht aufzufallen und im Zweifelsfall als Verwandter mit durchzugehen. Zum Glück gab es auf dem Heimweg keine unangenehmen Begegnungen, sonst hätte der männliche »Schutz« meiner Mutter und ihrer Tante ziemlich gefährlich werden können. Jahrzehnte später schaute der Mann bei uns in Öschingen vorbei. Er wollte wissen, ob das kranke Baby noch am Leben und was aus ihm geworden sei.

»Bei so einem schäbigen Kind kann man nichts machen«

Die Behandlungen bei dem Dettinger Spezialisten brach meine Mutter allerdings bald ab. Gemeinsam mit ihrer Cousine Julie machte sie sich irgendwann im Winter 1945/1946 früh gegen sechs Uhr zu einer Nachuntersuchung auf den Weg nach Dettingen. Sie trafen auf ein Wartezimmer voller Menschen mit orthopädischen Erkrankungen, aber auch entsetzlichen Kriegsverletzungen und Verstümmelungen. Das Warten schien kein Ende zu nehmen. In dem überfüllten Warteraum war es eng und heiß, und das Herumsitzen mit dem kleinen Kind war eine Qual. Menschen kamen und gingen. Es war so voll, dass gar keine Ordnung in der Folge der Patienten zu erkennen war. Nach stundenlangem Warten platzte Tante Julie der Kragen: Sie ging geradewegs auf das verschlossene Behandlungszimmer zu, trat ein und sagte energisch: »Jetzt ist es sechs Uhr, wir warten hier mit einem kleinen Kind seit vielen Stunden. Bitte nehmen Sie uns jetzt dran, wir müssen sonst ohne Untersuchung wieder nach Hause gehen!«

Der Arzt erhob sich, schaute meine Tante, meine Mutter und mich an, und kommentierte knapp: »Was wollen Sie hier eigentlich? An so einem schäbigen Kind ist eh nichts mehr zu machen!«

Bis ins hohe Alter hat meine Mutter diese abfällige Bemerkung bedrückt und beschäftigt. Immer wieder erzählte sie davon, rief sich und anderen die ungeheuerliche Begebenheit ins Gedächtnis. Alle Versuche, die Situation mit der Überlastung des Arztes und der ständigen Konfrontation mit seinen schwer kriegsversehrten Patienten zu erklären, fanden bei ihr kein Gehör. Dieses »Spezialistenurteil« über ihr Kind hat sie nicht verwunden. »Vor allem«, pflegte sie immer wieder zu erwähnen, »weil der Arzt ja anfangs so zuversichtlich über Behandlungsmöglichkeiten gesprochen hat.« Aber, und das ist meine persönliche Vermutung, »anfangs« waren wir noch Privatpatienten gewesen und hatten pflichtschuldig und prompt alle Rechnungen beglichen. In der Zwischenzeit war mein Vater offiziell als »vermisst« erklärt worden, und meine Mutter und ich hatten den Status von AOK-Versicherten zuerkannt bekommen. Solch eine aufwendige Behandlung eines schwerbehinderten Babys über die gesetzliche Krankenkasse abzurechnen, erschien dem Spezialisten vielleicht nicht lukrativ genug.

Die Behandlung mit den Fixiergurten wurde von einem anderen Orthopäden fortgeführt und die Hüfte noch ein drittes Mal in die Pfanne gedrückt. Als im Januar 1946 dann in einem Sanitätshaus in Schorndorf neue Gurte angepasst wurden, stellte der dortige Sanitätsfachmann auch die Rückgratverkrümmung fest.

Der Krieg kommt ins Dorf

Für viele Behandlungen hatte meine Mutter selbst aufkommen müssen, denn mein Vater war lange nicht offiziell als vermisst anerkannt worden, und keine Behörde hatte sich für uns zuständig gefühlt. Sie besaß allerdings gar kein eigenes Vermögen, sie hatte mit ihren Eltern eine gemeinsame Haushaltskasse, aus der sie Geld für ihre Bedürfnisse entnehmen konnte. Meine Mutter war zwar eine fleißige und begabte Schülerin gewesen, hatte aber nach sieben Jahren Volksschule keine Berufsausbildung begonnen oder gar eine weiterführende Schule besucht, sondern, wie vor dem Krieg noch üblich, in der elterlichen Landwirtschaft mitgeholfen. Da sie das einzige Kind war, wurde dort jede Hand gebraucht. Ob sie andere Wünsche oder Träume gehabt hat, kann ich nicht sagen, da sie darüber nie gesprochen hat. Meine Großeltern legten deshalb alles nur irgend entbehrliche Geld zusammen, um für die mit Sicherheit bald eintrudelnden Honorarforderungen gewappnet zu sein. Zwar gehörten Allgemeinärzte damals noch nicht zu den Topverdienern, da aber in meinem Fall regelmäßig Spezialisten konsultiert werden mussten, war ihnen klar, dass sie ihre Ersparnisse würden dran geben müssen.

Mitte April 1945 marschierten die französischen Truppen ein. Die Leute in den Dörfern fürchteten sich schrecklich, denn man hatte nichts Gutes von diesen Besatzern gehört. Am meisten Angst hatten sie vor den »Marokkanern«. Schon Wochen vor dem Einmarsch wurde überlegt, wo man die Frauen und Kinder vor dem Ansturm der »Wilden« verstecken könnte. Besonders schlimm waren die Plünderungen. Alles was nicht niet- und nagelfest war, auch wenn es nur einen geringen Geldwert hatte, wurde von den siegreichen Truppen mitgenommen.

Meine Großeltern suchten nach einem Versteck, wo sie das so dringend benötigte Geld verschwinden lassen konnten. Die Großmutter verbarg es nach langem Hin und Her in einem kleinen Kästchen unten im Gewölbekeller hinter den Mostfässern, weil sie hoffte, dort hinunter würden die Franzosen nicht steigen. Aber ihre Rechnung ging leider nicht auf, die französischen Soldaten entdeckten das Geld und nahmen alles mit.

»Ich hätt' ihn die Stiege hinuntergeschmissen«
Bericht Schwester Käthe

In Öschingen waren wir vor Kriegsgräueln glücklicherweise verschont geblieben. Umso mehr fürchteten sich die Leute vor dem Einmarsch der siegreichen französischen Soldaten. Nicht zu Unrecht, denn die hausten wie die Vandalen und durchwühlten alles. Sie griffen sich drei Männer aus dem Dorf, die stellten sie mit dem Gesicht zur Wand als Geisel vors »Lamm«. Soldaten mit dem Gewehr im Anschlag bewachten sie die ganze Zeit, solange die Plünderungen dauerten. Wehe, wenn sich einer gegen die Durchsuchungen gewehrt oder gar die Franzosen angegriffen hätte – dann hätten sie die drei erschossen. Sie nahmen alles mit, was irgendeinen Wert darstellte und zwei Öschingerinnen wurden in diesen schrecklichen Tagen vergewaltigt.

Ich war mit meiner Schwester bei der Ahne Frida, als die Franzosen kamen. Im Wohnzimmer stand die Wiege mit dem Willi. Ein Franzose ging hin und nahm das Baby raus und wühlte unter den Decken, um nachzusehen, ob dort etwas versteckt wäre. Der Ehne wurde ganz weiß im Gesicht, und als die Franzosen dann in den Keller stiegen und dort suchten, flüsterte er mit gepresster Stimme: »Ich hätte ihn die Kellerstiege runtergeschmissen, wenn der dem Willi was getan hätte.«

Knappe Kasse

Für meine Familie war der Diebstahl des Ersparten ein schwerer Schlag, denn Bargeld war bei uns wie bei allen kleinen Bauern rar. Zwar konnten wir uns eigentlich immer satt essen, da unsere kleine Landwirtschaft fast alles abwarf, was an Lebensmitteln benötigt wurde. Zu dieser Zeit bauten wir noch unser ganzes Obst und Gemüse, Kartoffeln und Getreide selbst an und hielten Milchvieh, Schweine, Hühner, ja, später sogar Ziegen und einen Esel. Letzteren allerdings mehr zur allgemeinen Unterhaltung. Aber das meiste, was wir erwirtschafteten, benötigten wir für den Eigenbedarf, und nur wenige Produkte brachten so viel Ertrag, dass wir sie verkaufen konnten. Ich sehe heute noch den Ehne, wie er abends nach einem Tag harter Arbeit am Tisch sitzt und vespert. Sein Vesper bestand oft nur aus Schwarzbrot und Most. Und damit das Brot nicht gar so trocken schmeckte, hatte er auf seinem Teller zwei kleine Häufchen, eins aus Pfeffer und eins aus Salz, in die er seine Brotscheibe abwechselnd stippte. Butter gab es nur, wenn wir selbst gebuttert hatten. Und das war längst nicht immer der Fall. Beim Buttermachen habe ich als kleiner Junge immer geholfen. Es machte mir Spaß, die Kurbel an dem kleinen Glaskasten zu drehen und zu beobachten, wie sich

Wir waren keine armen Leute, aber das Leben auf dem Lande war damals hart: Meine Großmutter, die Ahne, bei der Kartoffelernte.

allmählich das Fett absetzte und Klumpen bildete. Meist dauerte mir die Prozedur dann aber doch zu lange und ich übergab an die Ahne. Das Buttermachen gehörte zu den ganz wenigen Arbeiten, die sie im Haushalt erledigte. Sie war für den Stall und die Landwirtschaft zuständig, Hausarbeit, Kochen und meine Versorgung waren die Aufgaben meiner Mutter. Mit Ausnahme wie gesagt des Butterns und der Herstellung von Bubenspitzle, jener typisch schwäbischen Spezialität aus Kartoffelteig und Mehl, deren Herstellung, gelinde gesagt, eine Heidenarbeit war.

Im Winter schlug der Großvater Holz im Gemeindewald, damit er das Geld zusammenbekam, das er an Steuern zu zahlen hatte. Wenn er dann so richtig durchgefroren nach Hause kam, machte ihm die Großmutter zum Aufwärmen einen Teller »Päcklesupp«. Diese neumodische Tütensuppe mit Nudeln und anderen Einlagen war nach dem Krieg auf den Markt gekommen und das erste Fast Food, das in unserem Haushalt Einzug gehalten hatte.

Es war also nicht absehbar, wie die Familie kurzfristig wieder an so viel Bargeld kommen könnte. Die einzige nennenswerte Einnahmequelle waren die Mostobstverkäufe im Herbst, wenn die Bauern von Genkingen, Willmandingen und den anderen Albgemeinden zu uns nach Öschingen kamen, um bei uns Äpfel und Birnen zum Mosten zu erstehen. Die Großeltern und besonders meine Mutter waren verzweifelt.

Verspätete Kriegsschrecken

Bevor 1952 der Südweststaat Baden-Württemberg gegründet wurde, gehörten die nördlichen Landesteile von Baden und Württemberg zur amerikanischen Besatzungszone, die südlichen Teile sowie Hohenzollern zur französischen. Öschingen lag zusammen mit Mössingen und Tübingen in der französisch besetzten Zone, die Grenze zum amerikanischen Gebiet verlief knapp nördlich von Tübingen. Noch lange nach Kriegsende bis weit in die Zeit der neu gegründeten Bundesrepublik Deutschland hinein gehörten fremde Soldaten und vor allem die Panzerkolonnen von den Kasernen zu den Schießplätzen zum Alltag. Die Ketten waren aus Metall und machten einen fürchterlichen Krach. Unser Haus stand direkt an der Durchgangsstraße und wenn die Panzer vorbeidonnerten, zitterten die Wände, das Geschirr in den Schränken und die Fensterscheiben klirrten. Ich hatte jedes Mal schreckliche Angst, dass die Panzer ihre Geschützrohre bei uns durch das Fenster ins Wohnzimmer stecken und losschießen könnten. Manchmal träumte ich sogar davon und solange ich klein war, versteckte ich mich beim ersten Anzeichen der herandröhnenden Panzer im Wohnzimmer unter der Eckbank.

»Der Bub stirbt doch«

Mit etwas mehr als eineinhalb Jahren wurde ich endlich von den Fixiergurten befreit und konnte mich zum ersten Mal ungehindert bewegen, konnte frei strampeln, krabbeln, Gehversuche machen. Wer je Gelegenheit hatte, Kleinkinder in ihren ersten Lebensjahren zu beobachten, der weiß, welche Einschränkung diese Gurte und Bandagen für meinen frühkindlichen Bewegungsdrang bedeutet haben müssen – mit allen Konsequenzen für meine körperliche und seelische Entwicklung. Leider hatte ich nur wenig Gelegenheit, die neue Freiheit zu genießen, denn nur ein paar Wochen später wurde ich kurz nach einer Impfung schwer krank. Meine Mutter war außer sich und flehte den herbeigerufenen Hausarzt an, mich wenigstens ins Krankenhaus nach Reutlingen zu überweisen.

Der Arzt war dagegen: »In die Klinik braucht man ihn nicht mehr zu bringen, der Bub stirbt doch.«

Mein Zustand verschlechterte sich immer mehr, und in ihrer Not stellte mich meine Mutter schließlich einem Homöopathen in Pfullingen vor. Dieser Mann, der auch meine Ahne seit Jahren behandelte, war die letzte Hoffnung. Und offensichtlich stellte er die richtige Diagnose. Er verordnete nämlich einen Kräuterauszug, der tatsächlich half. Die Tropfen sollte mir meine Mutter regelmäßig in kurzen zeitlichen Abständen einflößen. Das war leichter gesagt als getan, denn die Medizin enthielt einen hohen Anteil an Alkohol. Ich wollte diese Tropfen um keinen Preis schlucken, presste die Lippen aufeinander und versuchte mich, so gut es ging, dem mütterlichen Arm zu entwinden. Was tun? Es war mitten im Hochsommer, meine Mutter musste bei der Ernte helfen und hatte keine Zeit, sorgend neben mir zu sitzen und mir geduldig die Tröpfchen einzuflößen. Sie richtete mir in einem kleinen Leiterwagen ein Bettchen und konnte mich so aufs Feld mitnehmen und in ihrer Nähe abstellen. In ihrer Schürzentasche

Meine Mutter war sehr stolz auf ihren kleinen Sohn. Das Bild entstand kurz nachdem ich wieder einmal von schwerer Krankheit genesen war.

steckte ein Wecker, der jedes Mal rasselte, wenn es wieder Zeit war, die bitteren Tropfen zu nehmen. Meine Mutter legte dann die Heugabel aus der Hand, kam zu mir und fackelte nicht lange, sondern hielt mir die Nase zu bis ich den Mund öffnete und sie die Tropfen einträufeln konnte. Neben dem Wägelchen wachte unser kleiner Dachshund Wadi, und wenn ich weinte oder gar jemand Fremdes in mein Bettchen schaute, bellte er lautstark.

Ich wurde wieder gesund. Geblieben ist mir eine Abneigung gegen jegliche Art alkoholischer Getränke. Schon vom Geruch wird mir übel, und ich kann nicht einmal Soßen mit Wein oder eine Schwarzwälder Kirschtorte essen. In meiner Kindheit hatte ich unter dieser extremen Abneigung regelmäßig zu leiden. Denn zum Vesper bei uns zu Hause wurde Most getrunken, vergorener Saft mit mehr oder weniger Wasser verdünnt, ein billiges Getränk, hergestellt aus unseren eigenen Äpfeln und Birnen. Wenn ich es mir beim abendlichen Vesper schmecken lassen wollte, störte mich der Geruch aus den Gläsern der anderen sehr, auch wenn ich selbst nur Malzkaffee trank. Dieser Gerstenkaffee ist noch heute mein Standardgetränk.

Richtig Panik hatte ich vor meinem ersten Gang zum Abendmahl. Ich hatte schreckliche Angst, dass mir vom Geruch des Weins aus dem Abendmahlskelch schlecht werden könnte und ich mich an Ort und Stelle übergeben müsste. Nicht auszudenken! Bei dieser heiligen Handlung, vor allen Leuten! Ich war gerade 14 Jahre alt, mitten in der Pubertät und aufgrund meiner auffälligen Behinderungen ohnehin immer im Zentrum der Aufmerksamkeit! Ich beschloss, das Alkoholtrinken zu trainieren und setzte mich an einem Nachmittag kurz vor dem Konfirmationssonntag mit einem kleinen Glas Wein an unseren Esstisch, um meine Aversion abzubauen. Mit einem kleinen Löffelchen entnahm ich tröpfchenweise Wein aus dem Glas, schnupperte vorsichtig daran und versuchte dann die Flüssigkeit zu schlucken. Vergeblich. Trotz vieler Versuche gelang es mir nicht, den Widerwillen gegen den Geruch und Geschmack des Alkohols zu unterdrücken. Kaum spürte ich den Wein auf meiner Zunge, setzte der Würgreflex ein. Ich war unglücklich, doch zu meiner unendlichen Erleichterung ist mir bei der Abendmahlsfeier am darauffolgenden Sonntag dennoch kein Malheur passiert.

Kaum ein Jahr nach dieser schweren Erkrankung stand mein Leben schon wieder auf der Kippe. Mein Blinddarm hatte sich entzündet und ich litt fürchterlich. Verzweifelt versuchte meine Mutter ein Fahrzeug aufzutreiben, um mich nach Reutlingen ins Krankenhaus zu bringen. Sie musste sehr lange suchen, mein Blinddarm platzte schließlich auf, und ich wurde viel zu spät mit rasenden Schmerzen ins Reutlinger Krankenhaus eingeliefert. Es ist eine meiner frühesten Kindheitserinnerungen, wie ich laut brüllend in großer Hektik in den Operationssaal geschoben werde. Im Türrahmen lehnt eine Krankenschwester, sie schaut mir ins Gesicht und sagt:»Wenn du nicht gleich still bist, dann schneiden wir dir alle Ohren ab, bis auf zwei.« Natürlich begriff ich kleines Kind ihren albernen Spaß nicht und geriet erst recht in Panik.

Korsett und Bandagen

Wenn ich Freunde frage, an welche Ereignisse aus ihrer Kindheit sie sich am besten erinnern, berichten die meisten aus der Schule und von schier endlosen Sommerferien. Mir hingegen sind die unzähligen Arztbesuche und Anproben bei den verschiedensten Orthopädietechnikern am eindrücklichsten im Gedächtnis. Vorzugsweise im Winter machte sich Mama mit mir auf den Weg, wenn die Ernte eingebracht und auf dem Hof weniger zu tun war. Ob Arzt oder Orthopädiewerkstatt, der Tag begann zu nachtschlafender Zeit mit einer Omnibusfahrt nach Reutlingen und endete nach strapaziösem Umherlaufen und Umsteigen und endlosen Stunden in Wartezimmern und Werkstätten. Zurück ging's dann wieder mit dem Bus und zu Hause waren wir lange nach Einbruch der Dunkelheit. In meiner Kindheit konnte ich noch kurze Strecken gehen, wenn auch mühsam und unter Schmerzen. Lag die Praxis oder Werkstatt ebenerdig, war es gut. Befand sie sich aber in den oberen Stockwerken, musste meine Mutter mich dort hinauftragen oder mühsam stützen und hochziehen. Aufzüge gab es in Privathäusern fast nie. Auch die Busse waren alles andere als barrierefrei zugänglich. Auch dort galt es beim Einsteigen einige steile Stufen zu erklimmen, doch hier waren zum Glück die Fahrer behilflich. Zum Glück vor allem für meine Mutter, denn wie alle Mütter, die ihre Kinder über viele Jahre tragen müssen, hatte sie fast ständig Rückenschmerzen und später kaputte Bandscheiben.

Die orthopädischen Untersuchungen waren immer ein Alptraum. Obwohl ich ein Kind war, habe ich gespürt, wie die Diagnosen und Ausführungen der Ärzte meine Mutter belasteten. Das hat sich auch auf mich übertragen und schon vor Antritt der Fahrt war ich unruhig und hatte Bauchschmerzen. Natürlich auch, weil ich mich vor den oft schmerzhaften Prozeduren fürchtete.

Bis zum zwölften Lebensjahr trug ich ein Stützkorsett aus Metall und Lederbändern und da ich wuchs, musste das Gestell regelmäßig neu angepasst und nachjustiert werden. So eine »Anprobe« dauerte gut und gern vier Stunden. Während dieser Zeit sollte ich möglichst aufrecht stehen, was mich kolossal anstrengte und immer stärkere Schmerzen verursachte. Ging es zu lange und konnte ich mich nicht mehr auf den Beinen halten, dann wurde ich mit einem Ledergestell am Kopf in einem Spezialmechanismus aufgehängt. Das war nicht ungefährlich und hätte leicht weitere Schäden verursachen können. Es war eine einzige Quälerei. Das Stehen tat weh, das Aufgehängtwerden erst recht, und die Haltungskorrekturen und Lederbandagen waren auch alles andere als angenehm. Für meine Mutter war es hart, mich jahrelang zum konsequenten Tragen des Korsetts zu drängen. Meine Schmerzen und Tränen haben ihr selbst wehgetan, aber natürlich hoffte sie, dass sich mein Skelett und die Gelenke so besser ausbilden würden und mir damit spätere Probleme erspart blieben. Immer wieder fragte ich die Ärzte, ob ich denn mein ganzes Leben solch ein Stützkorsett tragen müsste. Da ich nie eine eindeutige Antwort bekam, dachte ich mir, dass sie mir die Wahrheit wohl nicht sagen wollten.

Einmal jedoch bin ich sehr froh über meinen orthopädischen »Schutzpanzer« gewesen, denn er hat mich vor schweren inneren Verletzungen bewahrt und mir vielleicht sogar das Leben gerettet. Damals – ich muss etwa zehn Jahre alt gewesen sein – litt mein Shetlandpony Lotte an einer schmerzhaften Hufentzündung. Ich wollte das kranke Tier auf die Weide hinter dem Haus führen, was nicht einfach war, da ich nur an Krücken gehen konnte und das Pony kaum dazu zu bringen war, sich auf dem harten, geschotterten Hof vorwärts zu bewegen. Das Auftreten verursachte ihm offensichtlich erhebliche Schmerzen, es lahmte stark. Auf der Wiese angekommen, wollte das Pony wie gewohnt grasen, und da ich mich in meinem Korsett nicht bücken konnte, musste ich die Leine locker lassen. Das Pferdchen bemerkte dies sofort, riss mir mit einem Ruck die Führleine aus der Hand und war frei. Im weichen Gras spürte es seine Hufschmerzen kaum und machte vor Freude einen Satz. Bei diesem Freudensprung schlugen beide Hinterhufe mit voller Wucht gegen meinen Bauch und ich flog im hohen Bogen nach hinten. Das Korsett sollte mich unter anderem in eine aufrechte Haltung zwingen und bestand aus starken Metallstäben und einer soliden Aluminiumplatte, die mit kräftigen Lederbändern verbunden waren. Diese Metallplatte hat den Stoß so gut abgefangen, dass der Unfall ohne weitere Folgen blieb und ich mit dem Schrecken und ein paar Schrammen an den Armen davongekommen bin.

Ein Baukasten als Therapie

»Gebt dem Jungen möglichst viel kleines Spielzeug, damit seine Finger trainiert und beweglicher werden.« Ein Arzt hatte meiner Mutter den Rat gegeben, als er feststellte, dass mir etliche Fingergelenke fehlten und andere nicht voll funktionsfähig waren. Für mich war das ein guter Tipp, denn ich bekam als einer der Ersten in meinem Freundeskreis einen gebrauchten TRIX-Metallbaukasten. TRIX-Baukastensysteme waren schon vor dem Krieg in Deutschland sehr beliebt, die Preise waren erschwinglich und selbst Erwachsene hatten Spaß an den technisch vielfältigen Konstruktionsmöglichkeiten. Ich war begeistert von diesem technischen Spielzeug und dachte mich auch in die Lösung von anspruchsvollen Aufgaben hinein. Deshalb bekam ich später ergänzend noch mehrere der bekannten Märklin-Baukästen dazu geschenkt und gewöhnte mich spielerisch daran, kleine Gegenstände zu greifen und kleinteilige Aufgaben zu lösen. Mein technisches Verständnis wurde durch diese Beschäftigungen immer besser und es gelang mir so ein klein wenig, die Erfahrungen, die andere Kinder durch Spielen und Ausprobieren in der freien Natur gewinnen, durch Tüfteln und Experimentieren am Modell zu ersetzen. Außerdem kamen mich andere Jungen gern besuchen, denn »beim Willi« konnten sie mit dem neuesten und interessantesten Spielzeug spielen.

Mama war sehr froh darüber. Da ich keine Geschwister hatte und nicht mit den anderen Kindern im Dorf herumrennen konnte, war ich doch viel allein und langweilte mich. Das änderte sich, als ich im Herbst 1951 in Öschingen eingeschult wurde.

Integration mangels Alternative

Gemeinsam mit den anderen Kindern meines Alters kam ich in die erste Klasse der evangelischen Volksschule in Öschingen. Allerdings nicht unbedingt, um meine Integration zu fördern, sondern mangels Alternative. Es gab in erreichbarer Nähe gar keine Sonderschule für körperbehinderte Kinder. Die erste mir bekannte Einrichtung in unserer Gegend wurde 1955 auf der Ludwigsburger Karlshöhe eröffnet. Vor dem Krieg gab es bei uns nur sogenannte »Hilfsschulen«, aus denen später Schulen für Lernbehinderte, Schulen für Verhaltensauffällige und Schulen für Menschen mit geistigen Behinderungen hervorgegangen sind. Auch verschiedene, meist kirchliche Heime kümmerten sich um die Versorgung und Beschäftigung von Menschen mit geistigen und körperlichen Einschränkungen. In meiner Kindheit lösten diese Einrichtungen bei den meisten Menschen negative Vorstellungen von Aufbewahrungs- und Abschiebeanstalten aus und erinnerten an die Gräuel der zurückliegenden Nazi-Ära. Mich dort unterzubringen, kam für meine Familie gar nicht in Frage.

Ich weiß nicht, ob meine Mutter sich überhaupt Gedanken über eine Sonderschule für mich gemacht hat. Wie ich sie in Erinnerung habe, richtete sie ihre ganze Energie und ihren Einfallsreichtum darauf, dass ich möglichst viel am normalen Leben teilhaben konnte. Zu einer Zeit, als auch für gesunde Kinder der Besuch eines Kindergartens noch nicht selbstverständlich war, zogen mich die Mama oder die Ahne täglich mit einem kleinen hölzernen Bollerwagen ins »Kinderschüle«. Dieser erste Öschinger Kindergarten war ganz in der Nähe der ehemaligen Schule im Gemeindehaus der pietistischen Gemeinschaft untergebracht. Wir hatten auch keine »Tante«, sondern eine Schwester aus dem evangelischen Diakonissenhaus Großheppach, die die lebhafte bäuerliche Kinderschar in grauer Tracht und tiefgläubiger pietistischer Strenge im Zaum hielt. Allein, wohlgemerkt, mit 40 Kindern und mehr! Gebete und Gesangbuchlieder gehörten zu unserem Kindergartenalltag wie Vesperbrot und Abzählreime.

Unser Bollerwagen machte wegen der Metallbereifung auf den hölzernen Rädern einen »Mordskrach« und war auf den unebenen Dorfstraßen alles andere als komfortabel. Wir benutzten den kleinen Wagen auch noch während meines ersten Schuljahres, dann ließ sich meine Mutter ein besseres Transportmittel einfallen.

Bildung im Turbogang

Mein erstes Schuljahr war ein Kurzschuljahr, weil der Schuljahresbeginn 1952 vom Herbst auf das Frühjahr umgestellt wurde. Alle Schüler mussten den Stoff eines Schuljahrs in einem halben Jahr lernen. Das war für die meisten Kinder anstrengend, für mich, der ich wegen meiner Einschränkungen langsamer als die anderen Kinder war und oft nur unter großen Schmerzen in meiner Bank sitzen konnte, war es Stress pur. Unser Jahrgang war winzig, außer mir wurden nur drei andere Jungen eingeschult. Die ersten vier Grundschuljahrgänge, wir hießen damals noch Volksschüler, wurden gemeinsam in einem Klassenzimmer unterrichtet. Unser Lehrer war lange an der Front gewesen und erzählte uns Kindern oft von Gefechten und anderen Schrecken dieser Zeit. Er war anfangs von der nationalsozialistischen Ideologie beeindruckt gewesen, wurde jedoch im Krieg desillusioniert und war von den Naziverbrechen völlig schockiert. Die Verarbeitung seiner Vergangenheit machte ihm sehr zu schaffen, sodass ihn das Unterrichten der zwanzig Buben und Mädchen im Alter von sechs bis elf Jahren zusammen mit mir und meinen besonderen Bedürfnissen vermutlich überforderte! Er erlitt nach wenigen Jahren einen schweren Herzinfarkt.

Schule bedeutete für mich Stress, Frust und Schmerzen. Beim

Sitzen in der Bank tat mir alles weh, ich war immer als Letzter fertig und ich konnte nie mit den anderen Kindern herumtoben und spielen. Dennoch ging ich gern dorthin, ja, ich war über alle Maßen darauf versessen. Ich wollte unbedingt wie alle anderen Kinder zur Schule gehen, ich wollte dazugehören und ich wollte etwas lernen. Wenn ich von den Schmerzen beim Sitzen und den anderen Beschwerlichkeiten berichte, dann muss man sich vor Augen halten, wie die Klassenzimmer damals eingerichtet waren und auf welchen Möbeln wir saßen. Die hölzernen Schulbänke standen in Reihen hintereinander in einem großen Saal, die Decke wurde von mehreren Holzsäulen gestützt. Ich und meine drei Kumpels von Klasse 1 saßen in einer Viererbank in der ersten Reihe. Mein größtes Problem war: Unsere Schulbank waren ein Ensemble, bei dem Tisch und Bank durch ein Fußteil aus Holzdielen fest miteinander verbunden waren. Da ich meine Beine kaum abwinkeln kann und außerdem mein Oberkörper vom Stützkorsett in einer starren Position gehalten wurde, zwang mich dieses Möbel zu einer extrem ungünstigen Haltung. Ich konnte nicht richtig auf der Bank sitzen, sondern lehnte mehr oder weniger am vorderen Rand, um so gerade noch bis ans Schreibpult zu reichen und mich dort mit beiden Ellenbogen abstützen zu können. Dabei verkrampfte ich mich auch mit dem Oberkörper. Wegen meiner fehlenden und teils steifen Fingergelenke klappte das Schreiben mit dem Holzgriffel auf der kleinen Schiefertafel nur sehr mühsam und dauerte entsprechend lang.

Das andere Problem war die fixe Position der Bänke zur Tafel. Alle Kinder konnten sich drehen und nach vorn, hinten oder zur Seite blicken. Ich hingegen war ständig bemüht, das Gleichgewicht auf der Bankkante zu halten und so in eine unbequem starre Körperhaltung gezwungen. Nach einer halben Stunde taten mir sämtliche Gelenke weh. Natürlich konnte ich mich so auch nicht richtig konzentrieren, aber das war mir selbst gar nicht bewusst. Der Wunsch, dabei zu sein und der Ehrgeiz, mit den anderen Kindern mithalten zu können, waren viel zu groß.

Sechs Monate in Rückenlage

Die Folgen dieser ungeeigneten Ausstattung ließen nicht lange auf sich warten, und bald hatte ich fürchterliche Schmerzen in den Hüften. Der Arzt stellte zu Beginn des zweiten Schuljahrs eine akute Hüftgelenksentzündung fest, und ich musste ein halbes Jahr lang flach im Bett liegen, bis die Entzündung vollständig abgeklungen war. Es war schrecklich. Ich wollte doch so gerne bei den anderen Kindern sein, wie alle anderen jeden Morgen zur Schule gehen und beim Unterricht mitmachen! Nun musste ich wie ein Kranker im Bett liegen! Die Wochen und Monate wollten nicht vorübergehen und ich langweilte mich entsetzlich, obwohl mich meine Klassenkameraden oft besuchten. Wie gerne hätte ich mit denen getauscht, die bei mir am Bett saßen und lautstark über den Lehrer und die vielen Schulaufgaben schimpften.

Mein Bett war in die Stube gestellt worden, damit ich vom alltäglichen Leben wenigstens etwas mitbekam, wenn ich auch nicht mittun konnte. Für meine Mutter, die neben der Feldarbeit für den Haushalt und meine Pflege zuständig war, bedeutete dies einen enormen zusätzlichen Aufwand, der selbstverständlich ohne Pflegeassistenz und ohne finanzielle Unterstützung erledigt wurde. Aber am schlimmsten war es natürlich für mich! Das Einzige, was ich bewegen durfte, waren meine Hände und meine Gedanken. Ich konnte nicht einmal selbstständig zur Toilette und musste meine Bedürfnisse zeitlich an die Arbeitseinsätze auf dem Feld anpassen, damit kein Malheur passierte und ich rechtzeitig auf die »Bettpfanne« gehoben werden konnte. Für einen achtjährigen Jungen ist das demütigend. Und natürlich musste ich zu den zugesagten zwei Stunden immer eine dazurechnen, weil jedes Mal irgendetwas länger dauerte und Mutter oder Großmutter sich verspäteten. Das »Verkneifen« dringender körperlicher Bedürfnisse gehört zu den besonders unangenehmen Erfahrungen in meinem Leben – leider nicht nur als bettlägeriger kleiner Junge, sondern auch als erwachsener Mann und Rollstuhlfahrer, der viel unterwegs ist und häufig vergeblich in Hotels, Konferenzgebäuden oder Kaufhäusern nach einer rollstuhlgerechten Toilette sucht. Barrierefreie Sanitärräume sind in deutschen Hotels und Gaststätten noch längst nicht selbstverständlich, und bevor ich nach der Speisekarte frage, erkundige ich mich stets nach der sanitären Ausstattung.

Natürlich musste ich auch im Bett lernen, ich wollte ja möglichst rasch wieder in meine Klasse zurück. Das Schreiben in liegender Haltung klappte leider überhaupt nicht. Trotz allerlei Versuchen ist uns keine praktikable Lösung eingefallen, um das Heft so zu befestigen, dass ich mit meinen steifen Fingern hätte Schreibübungen machen können. Also konnte ich nur Lesen und Rechnen üben. Vor allem Kopfrechnen trainierte ich gern, denn dabei konnte ich entspannt auf dem Rücken liegen und mich gut konzentrieren. Mama fragte mich geduldig ab, und bald war ich so gut, dass ich problemlos mit ihr mithalten konnte.

Der Lehrer schickte meine Mitschüler regelmäßig zu mir, sie sollten mir vom Unterricht berichten und die Hausaufgaben bringen. Dabei wurde es mitunter recht lustig, denn wenn keine Erwachsenen »um den Weg« waren, machten wir natürlich alles andere als Hausaufgaben. Einmal, in der Kirschenzeit, hatte meine Mutter für mich und meine kleinen Freunde einen Teller mit Kirschen auf den Tisch gestellt und war fortgegangen. Das Fenster stand weit offen und meine Kumpels hockten auf unserem Esszimmertisch und übten Kirschkernweitspucken zum Fenster hinaus. Da ich im Bett lag, konnte ich leider nicht mitmachen, und entsorgte die Kerne brav auf einem Tellerchen. Plötzlich rutschten meine Freunde wie auf Kommando vom Tisch und duckten sich kichernd unterm Fenster weg. Zu dieser Zeit war ich schon auf den Trick mit dem Spiegel gekommen und hatte neben mir im Bett immer einen Handspiegel liegen, damit ich mein Gesichtsfeld erweitern konnte. Als meine Freunde so abrupt vom Tisch verschwanden, wollte ich auch wissen, was los war, und richtete meinen Spiegel auf den Fensterausschnitt. Der Anblick war überwältigend: Unmittelbar vor unserem Haus stand eine uns unbekannte Frau mit Dirndl und ausladender Oberweite und versuchte einen Gegenstand, bei dem es sich offensichtlich um einen Kirschkern handelte, aus ihrem Ausschnitt zu pulen. Ein Volltreffer sozusagen! Sie bemerkte, dass jemand mit einem Spiegel nach draußen schaute und fauchte Richtung Fenster: »Ha, jetzt guckt der Lausbub au' noch mit dem Spiegel raus!«

Der Spiegel war für mich ein ganz wichtiges Hilfsmittel, mit dem ich weit mehr als nur aus dem Fenster auf die Dorfstraße blicken konnte. Wenn die anderen sich mittags zum Essen an den Tisch setzten, stellte Mama mir den Teller mit meinem Essen auf den Bauch. Mit dem Spiegel, den ich in der linken Hand hielt, kontrollierte ich den Flüssigkeitsstand im Teller. Als Kind war ich mächtig stolz darauf, dass ich meine Atmung so geschickt regulieren konnte, dass die Suppe sogar aus einem vollen Teller nicht überschwappte.

Doppelt benachteiligt

Als ich nach endlosen sechs Monaten wieder aufstehen durfte, wurde ich ohne lange Überlegungen oder gar Prüfungen direkt in Klasse 3 übernommen. Der Grund für diese rasante Beförderung waren die erwähnten beiden Kurzschuljahre. Das erste halbe Jahr, also Klasse 1, hatte ich zwar unter Schmerzen aber mit ordentlichem Erfolg hinter mich gebracht. Das komplette zweite Halbjahr durfte ich nicht zum Unterricht und konnte den Stoff nur notdürftig mit Hilfe meiner Mutter und Großeltern durcharbeiten. Diese beiden Halbjahre zählten nun als zwei ganze Schuljahre, und es ging weiter mit dem Stoff von Klasse 3. Nicht nur mir machte dieses Tempo zu schaffen. Aber ich war gleich doppelt benachteiligt, denn erstens war ich ein Schuljahr lang vom Unterricht ausgeschlossen gewesen, und zweitens musste ich ja wegen der für mich ungeeigneten Schulmöbel ständig gegen die Schmerzen ankämpfen. Ich war dennoch fest entschlossen, mich nicht unterkriegen zu lassen und freute mich, wieder gemeinsam mit meinen drei Kumpels zum Unterricht zu dürfen.

Leider blieb ich von vielen Dingen ausgeschlossen. So konnte ich in den Pausen nicht mit auf den Schulhof und »durfte« dafür als Einziger während dieser Zeit im Klassenraum bleiben. Ganz in der Nähe war der Dorfbäcker, dort kauften meine Schulkameraden für fünf Pfennig ihr »Pausen-Weckle«, immer abwechselnd einer brachte mir eins ins Klassenzimmer. Auf all diese Privilegien hätte ich gerne verzichtet, denn nicht nur das gemeinsame Spielen und Toben war für mich tabu, auch von dem, was unter den Jungs so »abging«, bekam ich nicht viel mit. Außerdem hasste ich dieses Gefühl der Aussonderung. Es war mir zuwider, dass ich immer eine Sonderbehandlung bekam und nicht ganz normal einfach mit den anderen mitmachen konnte.

Natürlich konnte ich auch kein einziges Mal in den warmen Monaten mit zum Schwimmen ins Waldfreibad. Die Öschinger hatten sich bereits vor dem Krieg mit viel Eigeninitiative ein kleines Waldfreibad gebaut – im Sommer der größte Spaß meiner Altersgenossen. Niemand kam je auf die Idee, mich dorthin zu begleiten und mir das Schwimmen beizubringen.

Meine Mutter sah meinen Mangel an Spaß und Bewegung und suchte ständig nach Möglichkeiten der Kompensation. Dabei dachte sie eine Zeit lang auch an Musik, vielleicht angeregt von unserem Schulrektor, der ein großer Musikliebhaber und Dirigent des Öschinger Gesangvereins war. Hatte er gute Laune und war mit uns und der Welt zufrieden, dann durften wir die ganze Musikstunde über singen und mussten nichts lernen. Für uns Kinder hatte er viel Verständnis und Einfühlungsvermögen. Wir mussten damals nämlich im Fach Musik alle vor der Klasse vorsingen und bekamen dafür eine Note. Manche Jungen und Mädchen hatten große Hemmungen vor diesem öffentlichen Gesangsvortrag und waren schon vorher ganz blass vor Angst. Der Herr Rektor ließ diese Kandidaten dann nachmittags zu sich in die Wohnung kommen, wo sie in seinem Wohnzimmer ohne andere Zuhörer vorsingen durften und ihre Note bekamen. Singen und musizieren kann man bis zu einem gewissen Grad auch im Sitzen und sogar im Liegen, und so lag während meiner Grundschulzeit auch einmal eine Mundharmonika auf meinem weihnachtlichen Gabentisch. Mit Hilfe eines Lehrbüchleins brachte ich mir selbst erste Grundkenntnisse bei. Als mich dann während meiner monatelangen Liegezeit einmal eine junge ambitionierte Musiklehrerin besuchte, lobte sie zwar meinen Eifer und meine Freude an der Musik, fand aber, die Mundharmonika sei doch ein arg beschränktes Instrument, mit dem ich nicht weit kommen werde. Meine Mutter ließ sich überzeugen und kaufte eine Blockflöte. Bestimmt gibt es außer mir nur wenige Jungen, die im Bett Flötenunterricht bekamen und im Liegen flöten sollten. Die Erfolge hielten sich in Grenzen und irgendwann geriet das Flötenspiel wieder in Vergessenheit, bis ich Jahrzehnte später meinen Kindern zuliebe in der Weihnachtszeit meine Künste zum Besten gab.

Exkurs: Ausgeschlossen

Vor einiger Zeit war ich bei einer Jubiläumsfeier des CVJM-Öschingen, dem ich, seit unsere Kinder klein waren, angehöre. Der Saal war schön dekoriert und an mehreren Stellwänden konnte man Fotos aus der Frühzeit des CVJM in Öschingen betrachten. Die Jubiläumsgäste, alles mittlerweile ältere Damen und Herren, hatten einen Riesenspaß dabei, sich auf den Bildern von Ferienlagern, Ausflügen, Festen und Wanderungen wiederzufinden. Ich war auf keinem einzigen der Bilder zu sehen. Meine körperlichen Einschränkungen und Schmerzen hätten es nie zugelassen, dass ich an solchen Aktivitäten teilnehme. An diesem Abend ist mir schlagartig klar geworden, was für ein großer Teil des Jugendlebens mir komplett fehlt. Natürlich habe ich das auch vorher schon gewusst, aber da hat mich die Erkenntnis mehr als 40 Jahre später gefühlsmäßig eingeholt und schwer getroffen.

Schreiben, lesen und erste eigene Ideen

Rechnen klappte bei mir trotz meiner Ausfallzeiten wie am Schnürchen, aber die Fächer Deutsch und Rechtschreiben blieben für mich ein Gräuel. Wegen der Fehlbildungen an meinen Händen war ich beim Schreiben der Langsamste. Der Lehrer meinte es sicher gut, wenn er sagte: »Willi, wenn du auch mit Schreiben fertig bist, heb den Kopf, dann diktiere ich weiter.« Die anderen Kinder fanden das natürlich toll und konnten solange beim Nachbarn vergleichen, während ich so schnell wie möglich die Wörter auf die Schiefertafel oder später ins Heft kritzelte. Da ich mich bei Schreibübungen oder gar beim Diktat ständig unter Zeitdruck fühlte, produzierte ich zusätzliche Fehler, während meine Kameraden ihre in Ruhe korrigieren konnten. Bis weit ins Erwachsenenalter litt ich unter meinen Unsicherheiten in der Rechtschreibung, eine unmittelbare Folge der vielen entfallenen Stunden in Klasse 1 und 2 und der späteren Dauerbelastung beim Schreibunterricht. Nur mit viel Eigeninitiative und Disziplin konnte ich das später ausgleichen. Insgesamt war ich keineswegs ein schwacher Schüler. Im Gegenteil! Ich war gut über aktuelle politische und wissenschaftliche Themen informiert, denn die Ahne las jeden Tag ausführlich die Tageszeitung und berichtete uns anschließend, was aus ihrer Sicht wissens- und erwähnenswert war. Wenn ich allein war, hörte ich Radio und las, was mir unter die Finger kam. Ich machte mir wenig aus Abenteuerbüchern oder Wildwest-Romanen. Sachbücher waren für mich viel wichtiger, da ich so viele Fragen hatte, die mir niemand genau beantworten konnte. Immer wieder blätterte ich in meinem Lieblingsbuch *100 Ideen zur Selbstständigkeit*. Schon früh interessierte ich mich für naturwissenschaftliche Themen, ganz besonders aber für technische Fragen und für Metallverarbeitung. Ich las alles über das spezifische Gewicht der unterschiedlichen Metalle oder deren Verhalten bei der Verarbeitung. Weshalb legt der Schmied das Eisen zuerst ins Feuer und nach der Bearbeitung ins kalte Wasser? Wie kann man den Kotflügel bei einem VW-Käfer so schön rund formen, ohne dass er Falten wirft? Meine Fragen haben sicher manche Besucher genervt. Mein liebstes »Opfer« war Onkel Hugo, ein ehemaliger Textiltechniker, der mit seiner Frau Julie bei uns im oberen Stockwerk lebte. Er war in seinem Leben viel herumgekommen und ich lernte von ihm mancherlei über technische Dinge und Betriebsführung.

Eine andere Fundgrube war für mich überraschenderweise die Öschinger Leihbücherei. Ich hatte nicht erwartet, so viele Fachbücher dort zu finden. Ich erinnere mich, einmal sogar ein Buch über Ergonomie in der Landwirtschaft dort entdeckt zu haben. Ich habe es verschlungen! Dieses Thema interessierte mich brennend. Wie kann landwirtschaftliche Arbeit möglichst kräfte- und ressourcenschonend ausgeführt werden? Bei meinen Gedanken und Überlegungen versuchte ich möglichst eine Verbindung zu meiner »kleinen Welt« zu schaffen. Und meine Welt bestand zum Großteil aus Beobachtungen im Garten und Berichten meiner Familie über Tierhaltung, Ackerbau und Lebensmittelproduktion. Schon als Kind fragte ich mich, ob ich später einmal selbst für meinen Lebensunterhalt sorgen könnte. Lange Zeit konnte ich mir gar nicht vorstellen, anders als durch irgendeine landwirtschaftliche Tätigkeit Geld zu verdienen. Dabei war mir natürlich klar, dass ich mit den damals üblichen Methoden körperlich niemals zu Rande gekommen wäre. Aber ich hatte da so einige Ideen: Im großen Garten hinter dem Haus hätte man eine

Hühnerfarm bauen können! Für eine Champignonzucht braucht man keine großen Körperkräfte und Pferdemist wäre auch ausreichend vorhanden …

Die Ahne interessierte sich für fast alles und war eine leidenschaftliche Leserin. Wenn sie von der schweren körperlichen Arbeit nicht zu müde war, saß sie abends oft am Tisch und studierte Zeitschriften oder las Bücher. Wir hatten deshalb im Wohnzimmer über einem Kleiderschrank einen extra Bücherschrank, der fest in die Wandvertäfelung eingelassen war. Für mich unerreichbar hoch. Ich musste immer jemanden bitten, mir ein Buch herunterzureichen. Einmal wollte ich gern ein bestimmtes Buch anschauen und nicht warten, bis endlich jemand vom Feld zurückkäme. Ich kletterte auf einen Stuhl, um mit Hilfe eines Spazierstocks das gewünschte Buch herunterzuangeln. Für mich ein riskantes Manöver – mir war auch ziemlich mulmig dabei. Aber es führte zum Erfolg und ich war stolz auf dieses kleine Stück erkämpfter Selbstständigkeit, wenn es auch unvernünftig gewesen war.

Ein Luxustretroller für den Schulweg

Als erstes Kind im Dorf bekam ich zu Beginn der 3. Klasse einen Tretroller mit Stahlrahmen und Luftbereifung. Dieses Gefährt war viel leichter als die früheren hölzernen Tretroller und lief wunderbar weich. Der Roller war allerdings nicht als Spielzeug gedacht, sondern um mich einfacher und komfortabler als mit dem Bollerwagen zur Schule zu bringen. Nun, Mama hatte wieder einmal eine ihrer ganz speziellen Ideen: Sie schnallte einen alten, mit allerlei Lumpen ausgestopften Schulranzen so auf den Gepäckträger des Rollers, dass ich mich draufsetzen und gerade noch mit den Händen die Griffstange festhalten konnte. Mit den Beinen selbstständig anzustoßen hätte ich ohnehin nicht geschafft.

Mein Luxustretroller mit Luftreifen: Er war zwar nicht züm Spaß angeschafft worden, ich freute mich aber dennoch sehr über mein neues Fahrzeug.

Mutter oder Großvater schoben mich morgens zur Schule – den Rückweg übernahmen die Klassenkameraden. Nach einiger Übung bekamen wir es sogar hin, dass ein Freund auf dem Fahrrad fuhr und mich auf dem Roller mitzog. Schrammen und aufgeschlagene Knie ignorierten wir!

Obwohl es ständig Probleme gab, die Ausstattung der Unterrichtsräume für meine Bedürfnisse völlig ungenügend und viele Hindernisse nur aus eigener Kraft und eigener Kasse zu überwinden waren: Der Besuch der Regelschule war für mich ein wesentlicher Grundstein der Integration in unsere Gesellschaft! In dieser Schule »lernte« ich, dass ich den Wettbewerb mit Nichtbehinderten nur durch bessere Leistung und mit viel Härte gegen mich selbst gewinnen konnte.

Der Einfachheit halber ausgeschult!

Wenn es bisher so ausgesehen hatte, als ob meine Integration zwar unter erschwerten Bedingungen, aber doch im Großen und Ganzen erfolgreich verlaufen würde, so zeigten die folgenden beiden Jahre, dass dies eine große Illusion gewesen war. Am 2. Januar 1957 wurde ich wieder wegen Hüft- und Kniegelenksentzündungen und außerdem Sehnenverkürzungen an beiden Beinen ins Reutlinger Krankenhaus eingeliefert. Zunächst hatte man mich übrigens statt ins Kreiskrankenhaus ins Reutlinger Altersheim gebracht. Das war zwar in der Tat ein Versehen gewesen, doch es war zur damaligen Zeit durchaus üblich, behinderte Menschen ohne Berücksichtigung des Alters in Seniorenheimen unterzubringen. Eine Gewohnheit wegen fehlender Alternativen übrigens, gegen die Jahre später der *Bundesverband Selbsthilfe Körperbehinderter* massiv anging.

Dieser 2. Januar war in doppelter Hinsicht ein Markstein in meinem Leben. Es war der letzte Tag, an dem ich ohne Krücken gehen konnte. Aber noch viel entscheidender: Mit dieser erneuten Einweisung war meine Schulbildung de facto beendet. Die Behandlungen zogen sich über Monate hin, lange Krankenhausaufenthalte wurden von ebenso monotonen und langwierigen Liegeaufenthalten zu Hause abgelöst. Da es noch keinen Krankenhaus- oder gar Heimunterricht für chronisch kranke oder behinderte Kinder gab, löste man meinen »Fall« ganz pragmatisch: Man schickte mir nach einiger Zeit ein Schulentlassungszeugnis ins Haus. Der Zusatz klingt aus heutiger Sicht zynisch: »Mit den besten Wünschen für die Zukunft und dem Kenntnisstand der 5. Klasse entlassen.« Eine solche »Lösung der Einfachheit halber« ist seit 1965 mit dem »Gesetz zur Vereinheitlichung und Ordnung des Schulwesens« glücklicherweise nicht mehr möglich.

Im Krankenhaus wurde entschieden, es dieses Mal mit einem

sogenannten Streckverband zu versuchen. Die Idee war, mit Hilfe von Gewichten meine Knie zwangsweise zu strecken, außerdem sollte eine völlige Ruhigstellung meiner Muskulatur und Gelenke die Nachbildung von Gelenkknorpel in der Hüfte anregen. Ein hoch komplizierter Mechanismus wurde ersonnen, um mich in Form zu bringen: An beiden Beinen waren breite Pflaster angeklebt, die unterhalb der Füße mit Schnüren verbunden waren. Diese wurden am unteren Bettende über Rollen geführt und waren mit Gewichten verbunden, die die Beine nach unten zogen. Damit ich nun nicht nach unten durchrutschte, hatte man mir ein Ledergestell um den Kopf geschnallt und am oberen Bettrand fixiert. Eine schwache Erinnerung an mittelalterliche Folterinstrumente mag einem schon beim Lesen dämmern. In dieser Art »Streckbank« musste ich fünf volle Wochen ausharren. Es war grauenvoll, ich hasste die gesamte Prozedur und hätte viel darum gegeben, wieder zurück zur Schule zu dürfen. Fast noch schlimmer als die eingezwängte Haltung im Streckverband war die endlose Langeweile. Ich lag zwar in einem Zweibettzimmer, doch meine Nachbarn waren Jahrzehnte älter als ich und durften meist nach wenigen Tagen wieder gehen. Das war besonders hart für mich. Fernseher oder Radio gab es in den Zimmern nicht, und Lesen war auch schwierig, denn ich konnte ein Buch nicht allzu lange in die Höhe halten. Also blieb mir nichts Anderes übrig, als Stunde um Stunde auf dem Rücken zu liegen und zur Decke zu starren und darauf zu hoffen, dass gelegentlich einmal meine Mutter oder andere Freunde aus Öschingen zu Besuch kamen. Es kam leider nur selten vor. Der einzige Lichtblick in diesen trostlosen Wochen war Hildegard, ein nettes Mädchen, ein oder zwei Jahre älter als ich, die im Nebenzimmer untergebracht war. Wir hatten uns beim Röntgen kennengelernt, und da unsere Betten Wand an Wand standen, konnten wir uns ein wenig durch Klopfzeichen »unterhalten«. Einmal besuchte sie mich in meinem Zimmer, das war eine schöne Erfahrung. Ich selbst war im Bett fixiert und konnte keinen Gegenbesuch unternehmen.

Eingegipst

Anfang Februar 1957 wurden neue Röntgenaufnahmen gemacht: Der erhoffte Erfolg war nicht eingetreten. Deshalb wurde die Therapie umgestellt und ich wurde aus meinem Streckverband befreit. Doch nur, um sogleich wieder von der Wade bis unter die Achseln eingegipst zu werden. Lediglich zwischen den Beinen war eine Aussparung gelassen. Nun war ich steif wie eine Mumie und fühlte mich auch so. Es dauerte eine ganze Weile, bis meine Muskeln keine unwillkürlichen, schmerzhaften Zuckungen mehr unternahmen. Da ich nicht mehr beobachtet werden musste – ich konnte ja nicht mehr aus meiner Gipshülle heraus oder mich in irgendeiner Weise drehen oder meinen Unterkörper bewegen – wurde ich nach Hause entlassen.

Der Orthopäde wollte mich in regelmäßigen Abständen sehen, deshalb transportierte man mich immer wieder liegend mit dem Krankenwagen ins Reutlinger Krankenhaus. Da ich mich weder aufsetzen noch meinen Kopf heben konnte, sah ich auf diesen Fahrten nur die Bäume und Hausdächer, die an den oberen Lichtschlitzen des Krankenwagens vorbeisausten. Diese Bilder haben sich mir wie ein Filmstreifen eingeprägt.

Anfang März schöpfte ich Hoffnung, denn der Gips wurde entfernt und ich wurde erneut geröntgt. Meine Enttäuschung war riesig, es hatte sich nach acht Wochen noch immer kein neuer Gelenkknorpel gebildet, und man gipste mir aufs Neue den gesamten Unterkörper ein.

Die Seele hatte sich den Korrekturbedürfnissen am Körper unterzuordnen. Machte sich irgendjemand darüber Gedanken, wie es mir dabei ging, im Alter von 13 Jahren, mitten in der Pubertät, wenn alle Körpersäfte durcheinanderquirlen und brodeln, monatelang unbeweglich im Gipsbett zu stecken? Auch dieses Mal wurde ich für unbestimmte Zeit mit meinem Gipspanzer nach Hause entlassen und war »bettlägerig«. Eine entsetzlich stumpfsinnige und frustrierende Erfahrung für einen interessierten und neugierigen Jugendlichen. Ich dachte mir alles Mögliche aus, um ein wenig vom Leben im Dorf mitzubekommen. Unser Haus stammte aus dem 18. Jahrhundert und stand in meiner Jugend ziemlich in der Mitte des Dorfes. Sechs Fenster des Wohnzimmers gingen hinaus zur Straße, und wenn man mein Bett ins Eck stellte, blickte ich sogar in zwei Richtungen. Ich griff wieder zum Spiegel-Trick: Mit dem Gips konnte ich mich nicht aufsetzen, aber wenn ich auf meine steifen Finger einen Handspiegel steckte, dann sah ich, ohne dass ich ihn festhalten musste, im Spiegel das Geschehen auf der Straße vor unserem Haus. Bald hatte es sich im Dorf herumgesprochen, dass der Willi aus dem Krankenhaus zurück war und den ganzen Tag flach auf dem Rücken liegen muss und mit einem Spiegel zum Fenster hinausschaut. Wer am Haus vorbeiging, der winkte dem Spiegel zu. Sogar aus dem Bus heraus grüßten die Leute aus dem Nachbarort.

Das Fenster zur Welt
Kommentar Schwester Käthe

Für den Willi war das Wohnzimmerfenster sein Fenster zur Welt. Für uns Öschinger war es der Mittelpunkt des Dorfs. Wenn ich zurückdenke, dann sehe ich immer jemanden an Willis Fenster lehnen und schwätzen. Vor dem Haus war ohnehin viel los, dort war die Bushaltestelle, der kleine Markt und an Sommerabenden der »Lallesplatz«. (So nannte man in Willis Kindheit den Treffpunkt der verliebten Pärchen auf dem Dorf, wo man nicht direkt unter den Augen der Eltern war und ein bisschen Händchen halten oder rumknutschen konnte.) Dekan Otto Ziegler, ein entfernter Verwandter von Willi, hat mal gesagt, beim Willi sei der Nabel von Öschingen. Damit hat er den Nagel auf den Kopf getroffen. Es war nicht so, dass die Leute nur aus Mitleid vorbeigekommen und den Willi unterhalten hätten. *Viele haben auch von Willi profitiert, denn er wusste viel, er hatte ja viel Zeit zum Lesen, Beobachten und Nachdenken.*

Unkonventionelle Hilfen

Oft schauten auch meine Altersgenossen auf dem Schulweg bei mir vorbei und wollten am Fenster ein kleines Schwätzchen halten. Das Fenster war aber meist geschlossen, und vom Bett aus konnte ich den Fensterriegel nicht erreichen. Wie schon bei meinem ersten langen Liegeaufenthalt lag ich die meiste Zeit allein zu Haus, da Mutter und Großmutter auf dem Feld arbeiteten. Es war also keiner da, um mir zu helfen, und ich musste mir selbst eine Lösung einfallen lassen. Ich übte so lange, bis ich mit einem alten Gehstock meines Urgroßvaters den Fensterriegel vorsichtig aufschlagen und dann am Fenstergriff einhaken und aufziehen konnte. Mit Hilfe des Handspiegels, den ich auf die Finger der linken Hand aufgesteckt hatte, konnte ich die Schlagrichtung kontrollieren. Der Hausschlüssel lag auf dem inneren Fenstersims, sodass ich jederzeit auch Besucher ins Haus lassen konnte. Es war ein mühsamer Prozess, aber Zeit zum Trainieren hatte ich ja mehr als genug. Dank der unermüdlichen Unterstützung meiner Familie und vieler Freunde aus dem Dorf habe ich in dieser trostlosen Lebensphase nicht den Mut verloren, sondern mir eine große Portion Geduld und Ausdauer erworben.

Auch mein früherer Lehrer war nicht glücklich darüber, dass man mich vom Schulunterricht freigestellt hatte, er hatte mich ja als aufgeweckten und interessierten Schüler erlebt und im Rahmen seiner Möglichkeiten unterstützt – und zwar ohne Diskussionen und ohne Ausgleich seines Lehrerdeputats. Da er selbst kurz vor der Pensionierung stand, kam er eines Tages bei uns vorbei und bot an, mir nach seinem Schuldienst Privatunterricht zu Hause zu erteilen. Ich freute mich sehr, denn obwohl ich wie alle Kinder natürlich viel am Unterricht und an den Lehrern auszusetzen hatte, war mir klar, dass ich sonst mit meinen Altersgenossen nicht mehr lange würde mithalten können. Leider ist nichts daraus geworden, denn er erlitt kurz nach seinem freundlichen Angebot den schweren Herzinfarkt und musste sich in der Folge stark einschränken.

An dieser Stelle ist mir eine Klarstellung wichtig: Natürlich waren all die vielen Hindernisse und Mühseligkeiten meines Lebens alles andere als erfreulich und ich bin weit davon entfernt, sie als besonders förderlich für meine Kreativität und Entwicklung zur Selbstständigkeit anzusehen oder gar die damaligen beschränkten Zustände im Leben behinderter Menschen im Nachhinein gut zu heißen. Aber es war einfach so, dass es in meiner Situation, zu meiner Zeit und in meiner Gegend keine Alternativen gab. Und wenn ich nicht geistig und körperlich verkümmern wollte, dann musste ich nach eigenen Lösungen suchen. Meine Familie, ja, eigentlich die gesamte Verwandtschaft und das halbe Dorf, haben mir dabei nach Kräften geholfen. Auf all unsere ideenreichen Lösungen und technischen Entwicklungen bin ich zu Recht stolz und für die nimmermüde Unterstützung noch heute dankbar. Dennoch ist mir klar, dass unzählige Menschen mit Behinderungen zu solch eigenständigen Lösungswegen nicht in der Lage waren und außerdem kaum Unterstützung oder Anregung erhielten. Das waren schreckliche Schicksale, und es ist deshalb ein großer Fortschritt und von zentraler Bedeutung, dass Menschen mit Behinderungen heute einen Rechtsanspruch auf Förderung und Unterstützung zur möglichst vollständigen Integration in die Gesellschaft haben.

In meinen Gedanken lebte ich oft in einer eigenen Welt. Unzählige Stunden verfolgte ich das Geschehen auf der Dorfstraße oder schaute in unseren Garten. Ich überlegte mir so dies und das, und stellte mir zum Beispiel vor, wie hübsch ein Brunnen mit fließendem Wasser zwischen unseren Bäumen und Beeten aussehen würde. Ich nahm an, die dafür erforderliche Pumpe sei unerschwinglich teuer. So ersann ich eine Lösung ohne Pumpe, bei der ich die Schwerkraft nutzen wollte und mittels einer dünnen Leitung nach oben und einer dickeren nach unten sozusagen ein Perpetuum mobile erfand. Mangels Schulunterricht kannte ich die Naturgesetze nicht und habe erst später aus Büchern gelernt, weshalb meine Idee nicht funktionieren konnte. Mein frühes Interesse für technische und physikalische Fragen kam sicher daher, dass wir Landwirtschaft hatten und ich von den Erwachsenen den Ärger über schlecht funktionierende Maschinen mitbekam oder von technischen Neuerungen hörte. Mit meinen Baukästen versuchte ich, landwirtschaftliche Geräte und Fahrzeuge zu konstruieren und dabei verschiedene Probleme zu lösen. Andere Kinder in meinem Alter mussten zu Hause Holz spalten, da ich das nicht konnte, »erfand« ich eine Holzspaltmaschine. Ich bedaure sehr, dass ich nie Gelegenheit hatte, die elementaren physikalischen Grundregeln im Unterricht zu lernen. Später, als meine ehemaligen Schulkameraden in der Ausbildung waren, lieh ich mir ihre Lehrbücher aus der Berufsschule aus und habe mir diese Kenntnisse selbst angeeignet.

Wie ein Maikäfer

Der Februar verging, es wurde März und es wurde April und ich lag immer noch eingegipst auf dem Rücken. Mit dem Frühjahr kam auch in mir eine Sehnsucht nach Sonne, freier Natur und frischer Luft. Ich war so unglücklich, eingesperrt mit meinem Gipsbett in der Stube, dass meine Mutter sich überlegte, wie sie auch mir ein wenig Frühlingsstimmung vermitteln könnte. In unserem Schuppen standen mehrere Ponykutschen, mit etwas Fantasie und der immer gutmütig gewährten Unterstützung von

Onkel Rudolf wurde eine tragbare Liege gebaut, mit der man mich aus dem Haus tragen, auf eine der Kutschen legen und in unseren großen Garten schieben konnte. Mama war, wenn es um meine Gesundheit oder Sicherheit ging, immer etwas ängstlich. Deshalb hatte sie auch Bedenken, ob ich mich nicht erkälten könnte, wenn ich so unbeweglich im Garten liegen würde. Sie blieb eisenhart und man konnte mit ihr in diesem Punkt auch nicht verhandeln: Solange das Thermometer vor dem Küchenfenster keine 16 Grad Celsius anzeigte, durfte ich nicht ins Freie. In dieser Zeit hörte ich jeden Abend mit Spannung die Wettervorhersage im Radio und freute mich, wenn Temperaturen über 16 Grad angekündigt waren.

Es war einfach nur wunderbar. Nach all den Wochen, die ich im Krankenhaus und in unserem Wohnzimmer verbracht hatte, war jede Stunde im Garten eine Wohltat. Mich überkamen tiefe Glücksgefühle, wenn ich die kühle, erdige Frühlingsluft roch und das Zwitschern der zurückgekehrten Zugvögel hörte. Von meiner

Dick eingepackt darf ich auch als »Mumie« an die frische Luft, vorausgesetzt, das Thermometer klettert über die 16-Grad-Grenze. Die beiden Rentner Martin und Wilhelm Buck leisten mir Gesellschaft.

Liege aus konnte ich das Umgraben, das Pflanzen und all die anderen Gartenarbeiten im Frühjahr beobachten, und meine beiden erwachsenen Freunde Wilhelm und Martin Buck besuchten mich fast täglich und beschrieben mir aufs Genaueste, was ich aus meiner liegenden Position nicht sehen konnte. Von den beiden trennten mich gut und gern zwei Generationen, aber da beide Frührentner waren, hatten sie genug Zeit, um mir Gesellschaft zu leisten.

Die »Sägmehlhexe«

Erwachsene unverheiratete Männer und Frauen gab es in meiner Kindheit mehr, als man heute vielleicht denkt, auch, weil viele Männer nicht mehr aus dem Krieg zurückgekommen waren. Die meisten waren gut ins Dorfleben integriert. Wilhelm Rempfer war einer von ihnen. Er war in meiner Jugend vielleicht Mitte Fünfzig, arbeitete als Stricker bei der Öschinger Firma Schöller und war kriegsbeschädigt. Mit seinem Moped war er viel im Dorf unterwegs und verteilte an die dörfliche Jugend pietistische Traktätchen und Broschüren. Einmal kam Wilhelm im zeitigen Frühjahr bei uns vorbei und schaute wie üblich durchs Fenster zu mir ins Wohnzimmer. Dabei fand er mich in einer höchst misslichen Lage vor. Ich lag in meinem Bett und musste hilflos mit ansehen, wie aus unserem Wohnzimmerofen einen halben Meter hohe Flammen herausschlugen und nach der holzvertäfelten Wohnzimmerwand züngelten. Dazu qualmte es wie beim Kartoffelfeuer, sodass der Raum schon ganz rauchig war und ich dauernd husten musste. Schuld an diesem Ofenbrand war, dass unsere »Sägmehlhexe« nicht mehr richtig funktionierte und Feuer gefangen hatte. Die »Sägmehlhexe« war ein zylindrischer Aufsatz, der verwendet wurde, um Sägmehl auf einem gewöhnlichen Zimmerofen verbrennen zu können. Diese aus schwäbischer Sparsamkeit entwickelte Heizmethode funktionierte eigentlich ganz zuverlässig, aber an diesem Morgen war das gepresste Sägemehl im Innern des Metallzylinders zu stark zusammengefallen und die Luftzirkulation war gestört. Meine Mutter und Großmutter waren nicht da, um den Aufsatz herunterzunehmen oder die Luftzufuhr zu drosseln, und ich konnte nicht eingreifen. Voll Panik starrte ich auf den Ofen mit der Sägmehlhexe und überlegte, wie lange es wohl noch dauern würde, bis die Flammen so hoch wären, dass sie bis an die Holzvertäfelung des Wohnzimmers reichen würden. Unser ganzes Wohnzimmer war mit einer bis zur Decke reichenden zweihundertjährigen Holzverkleidung ausgeschmückt, die sicher in kürzester Zeit ringsum in Flammen stehen würde. Nur direkt hinter dem Ofen befand sich eine gemauerte Feuerwand. Ich fing an zu schreien, als ich plötzlich Wilhelm Rempfers Gesicht durch die Gardinen am Fenster sah. Der überlegte nicht lang, schnappte sich den auf dem Sims liegenden Hausschlüssel und kam zu mir ins Wohnzimmer. Er umwickelte die Griffe der lodernden Sägmehlhexe mit einem Tuch und schleppte sie trotz seiner eigenen Gehbehinderung auf den Hof. Ein Wunder, dass er sich nicht verbrannte. Anschließend kam er zurück und riss alle Fenster weit auf, um den Rauch abziehen zu lassen. Mutter und Großmutter, die einige Zeit später vom Feld nach Hause kamen, waren natürlich entsetzt, als sie die qualmende Hexe mitten auf dem Hof sahen und unseren Schreckensbericht hörten. »Was wäre geschehen, wenn der Wilhelm nicht am Haus vorbeigekommen wäre und nach dem Willi geschaut hätte?«

Unbeweglich, hilflos und abhängig wie ich damals war, sehnte ich mich nach den kleinen Ausflügen in unseren Garten. In dieser Zeit entwickelte ich ein tiefes Verständnis und eine Liebe für die Natur mit all ihren Abläufen, die mir bis heute erhalten geblieben sind und mein Leben bereichern. Wie oft ist mir später der alberne Schlager im Kopf herumgegangen: »Es geht alles vorüber, es geht alles vorbei, nach jedem November folgt wieder ein Mai…« Für mich hat dieses banale Liedchen zu der Zeit eine tiefe Bedeutung bekommen, die ich mir auch später in trüben

Tagen immer wieder vorsagte: Auch wenn die »Schlechtwetter-phasen« mitunter recht lange anhalten, irgendwann gehen sie doch vorüber, so wie nach diesen endlosen und für mich harten Wintermonaten eben doch wieder ein Mai mit warmen Tempe-raturen und aufkeimendem neuem Leben kam.

Es war tatsächlich im Mai 1957, als mir endlich auch dieser zweite Gips abgenommen wurde. Doch welch ein Schock: Zu meinem namenlosen Entsetzen hatte sich der Hüftkopf, der sich hätte bilden sollen, keineswegs gebildet. Ich lag da und konnte mich überhaupt nicht mehr bewegen. Das war die schlimmste denk-bare Katastrophe, ein emotionaler Super-Gau, alle Hoffnungen, die ich mir in den langen Monaten des Liegens gemacht hatte und die mir immer wieder die Kraft zum Durchhalten gegeben hatten, waren in einem Augenblick zerschlagen. Ich hatte keinen Halt, keine Muskulatur mehr, und jede noch so kleine Bewegung tat entsetzlich weh. Man konnte mich nicht einmal mehr in den Garten tragen. Solange ich noch in meinem Gipskokon steckte, hatten mich zwei Personen eben so transportieren können. Eine hielt mich am Oberkörper, die andere an den Beinen. Nun, ohne Gips, ging auch das nicht mehr und der abendliche Transport vom Wohnzimmer ins Schlafzimmer war eine schmerzhafte Tortur, zu der Mama und die Ahne mehr als einmal sogar Leute von der Straße zur Unterstützung hereingerufen hatten.

Ich war an einem körperlichen und psychischen Tiefpunkt, und ich fühlte mich auch so. Jetzt konnte es nur noch aufwärts gehen. Was nun folgte, nannte sich beschönigend »Aktivie-rungsphase«. Unter großen Schmerzen und unendlich langsam musste ich meine Muskeln wieder aufbauen. Das Bett wurde ge-gen eine Liege getauscht, damit mich die Decke nicht behin-derte. Nach wochenlangem Üben konnte ich mich trotz meiner Versteifungen wenigstens wieder selbstständig drehen. Dafür arbeitete ich mit einem Trick und drückte den Spazierstock mei-nes Urgroßvaters, den ich auch als Fensteröffner verwendete, seitlich neben mich in die Liege, sodass ich mich ohne den Einsatz von Bein oder Rumpfmuskulatur wenden konnte. Irgendwann versuchte meine Mutter mich wieder aufzusetzen. Aber mein Kreislauf spielte total verrückt und meine Beine kribbelten wie ein Ameisenhaufen. Mit viel Ausdauer, Kissen und den verschiedensten Hilfsmitteln schaffte sie es sogar, mir nach mehr als einem halben Jahr wieder meine orthopädischen Schuhe anzuziehen. Gehen war jedoch undenkbar.

Lauflernwagen und Seifenkistenabenteuer

Was sollten wir tun? Wir kannten keine Spezialärzte oder Therapeuten, die uns hätten weiterhelfen können. Also überlegte die ganze Bekanntschaft mit uns, was man anstellen könnte,»dass der Willi wieder laufen lernt«. Und wieder war es Mama, die eine ebenso simple wie pfiffige Lösung fand. Die alte Kinderwiege, die auf unserer Bühne stand, und in der ich und etliche Generationen vor mir durch die ersten Lebensmonate geschaukelt worden waren, bildete das Grundgerüst für unser familieneigenes Laufwagen-Modell. An die Kufen schraubte Onkel Ernst, ein Schreiner von Beruf, vier lenkbare Möbelrollen, die Liegefläche ersetzte er durch eine Sitzbank. An die Längsseiten schließlich montierte er zwei geschwungene Bretter, damit ich mich mit den Armen darauf abstützen, aus dem Sitz hochstemmen und vorsichtig erste Schritte versuchen konnte. Mehr als zwanzig Jahre später sah ich in einer orthopädischen Spezialfirma zum ersten Mal industriell gefertigte Lauflernhilfen, die vom Prinzip her denselben Aufbau und ähnliche Funktionen hatten – vielleicht etwas schicker im Design – vom Preis ganz zu schweigen!

Onkel Ernsts Laufwagen war mein Weihnachtsgeschenk 1957. Es ist nicht nur so daher geschrieben, ich freute mich riesig. Doch dann kamen die Übungen, und die waren eine Qual. Mein Ziel

Legte man eine Platte auf Onkel Ernsts Laufwagen, eignete er sich auch zum Basteln und Lernen. Gemeinsam mit meinem Vetter Wilhelm Rempfer mache ich hier erste Versuche mit dem Mikroskopieren.

lautete, unser Wohnzimmer einmal schräg zu durchqueren: eine Strecke von ziemlich genau viereinhalb Metern. Ein Witz für jedes flinke Krabbelkind, für mich eine schier unüberwindliche Distanz. Schrittchen für Schrittchen tappte ich vorwärts, mit den Armen konnte ich mich glücklicherweise abstützen, sodass nicht mein gesamtes Körpergewicht auf meinen schwachen Beinen lastete. Unter dem Beifall von Onkel Ernst, Mama und der Ahne erreichte ich schließlich die gegenüberliegende Wand. Es tat höllisch weh, ich war schweißgebadet und völlig erschöpft, aber ich hatte es geschafft.

Sehr allmählich ging es mit meinen Gehversuchen vorwärts, insgesamt dauerte es ein ganzes Jahr, bis ich in einen Krankenfahrstuhl umsteigen beziehungsweise mit Gehböcken und Achselkrücken wieder laufen konnte.

Mobilität ist für Menschen mit Behinderungen ein Dauerthema, und die erfolgreiche Lösung der Mobilitätsprobleme ist ein entscheidender Faktor für eine befriedigende Teilhabe am gesell-schaftlichen Leben. Allerdings wurde die Frage »Mobilität ja, aber wie?«, bei uns in der Familie heftig diskutiert. Großmutter und Großvater waren grundsätzlich verschiedener Ansicht gewe-sen, was das Abwägen von Möglichkeiten und Risiken anging. Der Ehne war, wie man heute sagen würde, ein »Technikfreak« gewesen, und allen Neuerungen in diesem Bereich aufgeschlos-sen gegenübergestanden. Er liebte Motoren und Motorfahr-zeuge und pflegte seinen Fuhrpark mit Hingabe. Seine Frau hielt wenig von diesen technischen Neuheiten. Schon als Vierzehn-jährige hatte sie einen traditionellen landwirtschaftlichen Betrieb übernommen, da ihr Vater bereits in jungen Jahren an einer Blut-vergiftung gestorben war. Großmutter habe, wie noch in meiner Jugend viele erzählten, den Männern bald in nichts nachgestan-den. Als junges Mädchen von 16 Jahren kaufte sie ihren ersten Ochsen im wenige Kilometer entfernten Talheim. Der Onkel, den sie als männliche Autorität mitnahm, half ihr dabei wenig. Denn der betrank sich nach dem Handel gemeinsam mit dem Verkäu-fer derart, dass die Großmutter den Ochsen zusammen mit dem völlig betrunkenen Onkel Richtung Öschingen führen musste.

Sie war also den Umgang mit Tieren gewöhnt und durchaus in der Lage, einer widerspenstigen Kuh zu zeigen wo's hinging oder souverän mit einem Paar Ochsen zu pflügen. Motorfahr-zeuge aber waren ihr suspekt und in meinem Fall hielt sie die schlichtweg für gefährlich. Nichts desto weniger bekam ich mit neun Jahren mein erstes »Auto«. Wir hatten nämlich mitbekom-men, dass in Mössingen eine motorisierte Seifenkiste mit drei Rädern angeboten wurde. Die Familie Rupp hatte das Fahrzeug mit einem Sachs-Benzinmotor 50 ccm für ihre behinderte Toch-ter erstanden, die aber zwischenzeitlich einen Führerschein und ein richtiges Auto besaß. Keine Frage, ein neunjähriger Junge ist von solch einer Idee begeistert, und wir durften das Fahrzeug ausleihen und ausprobieren.

Das erste Mal übte ich auf der Wiese hinter unserem Haus,

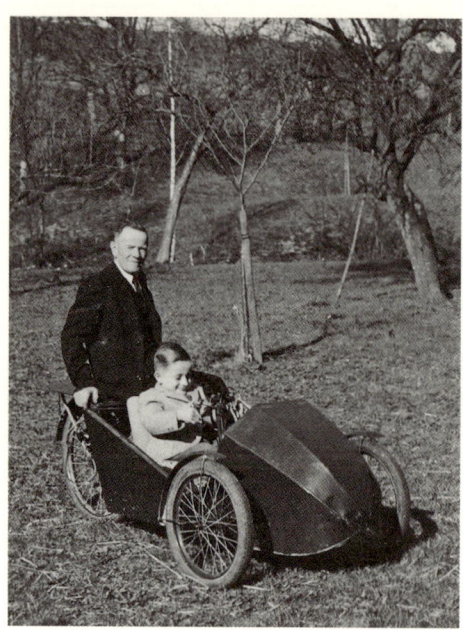

Zwei Technikfreaks unter sich: der Ehne und ich mit dem »tollen« Seifenkistenfahrzeug.

wo ich auf dem weichen Untergrund nur mit Minimalgeschwindigkeit fahren konnte. Doch auf der Straße kamen die Fußgänger nicht mehr nach. Es war umwerfend!, was beinahe wörtlich zu nehmen ist. Denn etwa hundertfünfzig Meter nach unserem Hof fuhr ich mit einem Vorderrad auf die Umrandung der großen Brückenwaage, die zum Wiegen von Großvieh oder Erntewagen gebraucht wurde. Prompt hob das Fahrzeug auf einer Seite ab und ich brauste auf zwei Rädern weiter. Da ich nach einiger Zeit von selbst wieder auf alle drei Räder kam, bog ich unternehmungslustig von der Hauptstraße ab und fuhr in Richtung Wald und Freibad. Das Forststräßchen wurde immer enger, und ich hatte nicht bedacht, dass mein Fahrzeug keinen Rückwärtsgang besaß und wenden auf dem schmalen Weg bald nicht mehr möglich war. Was tun? Ohne Hilfe konnte ich auch nicht aus dem niedrigen Fahrzeug herausklettern. Zum Glück entdeckte ich bald eine Auffahrt zu einer Jagdhütte, die ich vorsichtig ein paar Meter hinaufsteuerte, um dann im Leerlauf langsam wieder zurückrollen zu können. Mein Wendeproblem war gelöst und ich fuhr stolz zurück.

Natürlich waren meine Frauen zu Hause von der Schilderung meines Erlebnisses und meiner pfiffigen Lösung weniger begeistert: »Viel zu gefährlich!«, entschieden sie und malten sich aus, wie solch eine Situation im normalen Straßenverkehr ausgehen könnte. Sie waren heilfroh, als wir hörten, dass ich noch zu jung für eine Fahrerlaubnis war. Damit war die Entscheidung gefallen, und wir haben das tolle Fahrzeug wieder zurückgegeben.

Ich war bitter enttäuscht. Meiner Ahne tat das sehr leid, und sie dachte lange über eine andere Lösung nach. Wie sie schließlich auf die Idee mit dem Pony kam, ob es ein eigener Kindheitstraum war oder die Intuition, dass mir behindertem Jungen ein Pferdchen besonders hilfreich sein könnte, ich weiß es nicht. Auf jeden Fall entschied sie eines Tages, dass ein Pony für mich das Richtige wäre und begann den Kauf in die Wege zu leiten. In unserer Gegend waren Ponys und Kleinpferde selten, richtig populär wurden sie in Deutschland überhaupt erst Mitte der 50er-Jahre durch die »Immenhof-Filme« und die Ponybücher von Ursula Bruns. Doch Großmutter fand in einem Handbuch für Pferdezucht die Adresse eines Züchterverbands, mit dem sie lange korrespondierte. Es ging dabei nicht nur um den Preis. Großmutter wollte mit Hilfe der erfahrenen Züchter vor allem herausfinden, welche Ponyrasse für einen schwerbehinderten kleinen Jungen geeignet sei. Das Tier sollte sensibel und einfühlsam, aber nicht nervös sein. Und es durfte vor allem nicht widerspenstig oder gar wild reagieren, denn mit meinen geringen Körperkräften wäre ich nie in der Lage gewesen, auch nur das kleinste Pony gegen seinen Willen in den Griff zu bekommen. Was meine Großmutter in Wahrheit suchte, ohne den Begriff zu kennen, war ein Therapiepferd. Viele Forschungen belegen heute den therapeutischen Nutzen des Umgangs mit Tieren bei Kindern mit Behinderungen. Hunde, Schafe, Katzen, Pferde, ja, selbst Delfine werden dafür eingesetzt. Damals, Mitte der 50er-

Jahre, beschäftigte sich die Wissenschaft noch nicht mit solchen Themen. Aber natürlich wussten die Leute aus eigener Beobachtung, wie gut ein Tier trösten kann, und viele haben ihre Einsamkeit bei ihrem besten Freund auf vier Pfoten vergessen. Kurz, nachdem etliche Briefe und Pferdebilder zwischen Öschingen und verschiedenen Ponyhöfen hin und her gegangen waren, kaufte mir die Ahne im Oktober 1955 mein erstes Pony bei einer Züchterin aus Usingen im Taunus.

Ein Pony kommt nach Öschingen

Nun war noch der Transport zu organisieren, aber für einen Viehanhänger mussten wir nicht weit laufen. Adolf Bader, der »Lamm«-Adolf vom gegenüberliegenden Gasthaus mit Metzgerei, übernahm zusammen mit meinem Onkel Rudolf die Fahrt

Lotte machte mich stolz und selbstbewusster. Leider konnte ich nur für kurze Zeit reiten, in späteren Jahren war mir das nicht mehr möglich.

72

ins Hessische. In Windeseile hatte sich herumgesprochen, dass die beiden Männer in aller Herrgottsfrühe aufgebrochen waren, und plötzlich kam das Gerücht auf, die beiden würden meinen in Russland vermissten Vater im Übergangslager Friedland abholen. Leider stimmte das nicht. Aber die Zeitungen und Radionachrichten berichteten in jenen Wochen des Jahres 1955 täglich mehrfach von Bundeskanzler Adenauers Verhandlungen mit der russischen Regierung über eine Rückführung[2] der letzten deutschen Kriegsgefangenen aus russischen Lagern. Unsere Fahrt fiel genau in diese Zeit und die Leute sprachen ständig über dieses Thema, und so war diese traurige Fehlinterpretation unserer Fahrt ins Hessische zustande gekommen.

Für mich begann mit der Ankunft des Ponys dennoch ein neuer Lebensabschnitt. Die Ahne hatte mich in den Wochen davor auf den Umgang mit einem Pferd vorbereitet, aber es ist eine ganz andere Sache, wenn das Tier in Fleisch und Blut vor einem steht. Viele Stunden hatte ich am Wohnzimmerfenster gesessen und gewartet. Ich war so gespannt, ob das Tier auch dem kleinen Schwarz-Weiß-Foto ähnlich sehen würde, das uns die Züchterin geschickt hatte. Und vor allem, ob es wirklich so zutraulich wie versprochen sein würde. Es dämmerte bereits, als endlich der Daimler vom »Lamm«-Adolf mit dem Hänger in unseren Hof einbog. Mama, die Ahne und ich beeilten uns, auf den Hof zu kommen. Ich konnte es kaum erwarten, bis der Adolf die Verriegelung am Hänger geöffnet hatte. Alles, was ich sah, war ein schwarzes Pferdehinterteil. Rauskommen wollte das von der Fahrt verwirrte Tier erstmal nicht. Es rührte sich nicht und starrte die Seitenwand des Hängers an. Die Ahne schob mich beiseite, kletterte in den Wagen und packte den Zügel. Als das Tier ihre Entschlossenheit spürte, ließ es sich widerstandslos auf den Hof führen. Ich wollte zu ihm hingehen und es streicheln, zögerte dann aber: Angst hatte ich nicht, aber wenn auch ein Shetlandpony zur kleinsten Ponyrasse gehört, ich mit meinen Krücken war kaum größer. Wie es mir die Ahne beigebracht hatte, näherte ich mich dem Pony langsam von vorn und ließ es an meinem Handrücken schnuppern. Dann holte ich ein Stückchen Würfelzucker aus meiner Hosentasche und bot es auf meiner flachen Hand an. Ich war entzückt! Das Pony zeigte gar keine Scheu, sondern beugte sich sofort zu mir und holte sich das Zuckerstückchen mit weichen Lippen von meiner Hand. Das Eis war gebrochen. Nachdem ich ihm ein zweites Mal Zucker angeboten hatte, reckte das Pony keck seinen Hals und versuchte selbst in meiner Hosentasche nachzusehen. Natürlich kam es zur allgemeinen Erheiterung mit seinem Maul nicht in die Tasche und stupste mich daher auffordernd an. Ganz offensichtlich sollte ich für Nachschub sorgen!

Ich nannte das Pony wie im Stammbaum vorgegeben Lotte, und mit Lotte erweiterte sich mein Bewegungsradius erheblich. Aber das war nicht das Wichtigste. Lotte gab mir nie gekannte Erfolgserlebnisse und dadurch ein ganz neues Selbstvertrauen.

Onkel Rudolf war unser Dorfwagner und hatte versprochen, nach meinen Bedürfnissen eine Ponykutsche zu bauen. Zuerst aber fertigte mir der Sattler Johannes Rempfer Zügel, Zaumzeug und ein Brustgeschirr für Lotte. Mindestens einmal täglich stand ich bei ihm in der Werkstatt, und schaute nach, ob er nicht bald fertig wäre. Dann konnte der Bau der Kutsche beginnen. Das Modell dafür hatte ich selbst entworfen und am Wohnzimmertisch aus kleinen Metallteilen zusammengelötet. Mama nähte die dazugehörigen Polster, damit man detailgetreu erproben konnte, ob das fertige Produkt wunschgemäß funktionieren würde. Onkel Rudolfs maßgefertigte Kutsche hatte eine technische Neuerung, die mir den Umgang sehr erleichterte. Gemeinsam mit Schlosser Wilhelm Eissler, der für das Fahrgestell zuständig war, hatte er eine Drehscheibe eingebaut, mit der ein Einschlagwinkel von mehr als 90 Grad erreicht werden konnte. Das war damals ganz neu und bei den bisherigen Anhängern und Pferdefuhrwerken noch unbekannt.

Spießrutenlaufen und Glücksmomente

Wenige Monate später hatte ich ein ganz schreckliches Erlebnis. Mama wollte mit mir nach Bechtolsweiler zum Sattler Fässler, einem der letzten damals noch tätigen Pferdesattler. Der besaß aus alten herrschaftlichen Beständen noch ein Kummetgeschirr, das er mir für mein Pony umarbeiten wollte. Es war ein richtiges »Luxusmodell« und ich freute mich und war ziemlich aufgeregt. Ein Nachbar brachte uns mit seinem Auto in den kleinen Ort nahe Bodelshausen, wir mussten jedoch etwa 100 Meter vor dem Haus des Sattlers parken und den restlichen Weg zu Fuß machen. Kaum waren wir aus dem Wagen gestiegen, entdeckte mich ein etwa fünfjähriger Junge und wunderte sich lautstark über meine geringe Körpergröße. Solche Szenen war ich gewöhnt, aber der Kleine war so fasziniert, dass er gleich seinen Freund herbeirief:»Fritz, komm schnell und guck mal, wie klein der fremde Junge ist!« Und nicht nur der Fritz kam, sondern auch die anderen Kinder in der Straße rannten herbei, um mich zu begaffen. Der Weg zur Sattlerei war ein Spießrutenlauf und ich konnte meine Tränen kaum zurückhalten. Selten habe ich mich so zur Schau gestellt gefühlt.

Und dennoch: Mit meiner Kutsche konnte ich zum ersten Mal ohne Begleitung von Erwachsenen kleine Ausflüge und Erkundungsfahrten in die nähere Umgebung unternehmen. Welch ein Fortschritt! Bisher war es immer schwierig gewesen, Freunde zu gewinnen, da ich fast nichts mit ihnen unternehmen konnte und von allen Spielen im Freien ausgeschlossen war. Zwar hatte ich immer wieder kleine Freunde zu Besuch, da ich Briefmarken und Bierdeckel sammelte und allerlei interessantes Spielzeug besaß. Aber im Frühjahr und Sommer wollten meine Altersgenossen lieber draußen herumtoben, als im Haus und womöglich unter Aufsicht von Erwachsenen zu spielen. Ich war also gerade

Ich musste mir immer etwas Besonderes einfallen lassen, wenn ich mitmachen wollte. Hier nehme ich mit meiner Ponykutsche an einem Umzug durchs Dorf teil.

in der schönen Jahreszeit allein und sehnte mich nach gleichaltriger Gesellschaft. Mit Lotte änderte sich das komplett. Das Pony war ein wunderbares, lebendiges Bindeglied zwischen mir und meinen nicht behinderten Altersgenossen. Ausgerechnet ich, der so vieles nicht konnte und nicht durfte, hatte nun etwas, wovon viele träumten und worum sie mich vielleicht beneideten. Ich war glücklich, denn von nun an war ich ein begehrter Spielkamerad, man suchte meine Nähe und wetteiferte um die Gunst, von mir auserwählt zu werden, um bei meinen Ausfahrten mitfahren zu dürfen. Die Kinder in der Nachbarschaft rissen sich darum, Lottchen zu streicheln oder gar auf ihr zu reiten.

Lotte hat mir über manches körperliche und seelische Tief hinweggeholfen. Leider konnte ich weder sie noch ihre Nachfolger selbst versorgen, ich konnte nicht ausmisten, nicht striegeln oder gar die Hufe auskratzen. Das alles erledigte meine Ahne, für die ihre Tiere ohnehin stets an erster Stelle kamen. Jeden Morgen stand sie um sechs Uhr auf und ging in den Stall, um zu melken, zu füttern und zu misten. Erst dann hat sie sich gewaschen, ihre Haare geflochten und gefrühstückt. Besonders stolz war sie auf ihre »Dressurnummern«! Sie lehrte nicht nur unsere Hunde kleine Kunststücke, auch eines meiner Ponys hatte sie so weit gebracht, dass es auf Kommando Wasser lassen konnte.

Ein Bett auf Kufen

Natürlich war so ein Pony für Transporte aller Art zu gebrauchen. Eines Tages im Winter klagte Großtante Katharine, dass sie dringend ein neues Bett bräuchte. Wir hatten noch eins auf der Bühne und wollten es der Großtante schenken. Auf der Dorfstraße war eine festgefahrene Schneedecke, und die Ahne wollte das Möbelstück mit dem Ponyschlitten zu ihrer Schwester transportieren. Meine Mutter, Emil, der Sohn von Großtante Katharine, und mein Kumpel Ernst halfen, das Bett von der Bühne herunter zu schleppen und auf den Schlitten zu laden. Großmutter spannte das Pony vor und los ging die Fahrt. Emil kutschierte. Die Straße zur Großtante stieg leicht an – kein Problem für das Pony trotz hochbeladenem Schlitten. Auf dem Rückweg war der Schlitten leer, jetzt konnten meine Mutter, Großmutter und Ernst aufsitzen. Nun ging es aber den Berg hinunter und der Schlitten wurde allmählich schneller als das Pony. Als die Schlittenkufen dem Pferdchen an die Hinterbeine kamen, ging die Fahrt so richtig los. Es machte einen Satz und Großmutter, die ganz hinten auf dem Schlitten saß, segelte in hohem Bogen in den Schnee. Nun wurde der Schlitten noch leichter und das Spielchen wiederholte sich. Beim zweiten Satz landete meine Mutter auf der Straße und beim dritten Satz schließlich auch der Kutscher. Emil, tapfer wie er war, ließ auch auf dem Boden liegend die Zügel nicht los und lenkte den Schlitten fortan bäuchlings. Meinem Freund Ernst wurde es aber mulmig und er sprang freiwillig in den Schnee. Gerade noch rechtzeitig! Denn an dieser

Stelle machte die Dorfstraße eine Linksbiegung und just hier bog genau in diesem Moment Dr. Ischkowitz mit seinem großen Mercedes um die Ecke. Dr. Ischkowitz war der erste Öschinger Dorfarzt und hatte sich wenige Jahre zuvor mit einer Praxis im Altenbach niedergelassen. Emil riss am Zügel und unser Dorfarzt konnte sein Auto gerade noch rechts in eine Hofeinfahrt lenken. Wegen der Schleuderwirkung schoss der Schlitten am Pferdchen vorbei und knallte an der gegenüberliegenden Straßenseite gegen einen Laternenmast. Damit war die Fahrt zu Ende und der Arzt glücklicherweise zur Stelle, um Emils Blessuren fachmännisch unter die Lupe zu nehmen. Ernsthaft verletzt hatte sich glücklicherweise niemand.

In meiner Kindheit hatten wir im Winter viel Schnee, und rings um unser Grundstück war ein großer Straßenabschnitt regelmäßig zu räumen. Ich schätze, es waren mindestens 35 Meter Strecke, die oft mehrmals täglich freigeschaufelt werden mussten. Mama und die Ahne waren sehr besorgt, dass ich im Schnee oder auf versteckten Eisplatten ausrutschen könnte. Im Frühjahr hatten wir manchmal so große Schneehaufen vor dem Haus, dass die Ahne ein Pony vor einen kleinen Pritschenwagen spannte, den Schnee auf die Ladefläche schippte und im Garten wieder ablud. Dort konnte er in Ruhe abtauen, ohne dass mir oder anderen Fußgängern das wieder festfrierende Schmelzwasser gefährlich werden konnte. Einmal sind ihr bei solch einer Aktion zwei Ponys – wir hatten zeitweise mehrere – mitsamt Pritschenwagen durchgegangen. Zum Glück wohnte am Ortsende Richtung Mössingen der alte Fuhrmann Jakob Rein, der hörte schon von Weitem die beiden Pferdchen mit dem Wagen heranrattern. Unerschrocken stellte er sich den übermütigen Tieren in den Weg und verhinderte so Schlimmeres.

ERWACHSENWERDEN UND WEG IN DIE SELBSTSTÄNDIGKEIT

Konfirmation

Der »Ernst des Lebens« begann im evangelischen Württemberg früher mit der Konfirmation. Die Jungen und Mädchen steckte man zu diesem Anlass erstmals in einen guten Anzug oder ein feierliches dunkles Kleid, danach begannen die jungen Männer und Mädchen üblicherweise eine Ausbildung.

Auch ich wollte zu diesem Festtag einen richtigen, eigens für mich geschneiderten Anzug haben. Bisher hatte Mama immer geerbte oder fertig gekaufte Kleidungsstücke für mich an ihrer Singer-Nähmaschine gekürzt und geändert. Nun wollte ich auch etwas Besonderes. Mein Vetter Wilhelm Merk besaß in Öschingen eine Hemdenfabrik. Dort ließen wir von einem Fachmann aus seinem Betrieb meinen ersten maßgefertigten Anzug nähen.

Exkurs: Meine Schneider und Schneiderinnen

Mein erster richtiger Anzug stammte also aus der Hemdenfabrik Wilhelm Merk. Da ich zwar deutlich kleiner, aber etwa genauso breit wie andere Menschen bin, kann man sich bei mir nicht auf Standardgrößen beziehen, sondern muss genau Maß nehmen. Nachdem der letzte Öschinger Schneider seinen Betrieb aufgab, ließ ich viele Jahr lang bei einem Herrenschneider in Lustnau nähen. Obwohl das Stehen während der Anproben anstrengend ist, war es mir recht, dass er sich stets viel Mühe gab, denn ich will nicht in schlecht sitzenden Jacketts und zu

Die Konfirmation war mein erster großer Festtag. Ich erhielt wie alle andern Jungen den ersten richtigen Maßanzug.

langen Hosen in der Öffentlichkeit erscheinen. Gerade wegen meiner Behinderungen lege ich Wert auf ein gepflegtes Äußeres, was meiner Meinung nach wesentlich zum guten Selbstwertgefühl und somit zu einer positiven Außenwahrnehmung beiträgt. Allerdings gilt auch hier mein böser Spruch: Behinderung muss man sich leisten können. Die Preise für Maßanfertigungen sind seit meinem ersten Anzug so in die Höhe geklettert, dass ich froh war, als mir ein Bekannter anbot, mir einen nachgeschneiderten Anzug »made in Thailand« mitzubringen. Erst war ich skeptisch, doch der Freund reiste geschäftlich häufig dorthin und überzeugte mich: »Man bringt ein gut sitzendes Kleidungsstück mit, und macht Angaben zur Qualität und zur Farbe. Und dann copy, copy!« Gut, dachte ich mir und wagte einen Versuch – das Ergebnis konnte sich sehen lassen. Um einen Bruchteil des bei uns üblichen Preises hatte ich einen neuen Anzug, nicht ganz so perfekt verarbeitet, aber durchaus ansehnlich und vor allem: Er passte.

Konfirmandenunterricht

Da bei der Konfirmation, wie der Name schon sagt, etwas ge-
festigt und bestätigt wird, geht dem eigentlichen Feiertag eine
längere Unterweisung in die Glaubensinhalte und Religionsge-
schichte voraus. Heute ist das eine relativ lockere Angelegenheit, damals hatten wir zwei Jahre lang Konfirmandenunterricht
beim Herrn Pfarrer Kaiser und lernten auswendig, was Martin
Luther im Kleinen Katechismus niedergeschrieben hatte – außerdem eine Menge Gesangbuchlieder und Bibelverse. All dies
wurde dann beim Konfirmationsgottesdienst, der sogenannten
»Einsegnung«, vor der versammelten Gemeinde in einem Frage-
und Antwortritual mit dem Pfarrer aufgesagt. Zu unserem Jahrgang gehörte außer mir und meinen drei Klassenkameraden Helmut, Kurt und Karl-Heinz noch Albrecht, der Sohn des Pfarrers.
Albrecht war zwar ein Jahr älter als wir, wurde aber aus einem
Grund, den ich vergessen habe, mit uns zusammen konfirmiert.
Als Pfarrerssohn hatte er es nicht leicht, denn natürlich wurde er
von uns gern auf die Schippe genommen, hatte sich aber in Anwesenheit seines Vaters als geistlicher Autorität respektvoll zu
verhalten. Er musste auch immer deutlich vor seinem Vater zum
Unterricht kommen, damit er ihn gemeinsam mit uns würdig
begrüßen konnte. Einmal haben wir ihm kurz vor Beginn der
Konfirmandenstunde Juckpulver in den Hemdkragen geschüttet,
und der arme Junge hätte gern sein Hemd ausgezogen und aus-
geschüttelt, der Vater war jedoch bereits im Anmarsch. Albrecht
sagte keinen Ton, rutschte nur die ganze Unterrichtsstunde über
auf seinem Stuhl hin und her und versuchte, sich an der Lehne
den Rücken zu kratzen. Der strenge Vater tadelte ihn mehrfach
für sein Herumgezappel, aber Albrecht war keine Petze und be-
schwerte sich erst nach der Stunde bei seinen Peinigern.
Normalerweise fand der Konfirmandenunterricht im Pfarrhaus
statt, doch führten in dieses Haus mehrere für mich unüberwind-

liche Stufen. Meine Mutter bat deshalb den Pfarrer, seinen Unterricht ausnahmsweise in unserem Wohnzimmer abzuhalten. Nun war es ein Vorteil, dass wir nur fünf Schüler waren. Viel mehr hätten bei uns nicht in die Stube gepasst. Wir lernten und beteten also bei uns am Esstisch und alles klappte wunderbar, nur beim Singen gab es anfangs eine Störung. Am Fenster hing nämlich der Käfig mit meinem Wellensittich Hansi, und der musikalische Vogel zwitscherte immer fröhlich mit, sobald wir *Ein feste Burg ist unser Gott* oder andere Gesangbuchlieder anstimmten. Pfarrer Kaiser mochte das Gotteslob der kleinen Kreatur nicht leiden, und so deckten wir Hänschens Käfig immer vor Beginn der Stunde mit einem Tuch ab, damit er glauben sollte, es sei nun Schlafenszeit und seinen Schnabel hielt.

Kurz vor dem Konfirmationssonntag im März 1959 bekam ich meinen ersten Rollstuhl, damit ich gemeinsam mit meinen Altersgenossen im Gottesdienst in der Öschinger Kirche konfirmiert werden konnte. Es war ein einfacher Schieberollstuhl, den ich selber wegen seines Eigengewichts und seiner Bauart keinen halben Meter bewegen konnte, der mir aber dennoch deutlich mehr und komfortablere Mobilität verschaffte.

Meiner Ahne, aber auch Mama und mir war dieses religiöse Fest wichtig. Wir gingen zwar nicht, wie meine Familie väterlicherseits und viele andere Öschinger, zu den Bibelstunden der Pietisten, wir waren aber fest im evangelischen Glauben verwurzelt. Der sonntägliche Kirchgang war für uns eine Selbstverständlichkeit und gehörte wie Hochzeiten oder Taufen oder das Gebet vor den Mahlzeiten zum Leben dazu. Leider war auch unsere Dorfkirche nur über einen Treppenaufgang zu erreichen. Wollte ich zum Gottesdienst, musste immer jemand dabei sein, der mich die Stufen hinaufzog und stützte.

Der Kirchengemeinderat und besonders mein Vetter Wilhelm Merk wollten mir gern einen ungehinderten Zugang zur Kirche ermöglichen. Leider sperrte sich der Denkmalschutz jahrzehnte-

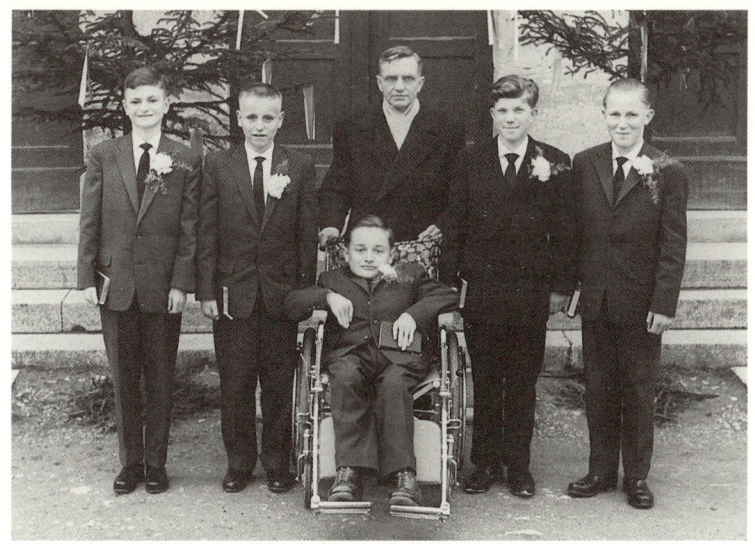

Damit ich mit den anderen jungen Leuten in der Kirche konfirmiert werden konnte, kaufte die Ahne mir den ersten Rollstuhl.

lang gegen ihre Vorschläge. Da kam der Öschinger Kirchgemeinderat auf eine ausgefallene Idee: Als provisorische Zwischenlösung durchbrachen sie die Kirchenmauer und führten ein circa zwei Meter langes Rohr ein, das mit einem Kamintürchen verschlossen werden konnte. In dieser Röhre hat man ein Paar Schienen verstaut, die der Messner dann vor jedem Gottesdienst über die Stufen legte, damit ich darüber in die Kirche geschoben werden konnte. Diese Bauarbeiten haben mehrere Gemeindeglieder, ohne dass ich sie darum gebeten hätte, in ihrer Freizeit unentgeltlich für mich erledigt. Ich war ihnen sehr dankbar, dennoch war es mir unangenehm, dass ich immer andere um Hilfe bitten musste, wenn ich den Gottesdienst besuchen wollte. Vor einigen Jahren stand dann die Renovierung der Kirche an und das Denkmalamt stimmte endlich unter erheblichen Auflagen dem Anbau einer Rampe zu. Ich kann nun ohne Begleitung, wann immer ich möchte, zur Kirche.

Heimarbeit

Nach der Konfirmation wechselten meine Altersgenossen entweder auf eine höhere Schule oder sie machten eine Lehre. Und ich? Wie gerne hätte ich eine Ausbildung in einem metallverarbeitenden Betrieb begonnen, aber erstens hatte ich nicht einmal einen Hauptschulabschluss und zweitens hätte auch der gutmütigste Handwerker mich mit meinen vielen Einschränkungen nicht in die Lehre genommen. Während meine Kameraden einer nach dem anderen eine Ausbildungsstelle fanden, blieb ich übrig. Ich fühlte mich wie jemand, der als Einziger am Bahnsteig bleibt und den andern im Zug hinterhersehen muss. Keine Chance, Anschluss verpasst! Zwar hatte ich mir eine Menge theoretisches Wissen und auch handwerkliche Fertigkeiten angeeignet, aber wen interessierte das. Mit all meinen aus Büchern erlernten Kenntnissen konnte ich in der Praxis überhaupt nichts anfangen, und so machte ich mir wohl oder übel Gedanken über andere Möglichkeiten des Gelderwerbs. Jeden Tag sah ich, wie Mutter und Großmutter für unseren Lebensunterhalt schufteten und nebenher noch mir alle möglichen Hilfestellungen leisteten. Ich hätte mich schrecklich gefühlt, nur zu Hause zu hocken, ohne mich irgendwie nützlich machen zu können. An Ideen mangelte es mir nicht, zusätzlich durchforstete ich etliche Bücher nach möglichen Wegen in die berufliche Selbstständigkeit. Aber alle Projekte waren nicht umzusetzen, da mir die körperlichen Voraussetzungen fehlten, die anfallenden Arbeiten allein zu bewältigen. Und Mutter und Großmutter noch mehr aufzuhalsen, kam beim besten Willen nicht in Frage.

Ich musste etwas anderes finden, was weniger körperlichen Einsatz erforderte. Zum Beispiel Heimarbeit! Natürlich war hier keine goldene Nase zu verdienen, aber mein Verdienst war derart mager, dass ich mich heute wundere, wie lange ich diese Belastungen bei so mieser Entlohnung durchgehalten habe.

1962 startete ich den ersten Versuch und klebte mit Mutters Unterstützung Etiketten zusammen. Dafür bekam ich pro Stück einen halben Pfennig, was im Schnitt dann einen Tageslohn von einer Mark einbrachte. Unvergesslich ist mir die erste Lohntüte, die Anna Rempfer mir durchs Fenster hereinreichte. Ich eilte stolz und glücklich mit meinen Krücken und der Tüte zu meiner Mutter in die Küche, doch die Türschwelle wurde mir zum Verhängnis und ich stürzte der Länge nach auf den Boden. In Sekunden hatte sich mein Hochgefühl in Schmerz und Tränen verwandelt und ich lag mehrere Wochen lang flach, bevor ich meine Arbeit wieder aufnehmen konnte. Heute bin ich vorsichtiger, zu oft habe ich erfahren, dass ich, gerade wenn ich hoch gestimmt bin, sehr gefährdet bin, im wahrsten Sinn des Wortes tief zu fallen.

Mit dem zweiten Versuch, dem Wickeln von Stopfkärtchen für Wollartikel, konnte ich mich auf 5 Mark hocharbeiten und beim Pressen von Manschetten für Herrenhemden kamen immerhin 10 Mark am Tag zusammen. Als ich nach einem Jahr meinen Verdienst zusammenrechnete, war ich sehr ernüchtert. Noch viel mehr ernüchtert war ich allerdings, als ich feststellte, dass ein großer Teil meiner Einkünfte anschließend von meiner Halbwaisenrente abgezogen wurde. Einzige Möglichkeit schien, den Verdienst zu steigern: Ich beschloss auf die Strickerei umzusteigen.

Die Textilindustrie war bis in die 90er-Jahre des vorigen Jahrhunderts ein wesentlicher Industriezweig Baden-Württembergs, bei uns im Schwäbischen dominierte vor allem die Strickwarenindustrie, und ein Großteil der Produkte wurde von Frauen in gering entlohnter Heimarbeit hergestellt. »Auf der Alb hat jeder seine Strickmaschine im Keller«, hieß es, und mit schwäbischem Fleiß machten die Frauen den niedrigen Stücklohn durch umso höhere Produktivität wett. Mein Onkel, Hugo Kammerer, war gelernter Textiltechniker und beriet mich beim Kauf der Strickmaschine. Zur Wahl standen eine preiswertere Einbettmaschine der Firma Knittax oder Passap, die komfortablere Zweibettmaschine, auf der rechte und linke Maschen gestrickt werden konnten. Wir entschieden uns für die leistungsfähigere Zweibettmaschine, ich wollte ja schließlich Geld verdienen. Und tatsächlich ließ sich das Projekt zunächst gut an. Ich wurde ein echter Profi und meine Produktpalette reichte von Pullis über Strickwesten bis zu den etwas kompliziert zu fertigenden Socken. Kompliziert war es bei den Socken deshalb, weil die sparsamen Schwaben nicht nur großen Wert auf qualitativ hochwertige Sockenwolle legten, sondern bei Socken und Strümpfen ein zusätzlich mitlaufendes Verstärkungsgarn wünschten. Wegen dieses zweiten Fadens blieb die Maschine oft hängen und musste neu eingerichtet werden. Trotzdem machte mir die Arbeit Spaß und ich freute mich, wenn meine Kunden mit der Qualität und dem Aussehen meiner Ware zufrieden waren. Leider bekam ich bald wieder Probleme mit meinen Gelenken, denen das monotone Hin- und Herschieben des Schlittens gar nicht gut tat. Außerdem saß ich natürlich in einer für mich äußerst ungünstigen Haltung, und meine Hüftgelenke schmerzten wie einst in der Schulbank.

Nach fünf Jahren gab ich das Stricken wieder auf. Die körperliche Belastung war zu groß und der Verdienst letztlich zu gering. Ich hätte mir bei dieser Arbeit nicht einmal eine kleine Rente ansparen können, und auf die würde ich ja später dringend angewiesen sein. Etwas einträglicher waren meine diversen Dienstleistungsangebote und der Verkauf meiner kunsthandwerklichen Metallartikel wie Kerzenständer, Windspiele und Reliefbilder aus Kupfer. Im Laufe der Jahre war bei mir auch eine Art Kontaktbüro für den örtlichen Krankenpflegeverein entstanden, außerdem hatte ich die Annahmestelle einer Reinigung übernommen und verkaufte Schuhe und Fotobedarf. Eine grundsätzliche Veränderung brachte dies alles jedoch nicht. Ich war deprimiert. Irgendwie bewegte sich gar nichts und ich hatte keine Vorstellung, was ich noch versuchen könnte. Meine Altersgenossen hatten längst einen festen Beruf, die meisten außerdem Frau und Kinder. Nur ich wohnte und arbeitete noch im Haus meiner Mutter und Großmutter, mein Verdienst war allenfalls ein Taschengeld und ich war wie eh und je auf die finanzielle und körperliche Unterstützung der beiden angewiesen.

Willis »sieben Geschäfter«

Bericht Hugo Bader, Sohn vom »Lamm«-Wirt,
heute Hausarzt im Hunsrück

Ich bin mit fünf Schwestern im »Lamm« aufgewachsen. Meine Eltern hatten das Gasthaus, die Metzgerei und dazu das Schlachthaus. Bei uns war immer Lärm und Geschrei und viel Arbeit von morgens bis in die Nacht. Es fanden Hochzeiten und Holzversteigerungen statt, Theaterstücke wurden aufgeführt und eine Zeit lang war bei uns sogar eine Außenstelle des Mössinger Kinos, dann verwandelte sich unsere Wirtschaft in einen Kinosaal.

Wann immer möglich, habe ich mich mit meiner Schwester Traude im Schlepptau aus dem Staub gemacht. Zuhause hatte eh niemand Zeit für uns und wenn wir irgendwo rumstanden, hätten wir gleich mithelfen müssen.

Als ich den Willi kennenlernte, war er ein erwachsener Mann und ich ein kleiner Junge. Fast täglich habe ich bei ihm vorbeigeschaut. Sein Elternhaus stand ja genau gegenüber dem meinen, ich musste bloß über die Straße. Ich glaube, alle im Dorf haben bewundert, wie Willi, seine Mutter und die Großmutter es geschafft haben, so autonom zu leben, ihre kleine Landwirtschaft zu betreiben, nebenher noch Geld zu verdienen und bei all der vielen Arbeit nie zu klagen, sondern immer freundlich und fröhlich zu sein. Als Kind habe ich mal ausgerechnet, dass Willi »sieben Geschäfter« hatte: Er verkaufte Schuhe, Foto- und Drogerieartikel, kleine Geschenkartikel aus Metall, dann hatte er die Annahmestelle für die Reinigung, Wäscherei und den Krankenpflegeverein und noch die Heimarbeit mit der Strickmaschine. Und trotzdem war bei ihm immer eine ruhige und entspannte Atmosphäre.

Für diese »Geschäfter« hatte Willi bei sich im Haus das kleine »Zimmerle« belegt. Ursprünglich war das mal das Schlafzimmer seiner Mutter gewesen, aber nachdem Willis Vater nicht aus dem Krieg zurückgekommen war, hatten alle in einem Raum geschlafen. Willi schlief im großen Bett neben der Ahne und seine Mutter gegenüber im Bett an der Wand. Privatsphäre hatte damals noch keinen so hohen Stellenwert, die Leute dachten eher pragmatisch.

Willi hatte bei sich im »Zimmerle« eine Art Filiale vom Schuhgeschäft Otto Fauser aus Ofterdingen. Noch heute sehe ich vor mir, wie er dort Schuhe verkauft. Bis zur Decke stapelten sich an einer Wand die Schuhkartons. Wenn jemand ein bestimmtes Modell sehen wollte, dann schwang sich Willi mit seinen Achselkrücken zu den Schachteln, zwickte mit einem selbst gebauten Greifer den gewünschten Karton aus dem Stapel heraus und schleuderte ihn mit elegantem Schwung vor den Kunden auf den Tisch. Diese Greifzange sah ein wenig aus wie eine Hacke: Man unterfuhr die Schuhschachtel, schob dann den oberen Teil des Greifers darüber, zog an und die Schachtel war festgeklemmt und konnte herausgezogen werden. Den gesamten Apparat hatte er selbst entwickelt und gebaut, als Spannmechanismus diente eine Fahrradbremse.

Willi war der geborene Händler und Verkäufer. Er knallte den Leuten nicht einfach die Kartons auf den Tisch, sondern beriet die Kunden eingehend über Passform und Aussehen der einzelnen Modelle. Dabei nahm er sich stets viel Zeit, was mich natürlich ärgerte, denn ich wollte ja mit ihm spielen und langweilte mich während dieser Beratungen unendlich. Aber Willi war für mich eine Respektsperson, und wenn er sagte, »Jetzt setzt du dich hin und wartest und bist still!«, dann bin ich seiner Aufforderung gefolgt.

Eine Zeitlang handelte Willi sogar mit Lammfellen. Aus seinem Fenster heraus hatte er beobachtet, wie der Fellhändler Jäger, der in unserer Schlachterei die gesäuberten Tierhäute zur Weiterverarbeitung abholte, einem Kunden ein schönes Lammfell mitbrachte. Um sein »Risiko« möglichst gering zu halten, ließ er sich Kommissionsware ans Lager legen und achtete darauf, besonders weiche und makellose Stücke zu bekommen. Der alte Wilhelm Buck sagte immer: »Der Willi, das ist ein richtiger Rosshändler«, was aber durchaus anerkennend gemeint war.

Kunsthandwerkliche Versuche

Über einen Grundstücksverkauf lernte ich Mitte der 60er-Jahre den Inhaber einer Reutlinger Kunstanstalt kennen, der mir in seinem Betrieb ein Praktikum anbot. Dort sollte ich das Retuschieren von Fotos erlernen. Ich hatte ihm nämlich einige meiner Kupferreliefarbeiten gezeigt, und ihm war aufgefallen, wie sorgfältig die Bilder ausgearbeitet waren. Verdienen würde ich wegen meines langsameren Arbeitstempos etwas weniger als die anderen Angestellten, er wollte mich aber regelmäßig von einem Fahrer abholen und wieder nach Hause bringen lassen. Dieser Vorschlag war zweifelsohne ein »Geschäft« für uns beide, und wenn alles wie geplant liefe, könnte ich bald ein Vielfaches mehr als mit meiner Heimarbeit verdienen. Ich sagte sofort zu.

In der Kunstanstalt konnte ich beobachten, wie die Fotografien mit Pinsel und Blasrohr bearbeitet wurden. Das war eine handwerklich anspruchsvolle Tätigkeit und ich sollte zunächst zur Übung mit Pinsel und Lineal Linien ziehen, die so fein wie mit einer Tuschefeder wirken sollten. Auch dafür brauchte man viel Geduld und Fingerspitzengefühl. Ich fragte Klaus Herzer um Rat. Er war Lehrer an unserer Öschinger Dorfschule und damals schon bekannt für seine Holzschnitt-Arbeiten. Er war gern bereit, mir einige Tipps zu geben und kam dafür extra mehrmals zu mir nach Hause. Nach einigen Wochen monotonen Übens wurden meine Linien ansehnlicher und ich bekam die Aufgabe, einfache Zeichnungen auf einen anderen Maßstab zu übertragen.

Die Übertragungstechnik blieb mir überlassen. Ich verwendete einen sogenannten »Storchenschnabel«, den ich Jahre zuvor von Onkel Hugo bekommen hatte, und der noch aus seiner Zeit als Textiltechniker stammte, als er mit diesem Pantograf Schnittmuster auf verschiedene Größen kopiert hatte. Vielleicht wäre ich mit der Zeit ein guter Retuscheur geworden und hätte damit meinen Lebensunterhalt verdienen können. Leider aber zerschlug sich auch diese Hoffnung, denn mein Mentor erlitt einen Herzinfarkt und ohne seine Unterstützung konnte ich das Praktikum nicht weiterführen.

Der Kontakt mit dem Künstler Herzer ist dennoch nie abgerissen. Vor allem in meiner Funktion als Ortschaftsrat hatte ich später wieder viel mit ihm zu tun: Als im Jahr 1999 das alte Öschinger Rathaus neu vermietet werden sollte, bot Herzer der Gemeinde an, einen Großteil seines künstlerischen Lebenswerks in eine Stiftung zu überführen, wenn die Gemeinde im Gegenzug für diese Bilder im alten Rathaus ein Museum einrichten würde. Ich unterstützte dieses Angebot nach Kräften und es freut mich sehr, dass das Holzschnittmuseum seit Jahren Besucher von nah und fern

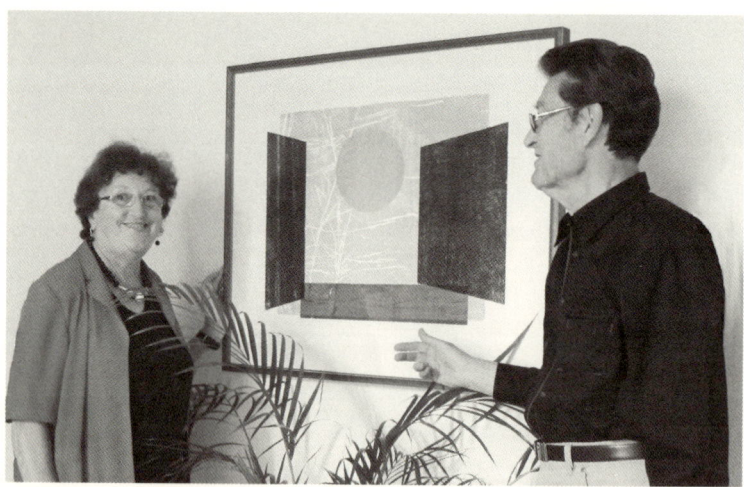

Ein besonderes Geburtstagsgeschenk: Original-Holzschnitt von Klaus Herzer (rechts im Bild) für meine Frau Emma.

anzieht und unseren kleinen Ort Öschingen weit über die Region hinaus bekannt gemacht hat. Besonders schön ist, dass Klaus Herzer, noch immer ganz Pädagoge, im Museum regelmäßig Einführungen in die Technik des Holzdrucks anbietet und so auch junge Menschen mit dieser traditionsreichen Druckmethode bekannt macht. Wer einmal die große Original-Grieshaber-Presse bedienen durfte, vergisst das nicht! Mehrere Jahre lang hatte ich sogar den Vorsitz beim Förderverein Holzschnittmuseum inne; ich habe ihn allerdings vor einiger Zeit abgegeben, denn das alte Haus ist nicht barrierefrei zugänglich und ich musste bei jedem Treffen im Museum die steilen Treppen hoch getragen werden. Das hat mich und meine Träger zunehmend belastet.

Eines meiner Lieblingsbilder von Klaus Herzer habe ich meiner Frau zum 50. Geburtstag im Jahr 2000 geschenkt. Herzer nannte diesen Holzschnitt schlicht »offen«. Mir sagt das Bild: Wer seine Fensterläden nicht aufmacht, wer sich also verschließt und seinen Blick nicht öffnet, dem wird vieles im Leben verschlossen und mancher Lichtstrahl unerkannt bleiben.

Ich komme in Bewegung – der Dreiradrollstuhl

Ein zentrales Problem war meine ungenügende Mobilität. Die Schwierigkeiten fingen an, als ich für den Kinderwagen endgültig zu groß wurde. Der Bollerwagen war zwar ganz praktisch gewesen, und damit ich auch meinen Spaß hatte, spannte die Ahne öfter unseren wohlerzogenen, starken Hund Falko vor den Wagen. Aber wie schon erwähnt, war dieses Fahrzeug äußerst unbequem, da ungefedert. Ein echter Fortschritt war meine erste Ponykutsche. Nun konnte ich sonntags gemeinsam mit Mama und der Ahne sogar kleine Ausfahrten in die Umgebung unternehmen.

Mein erstes motorisiertes Fahrzeug war ein sogenannter »Drei-radrollstuhl« mit einem 50 Kubik Fichtel & Sachs Motor. Mein Freund Wilhelm Speidel, der Futtermittel- und Pferdehändler war und viel in der Gegend herumkam, hatte Anfang 1966 erfahren, dass solch ein Gefährt zu verkaufen war. Ein beinamputierter alter Zimmermann hatte es früher benutzt, doch nun war der Mann verstorben und die Familie hatte keine Verwendung mehr dafür.

»Willi!«, schwärmte er, »das ist die Gelegenheit! Das musst du dir unbedingt anschauen.«

Dieses archaische Gefährt aus der Frühzeit der Reha-Technik war eine Art Zwitterwesen zwischen Krankenrollstuhl und Motorrad. Das zweite Hinterrad gab Stabilität, sodass der Fahrer aufrecht sitzen konnte. Die Sitzposition war aber ziemlich tief, von Weitem erinnerte es an die frühere Seifenkiste auf drei Rädern. Der Antrieb bestand aus einem Zweitakt-Benzinmotor, ähnlich wie beim Mofa.

Zuerst war ich von der Idee gar nicht begeistert. »Mit so einem Sonderfahrzeug rumfahren! Wie werden die Leute da glotzen?!«

Aber Wilhelm ließ nicht locker: »Was willsch denn, willsch selbstständig werden oder willsch dauernd dran denken, was die Leut denken?«

Natürlich hatte er recht, denn eigentlich war ich das Angestarrtwerden ja schon gewöhnt. Wenn ein schwerbehinderter Junge mit einem Ponywagen durch die Gegend fährt, schauen die Leute auch. Aber ich hatte mir immer eingeredet, das neugierige Gegaffe gelte den Ponys, nicht mir und meiner Behinderung. Eigentlich egal, wichtig war, endlich mobiler und vor allem unabhängiger zu werden. Mit den Ponys war ich immer auf die Hilfe anderer angewiesen. Ich beschloss, das Fahrzeug zumindest einmal anzuschauen.

»So isch recht, Willi«, freute sich Wilhelm. »Trau dich was!«

Wenige Tage später ging's zur Besichtigung. Wir machten

Mein Dreiradrollstuhl: Ein ganz besonderes Gefährt aus der Frühzeit der Rehatechnik. Zehn Jahre lang machte er mich in der näheren Umgebung mobil.

uns mit der Zimmermannsfamilie bekannt und kamen schnell zur Sache. Seltsamerweise waren die guten Leute zuerst sehr zögernd, ob sie mir das Fahrzeug überhaupt verkaufen sollten.

»Den Opa«, so berichteten sie, »hat es mit dem Rollstuhl immer wieder umgekippt.«

»Wie konnte das passieren?«, fragten wir erstaunt, denn eigentlich machte das Gefährt einen recht stabilen Eindruck.

Nun, der Opa war wie gesagt ein alter Zimmermann gewesen, und er konnte, auch nachdem man ihm ein Bein hatte abnehmen müssen, einfach nicht untätig herumsitzen und zuschauen, wie die anderen schafften. Also wuchtete er sich wie gewohnt die schweren Balken auf die Achseln und transportierte sie mit seinem Rollstuhl. Dafür war der freilich nicht ausgerüstet. Das derart überlastete und zudem höchst kopflastige Gefährt kippte des Öfteren um und der Opa verletzte sich dabei erheblich.

»Alles klar!« Wir hätten beinahe angefangen zu lachen. Mama und ich konnten die Familie überzeugen, dass sie sich bei mir keine Sorgen zu machen brauchten. Mit meiner schwachen Statur wäre ich nie in der Lage gewesen, mir auch nur etwas Balken-Ähnliches auf die Schulter zu laden. So kam es, dass ich noch am selben Tag stolzer Besitzer eines motorisierten Dreiradrollstuhls wurde. Doch meine Fantasien von Selbstständigkeit, Freiheit und neuer Lebensqualität wurden schnell wieder auf den Boden der Bürokratie geholt. Denn selbstverständlich durfte man im Deutschland der 60er-Jahre mit solch einem Fahrzeug nicht einfach so »rumfahren«! Immerhin handelte es sich um ein Motorfahrzeug! Ich brauchte also einen Führerschein.

Für einen Führerschein der Klasse 5 genügte eine theoretische Prüfung, aber im Antragsformular wurde auch nach einer Behinderung gefragt. Und nun kamen die Mühlen der Bürokratie so richtig in Gang. Ein Gutachten über meine Tauglichkeit zum Führen eines Dreiradrollstuhls wurde angefordert. Und für dieses Gutachten musste ein Amtsarzt konsultiert werden. Also mussten wir zunächst beim Tübinger Gesundheitsamt um einen Termin ersuchen. In der Zwischenzeit übte ich zu Hause. Ich fuhr die Dorfstraße auf und ab, wendete geschmeidig auf unserer Hofeinfahrt und parkte nach einigen Versuchen präzise ein. Nach wenigen Tagen hatte ich das herrliche Gefühl, selbstständig fahren zu können. Eine Einschränkung meiner Fahrtüchtigkeit konnte ich nicht feststellen.

Nach einigen Wochen wurden wir beim Amtsarzt vorgelassen. Dr. Heinz Walzer war ein freundlicher älterer Herr, der sich nett mit mir unterhielt. Ich war guter Dinge, ich wusste ja, dass ich das Fahrzeug bestens beherrschte. Was dann folgte, verschlug mir die Sprache. Von einer »Belastungsgrenze aufgrund der Behinderung« war die Rede. Wie der Herr Doktor darauf kam, war mir nicht ersichtlich. Auf jeden Fall wollte er in seinem Gutachten vorschlagen, die Fahrerlaubnis auf die Gemeinden Öschingen, Mössingen, Gönningen und Gomaringen zu beschränken. Ich protestierte, denn mit dieser Beschränkung hätte ich nicht einmal bis Talheim fahren können, wo ich vor Kurzem von meinem Großvater eine Baumwiese geerbt hatte. Dr. Walzer änderte das Gutachten »großzügiger Weise« nochmals ab, und nun durfte ich zwar nach Talheim, nicht aber nach Gomaringen fahren. Wohl oder übel akzeptierte ich. Was blieb mir auch anderes übrig.

Exkurs: Talheimer Abenteuer

An einem schönen Maisonntag beschloss ich, Richtung Talheim zu meinem »Wiesle« zu fahren. Zwar war ich schon häufig auf der Hauptstraße im Abstand von einigen Hundert Metern daran vorbeigefahren, hatte aber noch keine Gelegenheit gehabt, das Grundstück aus der Nähe zu begutachten.

Normalerweise gab ich immer Bescheid, wenn ich das Haus verlassen wollte. Solange ich noch mit dem Ponywagen umherfuhr, war dies auch nicht anders möglich, denn ich brauchte ja immer jemanden, der die Ponys anschirrte. Aber nun, mit meinem Dreiradrollstuhl, konnte ich völlig selbstständig aus dem Haus. Und vermutlich wollte ich genau das. Endlich einmal allein und ohne Abmeldung unterwegs sein. Ich informierte also weder Mama noch die Ahne und fuhr los.

Mein Fahrzeug beherrschte ich inzwischen aus dem Effeff. Nachbar Heinrich Schur hatte mir die Funktionsweise erklärt und gemeinsam hatten wir verschiedene kleinere Reparaturen wie etwa einen Zündkerzen-Wechsel geübt. Zwar konnte ich mit meinen steifen Fingern nicht gut greifen, aber durch geduldiges Üben war ich einigermaßen geschickt geworden und konnte die meisten Handgriffe problemlos ausüben. Was mir fehlte, war einzig die Kraft. Deshalb musste ich immer jemanden bitten, Schrauben und Gewinde für mich fest zuzudrehen, was bei einem Benzinmotor selbstverständlich sehr wichtig ist.

Ich fuhr also in bester Laune Richtung Talheim und genoss

meinen »Alleingang«. Leider war der Feldweg vom Ortsausgang Öschingen an in einem miserablen Zustand. Es hatte in den Wochen zuvor viel geregnet und in den zahlreichen Schlaglöchern stand das Wasser. Traktoren und Güllewagen, die in den vergangenen Tagen häufig über die Felder gefahren waren, hatten den »Krippenweg« zusätzlich aufgeweicht.

Um nicht wie der alte Zimmermann mitsamt dem Fahrzeug umzukippen, fuhr ich die meiste Zeit mit Standgas. Dem Zweitaktmotor tat das allerdings nicht gut. Es kam, wie es kommen musste: Bei einem Wendemanöver ging der Motor aus. Die Zündkerze war verrußt. Eigentlich kein Problem, denn ich hatte eine Werkzeugtasche dabei. Und ich wusste, dass dort eine Zündkerzenbürste und eine Ersatzkerze steckten. Mit einiger Anstrengung gelang es mir auch, die Abdeckung der Zündkerze zu lösen. Aber dann war Schluss. Ich konnte die verrußte Kerze nicht aus der Fassung bekommen. Ich schraubte und drehte aus Leibeskräften – ohne Erfolg. Das Gewinde gab keinen Millimeter nach. Schweiß stand mir auf der Stirn. Wieder einmal war ich in einer dieser verhassten Situationen, in denen mir meine Abhängigkeit von anderen aufdringlich deutlich wurde. Weit und breit war keine Menschenseele zu sehen, meine Familie hatte keine Ahnung, wo ich steckte und das Handy war noch nicht erfunden. Ich saß ganz schön in der Klemme.

Ich fing an, um Hilfe zu rufen. Als nichts geschah, steigerte ich meine Lautstärke, bis ich schließlich wie am Spieß schrie und brüllte. Nach längerem Geschrei tauchte schließlich Christian Rempfer aus einer Senke auf.

»Was isch passiert, was schreisch so?«, keuchte er. Der Mann stammte aus Öschingen und war auf seinem Acker gewesen, um wie jeden Sonntag das Gedeihen seiner Feldfrüchte zu begutachten. Durch mein panisches Gebrüll war er aus seiner Betrachtung aufgeschreckt worden. Er hatte mindestens mit einem schlimmen Unfall gerechnet.

»Mit was bisch du denn onderwegs?«, staunte er.

Ich klärte ihn über meinen neuen Motorrollstuhl und die Motorpanne auf. »Zündkerze total verrußt«, erläuterte ich fachmännisch und bat ihn, mir die Kerze herauszudrehen und die neue einzusetzen.

Alles Weitere war kein Problem mehr, aber ich fuhr doch recht gedämpfter Stimmung wieder nach Hause zurück.

Ein Schlüssel zur Integration

Mehrere Jahre lang leistete mir der Dreiradrollstuhl gute Dienste. Anfang der 70er-Jahre wurde er allmählich klapprig, und immer häufiger fielen kleine Reparaturen an. Ersatzteile waren keine mehr zu bekommen, denn die Herstellerfirma, die Orthopädischen Werke Berlin, lagen im damaligen Ostteil der Stadt und waren für uns somit nicht erreichbar.

Im Frühjahr 1972 begann ich, mich nach einem neuen fahrbaren Untersatz umsehen und schrieb an den Deutschen Versehrtenfahrzeugdienst beim VdK in München, der damals als kompetenteste Fachstelle für behindertentaugliche Fahrzeuge in Westdeutschland galt. Die Antwort ernüchterte mich, denn beim Durchblättern der beigelegten Informationsmaterialien stellte ich fest, dass diese speziellen Behindertenfahrzeuge extrem teuer waren, da es sich um Sonderanfertigungen in geringer Stückzahl handelte. Mir schwebte ein Modell mit zwei Sitzplätzen vor, allerdings hätte ich den angegebenen Preis von circa 7000 DM niemals selbst aufbringen können. Mit meinen diversen Einkünften kam ich bei allem Fleiß nie über 300 Mark im Monat. Ich wandte mich also an das Versorgungsamt in Rottweil und stellte einen Antrag auf »Bezuschussung eines Behindertenfahrzeugs«. Da ich Kriegshalbwaise war und außerdem wegen meiner Behinderung nur über ein geringes Einkommen verfügte, war diese Stelle für mich immer noch zuständig.

Beim Versorgungsamt wollte man meinem Antrag nicht so

einfach stattgeben. Zwar hatten die Wirtschaftswunderjahre in Westdeutschland bereits wieder für bescheidenen Wohlstand gesorgt, doch es gab viele kriegsversehrte Menschen, die wegen ihrer Behinderung nicht erwerbsfähig waren und ebenfalls Anspruch auf finanzielle Unterstützung hatten. Das Versorgungsamt hatte diese Ansprüche zu überprüfen und zu beurteilen. Deshalb kündigte sich ein Vertrauensarzt aus Stuttgart an, der über meinen Grad der Behinderung befinden und mir anschließend ein Gutachten ausstellen sollte. Zu meinem Glück, denke ich heute, denn dadurch kam vieles anders, als ich alleine es zu fordern und durchzusetzen gewagt hätte.

Sturz ins Bodenlose

Das Jahr 1972 bedeutete in fast jeder Hinsicht meine persönliche »Wende«! Das erste, leider im wahrsten Sinne des Wortes einschneidende Erlebnis war ein Sturz. Ich stolperte auf den letzten Stufen der Innentreppe unseres Hauses. Das Geländer ging nicht bis zu den untersten Treppenstufen durch und ich konnte mich nirgends mehr festhalten. Ich prallte so heftig mit dem Kopf gegen die Haustür, dass ich das acht Millimeter starke Drahtglas durchschlug und mir das Gesicht und Teile des Oberkörpers schwer zerschnitt. Die Narben kann man heute noch sehen. Wenn ich heute als Baugutachter in Sachen Barrierefreiheit geladen werde, achte ich in Erinnerung an diesen Unfall stets darauf, dass Treppengeländer konsequent bis zur letzten Stufe geführt werden und nicht aus ästhetischen Gründen vorher enden.

Doch dieser Unfall war wenig bedeutsam angesichts dessen, was sich wenige Wochen später ereignete. Der Boden unter meinen Füßen begann ganz erheblich zu schwanken. Meine Mutter hatte schon längere Zeit über Beschwerden im Unterleib geklagt und sich schließlich zu einer Untersuchung in der Frauenklinik durchgerungen. Der Gynäkologe stellte fest, dass sich eine große Geschwulst gebildet hatte, die unverzüglich entfernt werden musste. Unter vier Augen teilte er mir mit, dass es sich vermutlich um einen bösartigen Tumor handle. Ganz sicher könne man es erst während der Operation feststellen. Meiner Mutter hatte er die niederschmetternde Diagnose vorenthalten, vermutlich aus Sorge, sie würde mit dieser Nachricht nicht fertig werden. Das kam damals oft vor, dass Ärzte sehr ernste Diagnosen verschwiegen. Vor allem auf dem Land war das paternalistische Berufsbild verbreitet und erlaubte den Medizinern, je nach ihrer subjektiven Einschätzung schwerkranken Patienten genaue Kenntnisse über deren Erkrankung und damit ihre Mitsprache vorzuenthalten.

Exkurs: Die »unmöglichen« Wünsche

Die Beziehung zu meiner Mutter war – auch bedingt durch meine Abhängigkeit von ihrer Hilfe und Pflege – sehr eng. Zusammen mit der Ahne war sie für mich der Inbegriff von Familie und Geborgenheit. Die Furcht, einen geliebten Menschen zu verlieren und dann noch ohne Unterstützung dazustehen, löste bei mir eine regelrechte Panik aus. Ich hatte das Gefühl, dass alles um mich herum wie ein Kartenhaus zusammenfiele. Die schwachen, aber bisher noch tragenden Säulen in meinem Leben boten keinen Halt mehr. Ich weinte und betete inständig. Ich betete mit einer Inbrunst wie noch nie zuvor in meinem Leben. Zum ersten Mal spürte ich, wie ich im Glauben die Ängste und die Befürchtungen aussprechen und damit tatsächlich abladen konnte. In diesen Tagen trug ich Gott meine vier sehnlichsten Wünsche vor, die aus meiner damaligen niedergedrückten Stimmung gleichermaßen unmöglich und aussichtslos erschienen. Ich flehte darum, dass die angedeutete Diagnose »Krebs« falsch sein möge und meine Mutter auch weiterhin für mich sorgen könnte. Dann erbat ich, dass ich eine Tätigkeit finden möge, mit der ich meinen Lebensunterhalt bestreiten könnte und dass es mir gelingen möge, für mich eine barrierefreie Umgebung, ein barrierefreies Heim zu schaffen. Mein vierter Gebetswunsch war, dass auch ich einen Menschen finden würde, mit dem ich glücklich zusammen leben könnte. An eine Heirat oder gar eigene Kinder wagte ich nicht zu denken. Danach wurde ich ruhig. Ich spürte, wie meine aufgewühlten Gefühle sich beruhigten und in mir Mut und Zuversicht zurückkehrten. Und ich fühlte in mir eine neue Kraft, meinen Teil zur Verwirklichung dieser Wünsche beizutragen. Die Hände in den Schoß zu legen und Gott die »Erfüllung« zu überlassen, das war nicht meine Art von Gottvertrauen.

Nun, die vorläufige Diagnose bestätigte sich glücklicherweise nicht. Als die Geschwulst entfernt worden war, stellte man fest, dass es sich um sehr große und schmerzhafte, aber gutartige Wucherungen handelte. Meine Mutter kam wieder nach Hause und konnte nach langer Erholungszeit wie gewohnt ihrer Arbeit nachgehen. Mir aber war klar geworden: Es würde nicht immer so weitergehen können. Auch wenn meine Mutter fürs Erste wiederhergestellt war, sie würde älter werden, ihre Kräfte würden nachlassen, und irgendwann würde sie ganz gewiss nicht mehr in der Lage sein, mir bei meinen alltäglichen Verrichtungen zu helfen. Irgendetwas in meinem Leben musste sich ändern, nur was und vor allem wie?

Ein Amtsarzt macht mir Mut

Der Amtsarzt kam genau in jener schicksalhaften Woche zu mir nach Öschingen, als meine Mutter mit Verdacht auf einen Unterleibstumor in der Klinik lag. Er war zwar ein sparsamer, aber auch ein fortschrittlich denkender Mann. Meinen Wunsch nach einem neuen Dreiradrollstuhl hielt er für keine besonders gute Idee und fragte, warum ich denn nicht gleich ein entsprechend ausgestattetes Auto beantragen wolle. Die Notwendigkeit eines Spezialfahrzeugs sei zwar aufgrund der Schwere meiner Behinderung keine Frage, aber man könne doch beispielsweise einen VW-Käfer so umbauen lassen, dass er meinen Bedürfnissen entspräche. Dadurch sei ich viel mobiler, ich könnte größere Distanzen zurücklegen und außerdem mehrere Personen befördern.

»Autofahren, ich?!« Die Aussicht, wie jeder »gesunde« Mensch am Straßenverkehr teilnehmen zu dürfen, vielleicht sogar einmal in Urlaub zu fahren, machte mich ganz aufgeregt. Von so viel Normalität hatte ich zwar gelegentlich geträumt, hatte sie jedoch nie als reale Möglichkeit in Betracht gezogen. Aber: Würde ich mit meinen schwachen Armen und Händen ein Lenkrad sicher führen können? Und was war mit meinen verkürzten Beinen? Wie sollte ich da Bremse und Gaspedal erreichen?

Der Gutachter konnte meine Befürchtungen nicht ganz nachvollziehen. »Wenn sogar querschnittsgelähmte und beidseitig armamputierte Menschen Autofahren können, warum sollten Sie das nicht lernen? Immerhin haben Sie Arme und Beine!«

Der sachliche Optimismus des Mannes beeindruckte mich: Ein Spezialist, der sich von Amts wegen mit kriegsversehrten Menschen und deren Einschränkungen beschäftigt, traut mir so etwas zu. Warum dann ich selbst nicht? In mir kämpften widerstreitende Gefühle. Der sehnliche Wunsch nach Normalität und Eigenständigkeit geriet in Konflikt mit meiner Unsicherheit, die ich durch die jahrelange Erfahrung von Hilfsbedürftigkeit und Abhängigkeit entwickelt hatte. Zu Beginn der 70er-Jahre waren Eigenständigkeit und Integration behinderter Menschen in die Gesellschaft nahezu unbekannt. Aber der Herr Amtsarzt hatte meinen Ehrgeiz geweckt. Warum sollte ich es nicht einmal versuchen mit dem Führerschein? Es wäre ein erster Schritt in Richtung Selbstständigkeit. Und kein kleiner! Ich beschloss, mir nicht selbst im Weg zu stehen, sondern mich der Herausforderung zu stellen und meine Ängste zu überwinden.

Hätte ich geahnt, was in der Folge alles auf mich zukommen würde?! Ich hätte es trotzdem getan. Natürlich! Denn der

Gewinn an Lebensqualität und die neuen beruflichen Perspektiven, die sich mit dem Erwerb eines Pkw-Führerscheins verbanden, waren es allemal wert. Doch mit dieser Entscheidung war der Startschuss zu einem beispiellosen bürokratischen Hürdenlauf gefallen.

In den Mühlen der Bürokratie

Zunächst war ein Antrag auf Erteilung eines Führerscheins einzureichen und anschließend musste man eine theoretische und praktische Prüfung absolvieren, das war mir klar. Nachvollziehen konnte ich auch noch, dass in meinem Fall eine Begutachtung durch einen Facharzt notwendig werden würde. Aber das war längst nicht alles. Die bürokratischen Eignungs- und Genehmigungsverfahren zogen sich länger als ein drei viertel Jahr hin, die eigentliche Fahrprüfung für den praktischen Nachweis der Fahrtüchtigkeit ging dann in ein paar Tagen über die Bühne. Welch ein Missverhältnis!

Im Führerscheinantrag wird nach Art und Ausmaß einer Behinderung gefragt. Meine wahrheitsgemäßen Angaben machten daraufhin ein zusätzliches amtsärztliches Gutachten des Tübinger Gesundheitsamts erforderlich. Ich wurde aufgefordert, am Tübinger Gesundheitsamt wieder einmal den zuständigen Amtsarzt Dr. Walzer zu konsultieren und anschließend dessen Bescheinigung dem Landratsamt vorzulegen. Dort forderte man mich auf, weitere Gutachten von einem Augenarzt und einem orthopädischen Facharzt beizubringen.

Dr. Walzer, mit dem ich zu der Zeit mehrfach Kontakt hatte, ahnte, welche Strapazen dies für mich bedeutete und bot mir spontan an, mich in seiner Freizeit zum Orthopäden zu fahren. Eine Freundlichkeit, die ich gern in Anspruch nahm. Er zeigte sich väterlich besorgt und fragte eines Tages, was ich denn beruflich machen würde.

»Immer noch nicht das Richtige«, gab ich zu und bekannte, dass ich nur Heimarbeiten erledigte und nie über 10 Mark am Tag hinauskam. Dr. Walzer erinnerte sich bei dieser Gelegenheit, einige Zeit zuvor von einer neuen Schule für Körperbehinderte in Mössingen gelesen zu haben. Dort könnte ich doch einmal anfragen, meinte er. »Vielleicht brauchten sie noch einen Pförtner oder jemanden für Aushilfsarbeiten.« Dabei beließen wir's fürs Erste.

Die Untersuchung selbst war ziemlich einfach. Der Orthopäde verschaffte sich einen Überblick über meine körperlichen Fähigkeiten und Einschränkungen und forderte mich abschließend auf, ihm kräftig die Hand zu drücken und daran zu ziehen. Damit war er wohl zufrieden, denn seine Beurteilung aus orthopädischer Sicht fiel positiv aus. Leider erwähnte er in seinem Gutachten ebenfalls, dass es mir nicht möglich sei, meine Hand zu einer Faust zusammenzuballen. Diese kleine Bemerkung wiederum verunsicherte den zuständigen Beamten auf dem Tübinger Landratsamt derart, dass er sich nicht entschließen mochte, seinen Stempel unter meinen Antrag zu setzen.

In seiner Ratlosigkeit erkundigte sich der Mann schließlich bei einem Psychologen einer Rehabilitationseinrichtung im Schwarzwald, ob nicht sicherheitshalber noch eine medizinisch-psychologische Untersuchung (MPU) gemacht werden sollte. Sie sollte!

Der Volksmund nennt diese Untersuchung »Idiotentest«, sie beurteilt die Fahreignung eines Antragstellers. Ich empfand diese Forderung demütigend und erkundigte mich, weshalb dieser Test, der doch hauptsächlich in Zusammenhang mit Alkoholdelikten erforderlich wird, in meinem Fall notwendig sei.

Die Antwort war gleichermaßen nichtssagend wie unverschämt: »Wenn nicht hier, bei wem dann?!«

Heute würde ich so eine Behandlung nicht hinnehmen, damals wollte ich jedoch endlich Selbstständigkeit und Unabhängigkeit erlangen und deshalb unbedingt und um jeden Preis meinen Führerschein in der Hand halten. Ich fügte mich also

Mobilität ohne Begrenzung: Erste Ausfahrt mit meinem DAF in die Alpen.

zähneknirschend den Forderungen des Amtsschimmels und meldete mich beim TÜV in Balingen zum »Idiotentest« an.

Ich hatte schreckliche Angst, die Prüfung nicht zu bestehen. Welch eine Katastrophe würde dies für meinen weiteren Lebensweg bedeuten. All meine Träume von einem selbstständigen Leben, schönen Reisen und einer anständig bezahlten Berufstätigkeit wären zunichte!

Ich war der einzige behinderte Bewerber. Die anderen waren wegen wiederholten Fahrens unter Alkoholeinfluss oder wegen schwerer, selbst verschuldeter Unfälle vorgeladen. Einige Kandidaten wurden auch getestet, weil sie mehr als dreimal durch die theoretische Fahrprüfung gefallen waren. Die ganze Situation kratzte schwer an meinem Selbstbewusstsein. Damals war ich noch mit Krücken unterwegs, ich musste also wie die anderen auf einer hölzernen Wartebank Platz nehmen. Für mich war dies aufgrund der Höhe und der Beschaffenheit der Sitzfläche ein völlig ungeeignetes Sitzmöbel. Wie ein Häuflein Elend hing ich mehr als ich saß zwischen meinen Mitbewerbern.

Zuerst wurden wir alle von einem Arzt auf Symptome chronischen Alkoholmissbrauchs untersucht. Da ich nie Alkohol trinke, war dies kein Problem. Dann begann der psychologische Teil der Untersuchung. Heute weiß ich, dass ich eigentlich alles »falsch« gemacht habe. Meine bodenständige Ehrlichkeit hätte mich beinahe den Führerschein gekostet. Mir war überhaupt nicht klar gewesen, worauf manche Fragen abzielten. Zum Schluss wurde gefragt: »Wenn Sie an einem selbst verschuldeten Unfall beteiligt waren, denken Sie dann daran zurück? Beschäftigt es Sie noch längere Zeit?« Als verantwortungsvoller Mensch bejahte ich das natürlich.

In meinem Gutachten konnte ich dann lesen, ich sei ein »problembezogener Mensch«. Auf den ohnehin skeptischen Beamten im Tübinger Landratsamt hat dies später einen sehr negativen Eindruck gemacht. Es hat nicht viel gefehlt, und er hätte mir die Fahrerlaubnis endgültig verweigert.

Ein wesentlicher Teil des »Idiotentests« bestand aus einem Vier-Augen-Gespräch mit einem Psychologen. Und wieder tappte ich wegen meiner selbstkritischen Ehrlichkeit in eine Falle. Dieses Mal stolperte ich über die Frage: »Welche Fahrstrecke trauen Sie sich zu?«

»So etwas kann man doch nicht objektiv einschätzen, ohne es zuvor auszuprobieren!«, erklärte ich. Mir war klar, dass meine Selbsteinschätzung auf die Probe gestellt werden sollte. Aber ich konnte und wollte nicht etwas daherplappern, was möglicherweise strategisch günstig gewesen wäre.

Die »Quittung« kam prompt: »In Ihrem Fall scheint eine Entfernungseinschränkung auf einen Umkreis von 50 Kilometern angebracht. Sind Sie damit einverstanden?«

Ich konnte kaum glauben, was ich hörte. Jedem kleinen Kind traut man zu, dass es selbst beurteilen kann, wie weit es mit seinem Dreirädchen fahren kann. Und mir, einem 28-jährigen jungen Mann, ohne negativen Leumund und ohne irgendwelche früheren Vorkommnisse, will man diese Selbsteinschätzung nicht zugestehen. Allein wegen meiner Körperbehinderung!

»Für wie lange soll diese Beschränkung gelten?«

Man sei bereit, die Entfernungsbegrenzung nach zwei Jahren aufzuheben. Natürlich nur, wenn ich mir in der Zwischenzeit nichts zu Schulden kommen lassen und nicht etwa fahrlässig einen Unfall verursachen würde! Da ich, wie schon bei der Fahrerlaubnis für den Motorradrollstuhl, keine andere Wahl hatte, willigte ich ein.

Exkurs: Schikane aufgehoben!

Nach Ablauf der zwei Jahre habe ich selbstverständlich beim Landratsamt um Aufhebung der geografischen Fahrbeschränkung gebeten. Wieder wurde ich an den Psychologen verwiesen, der schon das erste Gutachten erstellt hatte. Der erklärte sich gerne bereit, ein neues Gutachten anzufertigen. Selbstverständlich gegen eine entsprechende Gebühr – damals etliche hundert Mark! Inzwischen war ich weniger gutgläubig. Es war wohl eher unwahrscheinlich, dass dieser Psychologe die Beschränkung aufheben und damit sozusagen seiner Einschätzung vom ersten Mal widersprechen würde? Eher konnte ich damit rechnen, dass er sich in seinem zweiten Gutachten wiederum für eine Beschränkung aussprechen und somit seine erste Entscheidung rechtfertigen würde.

Ich überlegte hin und her. Und schließlich hatte ich eine Idee. Ich ließ von einem Tübinger Psychologie-Professor ein sogenanntes Obergutachten erstellen. Der Professor war zwar noch mal teurer als der gewöhnliche Psychologe, aber die Entscheidung hat sich gelohnt. Ich erhielt vom Obergutachter schwarz auf weiß bestätigt, dass die Beschränkung weder sinnvoll noch notwendig gewesen war und mit sofortiger Wirkung aufgehoben werden könne. Mit Briefkopf der Universität Tübingen!

Schade eigentlich, dass ich, wie vom Orthopäden attestiert, meine Hand nicht zur Faust zusammenballen kann. Ich hätte dann nämlich mindestens ein Mal kräftig mit der Faust auf den Tisch schlagen können. Während all der Schikanen auf dem Weg zum Führerschein hätte mir das sehr gut getan.

Einige Wochen nach der Aufhebung der Fahrbegrenzung unternahm ich einen Ausflug nach Österreich und schickte von unterwegs eine Postkarte an Dr. Walzer: »Mit freundlichen Grüßen, Ihr nicht mehr beschränkter Willi Rudolf!«

Fahrstunden auf der Pferdekoppel

Nachdem ich unzählige Gutachten beigebracht hatte, wollte ich endlich Fahren lernen. Dafür benötigte ich aber ein Fahrzeug mit einer Ausstattung, die meinen besonderen Bedürfnissen entsprach, was damals noch keine Fahrschule im Angebot hatte. Hier war guter Rat teuer – im wahrsten Sinne des Wortes. Denn ich musste mir selbst ein Auto kaufen und nach meinen Bedürfnissen umbauen lassen. Und das kostete auch damals schon eine ganze Menge. Zwar hätte ich für solche Maßnahmen einen Zuschuss beim Versorgungsamt in Rottweil beantragen können, dafür aber hätte ich erst einmal mit dem Führerschein nachweisen müssen, dass ich überhaupt fahren konnte. Eine unfaire Situation, denn eine nachträgliche Bezuschussung, so teilte man mir mit, sei »grundsätzlich nicht möglich«!

Ohne die Hilfe meiner Familie hätte ich in einer ziemlich aussichtslosen Situation gesteckt. Welche Bank hätte mir bei meinem monatlichen Einkommen von durchschnittlich 300 Mark einen Kredit von etwa 10 000 Mark genehmigt? Meine Großmutter bezahlte das Auto. Für diese Großzügigkeit bin ich ihr noch heute dankbar, denn, wie gesagt, stand sie den Errungenschaften der Technik skeptisch gegenüber. Ein VW-Käfer ist es allerdings nicht geworden. Ich brauchte ein möglichst günstiges

Fahrzeug, das ohne Kupplung gefahren werden konnte, was nicht einfach war, denn damals gab es Automatikgetriebe nur bei sehr hochwertigen und folglich auch teuren Modellen. Ausnahme war ein Modell der Firma DAF, die einen preisgünstigen Kleinwagen mit einem stufenlosen Keilriemengetriebe auf den Markt gebracht hatte. Wir kauften also einen DAF und ließen bei der Autosattlerei Möhn in Dettingen/Erms einen auf Maß angefertigten Spezialsitz bauen, der heute noch im Einsatz ist.

Nach einigen Wochen hätte ich mit den Fahrstunden beginnen können. Doch das Landratsamt hatte mir noch keine Genehmigung für Übungsstunden auf öffentlichen Straßen erteilt, und für die Eignung der technischen Umbauten musste auch noch ein Sondergutachten vorgelegt werden. Das wiederum bedeutete, dass ich zunächst einmal für dieses Gutachten üben musste, was nur auf einem Privatgrundstück erlaubt war. Welch ein Glück, dass ich auf dem Land wohnte! Im großen Obst- und Gemüsegarten mit angrenzender Pferdekoppel hinter unserem Haus konnte ich auch ohne Fahrlehrer nach Herzenslust üben. Der Weidezaun der Ponys war die Begrenzung und simulierte den Straßenrand.

In den Spätherbsttagen des Jahres 1972 begann ich mit meinen Fahrübungen auf unserer Ponywiese. Ich kurvte trotz meiner eingeschränkten Beweglichkeit im Schulterbereich zunehmend routiniert um unsere Birn- und Apfelbäume und trainierte zwischen den Schuppen und Kleintierställen das Einparken. Da ich meinen Oberkörper kaum drehen kann, war ich bei diesen Übungen wie schon so oft auf die Hilfe von Spiegeln angewiesen.

Die größte Herausforderung bei meinen Fahrübungen stellte die enge Garage dar, in der früher die Ponykutschen untergebracht waren. Sie sollte auch dem neuen Auto als Unterstellplatz dienen, und deshalb musste natürlich das Einparken dort wie am Schnürchen klappen. Die Zufahrt war extrem kurvenreich, und ich musste lange probieren, bis ich das Auto zügig und ohne Schrammen in der Garage abstellen konnte.

Als ich meiner Sache ganz sicher war, bat ich beim TÜV in Tübingen, einen technischen Gutachter nach Öschingen zu schicken, um vor Ort die Prüfung abzunehmen. Der Ingenieur staunte nicht schlecht, als er zu einer Fahrt über Herbstlaub und Maulwurfshügel quer durch unsere Obstwiese eingeladen wurde. Er begutachtete zuerst die Hilfseinbauten, dann folgten einige Runden um die Obstbäume, ein paar Wendemanöver zwischen Schuppen und Weidezäunen, und schon bald hieß es: »Danke, das genügt für mein Gutachten.«

Aber mir genügte es noch nicht: »Ich würde gern noch das Rückwärtseinparken in die Garage demonstrieren!« So lange und verbissen hatte ich das heikle Einparkmanöver in die Garage geübt, dass ich mein Meisterstück jetzt auch vorführen wollte.

Der Gutachter war überrascht und offensichtlich nicht besonders erpicht auf diese zusätzliche Übung: »Das ist doch nicht nötig, ich sehe doch, dass Sie das Fahrzeug beherrschen. Lassen Sie's gut sein.« Ich ließ aber nicht locker, da ich auf diese Aktion besonders stolz war, und überredete ihn zu einer abschließenden Vorführung. Seine lobende Anerkennung war mir sicher.

Eine Woche vor Weihnachten kam der ersehnte Anruf, dass ich nun offiziell zu Fahrstunden auf öffentlichen Straßen zugelassen war, und drei Wochen später hatte ich den Führerschein Klasse 3 in der Tasche.

Exkurs: Krücken weggefahren!

Mein Führerschein Klasse 3 – eine 6-seitige Sonderanfertigung – war auf Personenkraftwagen beschränkt und erlaubte mir nicht, meinen bisher auf Klasse 5 verplombten Dreiradrollstuhl künftig als Fahrzeug der Klasse 4 zu fahren. Das, obwohl für die Erteilung des Führerscheins Klasse 4 lediglich die theoretische Prüfung notwendig war, die ich ja wenige Wochen zuvor erfolgreich abgelegt hatte!

Ich fühlte mich diskriminiert und gedemütigt, erklärte mich

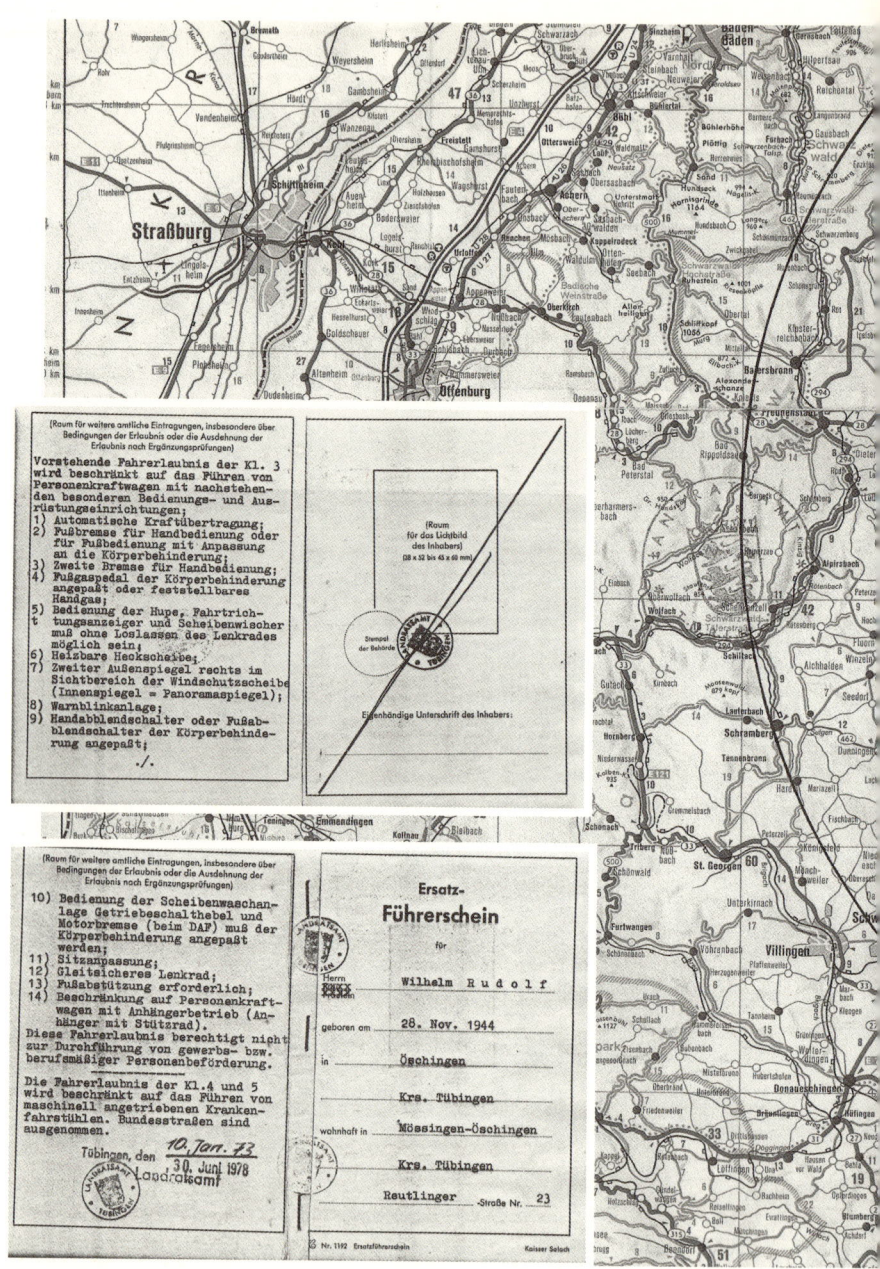

Der amtlich genehmigte »Auslauf«: 50-Kilometer-Radius rund um Mössingen und ein Führerschein mit vielen Auflagen.

dann aber zähneknirschend bereit, noch eine zusätzliche praktische Prüfung beim TÜV zu machen. Der Prüfer wünschte, dass ich das Fahrzeug voll ausfahren sollte. Doch der Hof war zu klein und er musste den Test auf der öffentlichen Straße durchführen. Da ich jedoch das unverplombte Fahrzeug dort nicht fahren durfte, maß er die erforderlichen 50 Meter ab und setzte sich selbst hinein. Ich stellte mich daneben, um ihm die Bedienung zu erklären. Leider verwechselte er Bremse und Gangschaltung und bevor ich reagieren konnte, schoss das Fahrzeug davon und riss mir die Achselstützkrücken weg. Erst auf dem Treppenaufgang zum TÜV-Gebäude kam der Prüfer zum Stehen. Zum Glück war niemand verletzt worden, auf einen Nachweis meiner Fahrtüchtigkeit wurde jedoch anschließend verzichtet.

DAS KBF-JAHRZEHNT

Bewerbung ohne Schulabschluss

Bei unserer Fahrt zum Orthopäden im Sommer 1972 hatte sich Dr. Walzer nach meiner beruflichen Tätigkeit erkundigt. Diese Frage ließ mir keine Ruhe, denn der Arzt hatte einen wunden Punkt getroffen. Es machte mir schwer zu schaffen, dass ich mit fast Dreißig noch immer keinen richtigen Beruf hatte und, da ich keine Rentenversicherungsbeiträge einbezahlte, auch keine Aussicht auf eine spätere Rente. Dr. Walzer hatte mir damals den Tipp mit der neuen Sonderschule in Mössingen gegeben. Ich forschte in meinem Freundeskreis nach, ob jemand etwas von dieser neuen Einrichtung gehört hatte. Bald wusste ich mehr: Tatsächlich hatten Eltern körperbehinderter Kinder zwei Jahre zuvor einen gemeinnützigen Verein gegründet, die Körperbehindertenförderung Neckar-Alb, KBF. In Mössingen sollte eine Schule für körperbehinderte Kinder entstehen, in angemieteten Räumen im derzeit noch im Bau befindlichen Quenstedt-Gymnasium. Die Gründer warben fleißig um finanzielle Unterstützung, in einem Spendenaufruf im *Schwäbischen Tagblatt* war zu lesen:

»Die körperbehinderten Kinder in unserem und den angrenzenden Landkreisen müssen noch weitgehend ein Schattendasein am Rande unserer Gesellschaft führen: Wer nicht selbst betroffen ist, weiß nicht, was es heißt, ein Kind zu haben, das keine Schule besuchen kann, das ohne Förderung, ohne Hoffnung, ohne Zukunft leben muss.«[3]

Wie sehr sprachen mir diese Sätze aus dem Herzen. Am eigenen Leib hatte ich erfahren, was es bedeutet, keine Schule besuchen zu können, von Amts wegen dazu verurteilt, ohne Förderung ein

Leben am Rande der Gesellschaft führen zu müssen, ständig auf die Hilfe wohl gesonnener Freunde und Verwandter angewiesen. Hier wäre ich richtig, hier könnte ich mich aus voller Überzeugung mit meinen Fähigkeiten einbringen. Blieb die große Frage, ob man mir eine Chance geben würde? An formalen Voraussetzungen hatte ich nichts zu bieten, ich hatte keinen Hauptschulabschluss, geschweige denn eine Berufsausbildung. Wie könnte ich es schaffen, meine unkonventionellen Fähigkeiten einmal zu demonstrieren? Alles Grübeln brachte mich meinem Ziel keinen Schritt näher. Ich musste den ersten Schritt wagen und eine schriftliche Bewerbung an die Geschäftsleitung schicken. Auf der alten Triumph-Adler-Schreibmaschine meiner Tante Julie, auf der ich jahrelang Listen der Öschinger Altersjubilare für die Tageszeitung zusammengestellt hatte – pro Jubilar 10 Pfennig! – tippte ich einen formvollendeten Brief. Tante Julie, die früher in der Eninger Stadtverwaltung gearbeitet hatte, überwachte mein Werk persönlich, denn das Schreiben sollte ja gewissermaßen meine Visitenkarte darstellen, da ich weder gute Schulnoten noch Ausbildungszeugnisse vorlegen konnte. Dann hieß es warten.

Nach bangen Tagen der Unsicherheit rief der Geschäftsführer an: Gerne würde er sich für mich einsetzen, nur leider sei in seinem Stellenplan keine derartige Stelle frei, was er selbstverständlich sehr bedauere.

Welch eine Enttäuschung! Eigentlich hätte ich damit rechnen müssen, aber ich war so überzeugt gewesen, dass man mich dort mit meinen Erfahrungen als selbst Betroffener brauchen könnte. Noch wollte und konnte ich nicht aufgeben. Obwohl es offensichtlich keinen Sinn zu machen schien, bat ich, meine Bewerbungsunterlagen nicht zurückzuschicken, sondern »für später« aufzubewahren, was der freundliche Herr mir auch gern zusagte.

Unter Pferdefreunden

Das Unglaubliche geschah. Nach etlichen Wochen kam wieder ein Anruf von der KBF, seinerzeit noch aus Tübingen. Die Geschäftsführung hatte zwischenzeitlich gewechselt und der neue, kommissarische Geschäftsführer Uwe Kelch hatte meine Bewerbung in den Unterlagenstapeln entdeckt. Er fühlte sich von meinen Argumenten angesprochen und wollte sich gerne mit mir über Möglichkeiten meiner Beschäftigung in der Einrichtung unterhalten. Nein, ich müsse dafür nicht nach Tübingen kommen, für ihn sei es kein Problem, mich in Öschingen aufzusuchen.

Herr Kelch kam tatsächlich, und obwohl seine offizielle Arbeitszeit bereits vorüber sein musste, erschien er in Anzug, Krawatte und mit weißem Hemd. Am großen Esstisch in unserem Wohnzimmer besprachen wir offen meine Fähigkeiten und Einschränkungen und überlegten gemeinsam, wie ein Arbeitsplatz gestaltet und ausgestattet sein müsse, damit ich mit möglichst wenig fremder Hilfe zurechtkommen könnte. Herr Kelch fand den Gedanken konsequent, dass man in einer Schule für körperbehinderte Kinder auch einem selbst betroffenen Menschen ein Arbeitsverhältnis ermöglichen sollte. Ich konnte kaum glauben, was ich mit eigenen Ohren hörte.

Ganz unvermittelt fiel mir auf, dass Herr Kelch Manschettenknöpfe mit Pferdemotiven trug. Es ist seltsam, aber ich habe noch heute den Eindruck, dass diese Manschettenknöpfe wichtige kleine »Schalter« in meinem Leben waren.

Zunächst fragte ich ganz einfach neugierig: »Sie haben so schöne Manschettenknöpfe mit Pferdeköpfen. Mögen Sie Pferde?«

Damit »hatte« ich ihn, ich hatte seine offene Stelle, seine Leidenschaft angesprochen und hatte plötzlich den Zugang zu seinen Gefühlen, seiner inneren Welt gefunden. »Ich bin ein Pferdenarr seit meiner Jugend und reite leidenschaftlich gern«, antwortete er lebhaft, »aber nicht nur ich, auch meine Frau und die Kinder mögen Pferde über alles. Sie auch?«

»Ich liebe Pferde, mit zehn Jahren habe ich mein erstes Pony bekommen, die Lotte, ein Shetty. Seither habe ich immer eins, meistens sogar zwei im Stall stehen. Da ich kaum gehen kann, waren die Ponys sozusagen meine Transportmittel. Schon als kleiner Junge bin ich mit einer Ponykutsche herumgefahren.«

»Das ist ja ein origineller Gedanke«, meinte Herr Kelch, »in Ihrem Fall ist es ein echter Vorteil, wenn man auf dem Land lebt, in der Stadt wäre das nicht so einfach möglich.«

Ich berichtete Herrn Kelch von meiner tierlieben Großmutter Frida und ihrer Idee, mir ein Pony zu schenken, um meinen Aktionsradius zu vergrößern und mich als Spielkameraden attraktiver zu machen.

»Von da an hatte ich immer viele Freunde, es gab sogar Streit, wer in der Kutsche mitfahren durfte.«

»Das will ich gerne glauben«, lachte Herr Kelch, »das ist sicher nicht die schlechteste Methode für einen behinderten Jungen, um sich ein bisschen interessanter zu machen. Würde es Ihnen etwas ausmachen, mir und meiner Familie Ihre Pferdchen zu zeigen?«

Natürlich war ich gern bereit: »Wann wollen Sie denn vorbeikommen?«

»Ach, das können wir gleich erledigen. Meine Frau und die Kinder warten im Auto. Wir wollen noch einen kleinen Ausflug auf die Alb machen.«

Das war zwar überraschend, kam mir aber entgegen, da ich bei Herrn Kelch natürlich einen besonders guten Eindruck hinterlassen wollte. Die beiden Kinder spielten im Hof Fangen, denn unser Gespräch hatte sich ziemlich in die Länge gezogen. Die Begeisterung war groß, als ihr Papa ihnen mitteilte, dass ich jetzt mit ihnen in den Stall gehen würde und sie dort meine Ponys streicheln dürften. Während die Kinder die Pferdchen bewunderten, machte mich Herr Kelch mit seiner Frau bekannt. Da auch sie großes Interesse an unserer kleinen Landwirtschaft zeigte und mir viele Fragen stellte, wurde aus der kurzen Stippvisite ein ziemlich langer Besuch. Beim Abschied machte mir Herr Kelch Mut. Jetzt, da er mich persönlich kennengelernt habe, sei er zuversichtlich, für mich eine Aufgabe bei der KBF zu finden – auch wenn ich keine pädagogische oder therapeutische Ausbildung und auch keinen Schulabschluss habe. Es sei einfach eine stimmige Sache, in einer Einrichtung für behinderte Kinder auch einem Menschen mit Behinderung einen Arbeitsplatz einzurichten.

In den folgenden Tagen und Wochen war ich wie unter Strom. Würde dieser so entscheidende Schritt in meinem Leben gelingen? Herr Kelch hatte erwähnt, dass der Neubau des Quenstedt-Gymnasiums, in dem auch die Körperbehindertenschule bis zur Fertigstellung des eigenen Schulneubaus untergebracht werden sollte, noch nicht bezugsfertig war. Deshalb fuhr ich fast täglich zur Baustelle, um mich vom Fortschritt der Arbeiten zu überzeugen. Ich überlegte mir schon, wo ich parken würde und ob ich die Distanz von meinem Auto bis zu meinem künftigen Schreibtisch auch gut bewältigen könnte.

Am meisten beschäftige mich, ob Herr Kelch Aufgaben finden würde, die man mir übertragen könnte und was für Tätigkeiten dies sein würden. Mit Bauchschmerzen dachte ich an meine Probleme bei der Rechtschreibung. Ich wusste natürlich, dass ich dort Defizite hatte. Meine Fähigkeiten und Interessen lagen eindeutig im technischen und betriebswirtschaftlichen Bereich, ums Schreiben drückte ich mich lieber.

Was mir außerdem ziemlich auf der Seele lag, war die Frage, wie die anderen Angestellten auf einen schwerbehinderten Bewerber reagieren würden. Bis jetzt war noch kein körperbehinderter Mensch dort eingestellt worden. Passte ich ins Konzept? Oder würden mich die Kollegen als Behinderung empfinden? Ganz gewiss würde meine Einstellung räumliche Veränderungen mit sich bringen, außerdem bräuchte ich sicher immer wieder etwas Hilfe. Man würde mir Ordner aus Regalen herunterreichen, mir gelegentlich etwas vom Boden wieder aufheben müssen. Hinzu kommt, dass bei mir viele manuelle Tätigkeiten länger dauern als bei anderen. Ich war sehr aufgeregt.

Ein barrierefreies Gymnasium

Endlich kam der Tag, an dem ich Mitarbeiter, Schüler, Eltern und das neue Schulgebäude kennenlernte. Der Elternverein feierte im September 1973 die Eröffnung der Sonderschule gemeinsam mit den Lehrkräften des neuen städtischen Gymnasiums mit einem festlichen Tag der offenen Tür. Ein Vertreter des baden-württembergischen Kultusministeriums sprach von einem »kulturellen Höhepunkt« für die Stadt – das Quenstedt-Gymnasium war damals mit mehr als 10,6 Millionen Mark die bei Weitem teuerste Investition der Stadt Mössingen. Und sie war eine der ersten Schulen der Region, die barrierefrei zugänglich und mit behindertengerechten Sanitäreinrichtungen ausgestattet war! Der Eingangsbereich des modernen Gebäudes war mit Bildern, Girlanden und Blumen festlich geschmückt. Es roch nach Kaffee und frisch gebackenen Waffeln und in allen Gängen, Klassenzimmern und dem neu angelegten Schulhof wimmelte es von Eltern, Lehrern und herumrennenden Kindern. Mein Platz war an diesem aufregenden Tag selbstverständlich hinter dem Informationsstand der Körperbehindertenschule Mössingen. Mein erster Einsatz an meinem neuen, allerdings noch etwas ungewissen Arbeitsplatz machte mir großen Spaß. Alle Angestellten und Lehrer der Schule begrüßten mich per Handschlag, stellten sich vor und plauderten locker und freundlich mit mir. Was ich so sehr gefürchtet hatte, traf überhaupt nicht ein. Ich fühlte mich von keinem schief oder gar missbilligend angesehen und hatte zu keinem Zeitpunkt das Gefühl, nicht ernst genommen zu werden. Für die Eltern, die sich für ihre behinderten Kinder über unsere Schule informieren wollten, war es eine ermutigende Erfahrung, mich, der ich ja offensichtlich selbst schwer behindert war, hinter dem Stand als Kollegen der Lehrer und Angestellten zu erleben. Vielleicht würden auch ihre Kinder mit Unterstützung der Schule einmal einen Beruf ausüben und in die Gesellschaft integriert sein können?!

Die meisten Fragen der Eltern konnte ich natürlich nicht beantworten. Ich war ja noch nicht einmal offiziell angestellt und hatte mir die Kenntnisse über die Gründung und die Ziele der KBF nur angelesen oder erfragt. Glücklicherweise war die Schulleiterin Beate Schmeichel-Falkenberg die meiste Zeit greifbar und kam mir mit Fachinformationen und Detailkenntnissen zu Hilfe. Überhaupt hat sie mich in meinen ersten Wochen einfühlsam begleitet und mich bei meinem verspäteten Einstand ins Berufsleben durch sachliche Informationen und Erklärungen aber auch durch Ermutigungen sehr unterstützt.

Mein »Einstand«

In den Tagen und Wochen nach dem Fest bezogen die Klassen ihre Zimmer und auch ich nahm meine Tätigkeit auf. Die Schulleitung und die Verwaltung der KBF bekamen drei Räume zugeteilt. In einem hatten Frau Schmeichel-Falkenberg und ihre Sekretärin Helene Beck ihre Schreibtische stehen, im zweiten saß der Geschäftsführer mit seiner Mitarbeiterin. Das dritte Zimmer war ein Kopier-, Archiv- und Abstellraum und sollte später einmal Zeuge meiner ersten Versuche mit der Buchhaltung werden. Die ersten Wochen arbeitete ich »auf Probe«, denn der Vorstand wollte zunächst einmal abwarten, ob ich den Anforderungen überhaupt gewachsen wäre. Nun, was meine intellektuellen und organisatorischen Fähigkeiten betraf, war dies überhaupt kein Problem, denn meine ersten Aufgabenbereiche waren nicht gerade anspruchsvoll. Ich machte Telefondienst und vermittelte Gespräche an die zuständigen Personen. Ich erstellte und pflegte die Mitgliederkartei, verschickte Spendenbescheinigungen und tippte kleinere Briefe auf einer nagelneuen IBM-Kugelkopfmaschine, damals der letzte bürotechnische Schrei. Da ich zu Hause mit Tante Julies Triumph-Adler fleißig geübt hatte, klappten diese einfachen Verwaltungsaufgaben bald problemlos. Schwieriger war, dass ich mehrere Stunden am Stück sitzen musste. Auf dem Bürostuhl konnte ich es vor Schmerzen keine zwei Stunden aushalten. Das hatte ich befürchtet, doch auf keinen Fall wollte ich meine neue Stelle gefährden, und so war ich heilfroh, als für mich ein Spezialstuhl für Arthrosepatienten angeschafft wurde. Damit klappte das Sitzen besser und ich konnte meine Arbeitszeit von zwei auf vier Stunden verlängern.

Da ich anfangs keinen Vertrag hatte, bekam ich zunächst auch kein Gehalt. Aber ich war so voller Hoffnung, dass ich mir kaum

Besuch am alten Arbeitsplatz bei der KBF in Mössingen.

Gedanken darüber machte. Selbstverständlich war ich extrem bemüht, alles »recht« zu machen, um das in mich gesetzte Vorschussvertrauen nicht zu enttäuschen. Vielleicht war ich zu Beginn zu beflissen, aber ich war ein »Landkind«, hatte meine gesamte Lebenszeit ausschließlich im häuslichen Umfeld und mit Menschen aus unserem Dorf verbracht und war im Umgang mit Vorgesetzten und vor allem mit Akademikern völlig unerfahren. Ich musste vieles lernen. Wie redet man Vorgesetzte korrekt an, was ist ernst gemeint, was nur gescherzt? Welche Freiheiten darf man sich als Angestellter herausnehmen? Und was sind die tödlichen Fettnäpfchen im geschäftlichen Umgang? Da ich kaum Erfahrungen außerhalb meines familiären Schonraums hatte, waren dies für mich anfangs die schwersten Hürden und machten mir mehr zu schaffen als die von mir so gefürchteten Einschränkungen und Unpässlichkeiten aufgrund meiner Behinderung.

Unvergesslich ist mir, wie ich einmal Zeuge eines Anrufs einer früheren Kollegin der Schulleiterin Frau Schmeichel-Falkenberg wurde. Die Damen plauderten und Frau Schmeichel erklärte, wo ihre neue Heimat in etwa zu finden sei: »Wir wohnen in Mössingen«, erläuterte sie und fügte hinzu, »das liegt bei Stuttgart!«

»Hoppla«, dachte ich, »Mössingen bei Stuttgart?« In meiner Vorstellung war die Landeshauptstadt weit entfernt. Bisher war ich nur einmal dort gewesen und hatte mit der Schulklasse den berühmten Tierpark *Wilhelma* besucht…

Nach einigen Probewochen informierte mich mein neuer Vorgesetzter Häcker, dass bei der kommenden Vorstandssitzung meine arbeitsrechtliche Situation auf der Tagesordnung stehe.

»Wie sehen denn Ihre Gehaltsvorstellungen aus?«

Heute fasse ich mir an den Kopf, wenn ich nur daran denke, aber ich antwortete ihm tatsächlich, dass ich in der Vergangenheit mit meiner Heimarbeit etwa 200 bis 300 Mark im Monat verdient habe. »So viel möchte ich zumindest auch bekommen.«

Am nächsten Morgen begrüßte mich ein grinsender Herr Häcker und berichtete, dass der Vorstand mit meinem Vorschlag nicht einverstanden gewesen sei. Bei einer derartigen Entlohnung käme die KBF in den Ruf einer ausbeuterischen Einrichtung. Ob ich mit einer Vergütung in doppelter Höhe einverstanden sei? Ich habe nicht abgelehnt.

Die Ära Döbereiner

Die KBF entwickelte sich in einer lang anhaltenden dynamischen Aufbauphase vom kleinen Elternverein zu einer der größten privaten Fördereinrichtungen für behinderte Menschen Baden-Württembergs, zur »größten Zivildienstschmiede Deutschlands« und zum bedeutendsten Arbeitgeber der Stadt Mössingen. Für mich war es der Aufstieg aus meiner behinderungsbedingten finanziellen und sozialen Abhängigkeit in ein selbstständiges Leben mit angemessenem Verdienst und befriedigenden sozialen Kontakten.

Der Vorstand der KBF suchte bald händeringend einen neuen Geschäftsführer, der in den sehr schnell komplexer werdenden Finanzierungs- und Verwaltungsangelegenheiten den Überblick behielt. Hans-Georg Döbereiner brachte durch seine frühere Tätigkeit als Großbetriebsprüfer der Finanzverwaltung die besten Voraussetzungen mit. Er war groß, schlank, drahtig und immer korrekt elegant gekleidet, ein scharfer Rechner und stets auf Effizienz bedacht. Ein Visionär mit Bodenhaftung! Auch uns Mitarbeiter hat er gefordert. Immer wieder konfrontierte er uns mit neuen Aufgaben und Erwartungen, auf die wir überhaupt nicht gefasst waren und die wir natürlich sofort umzusetzen hatten.

Döbereiner räumte auf, Döbereiner sanierte die Finanzen und Döbereiner expandierte. Die gesamte Verwaltung der KBF bestand damals aus dem Geschäftsführer, seiner Sekretärin und mir. Gelegentlich half ein Zivildienstleistender aus. Unsere Schreibtische waren nun fast ständig doppelt, das heißt vorne und hinten besetzt. Das blieb nicht mehr lange so. Schon nach wenigen Tagen kam der neue Chef zu mir, unter jedem Arm ein paar dicke Aktenordner geklemmt. Er bat mich in den Abstellraum und erklärte mir zwischen Kopierer und Aktenschrank, dass dies künftig unsere Buchhaltung sei und ich sie übernehmen sollte. Meinen schwachen Protest, davon hätte ich doch überhaupt keine Ahnung, ignorierte er.

»Herr Rudolf, falls Sie Fragen haben, können Sie sich jederzeit an mich wenden.«

Er, der Spezialist für Finanzbuchhaltung, erarbeitete gemeinsam mit mir einen auf unsere Einrichtung zugeschnittenen Kontenrahmen. Wir redeten über Soll und Haben und die einzelnen Buchungsvorgänge, und nach zwei Stunden brummte mir der Kopf vor lauter Sachkonten, Personalnebenkonten und Durchlaufenden Posten.

»So«, meinte Herr Döbereiner abschließend, »nun können Sie mit dem Vorkontieren beginnen.«

Was bitte? Schnell begriff ich, dass es erwünscht war, dass ich mir die Antworten selbst erarbeitete. Wohl oder übel stürzte ich mich auf eine mir bis dahin völlig fremde Materie. Und siehe da, es ging immer flotter und machte plötzlich Spaß. Ich lernte, dass eine ordentliche Buchhaltung die Grundvoraussetzung für einen wirtschaftlich geführten Betrieb ist. Und darauf legte Döbereiner größten Wert. Er ließ mich seine Freude über meinen Eifer und mein wachsendes Verständnis spüren, vor allem, indem er mir immer noch mehr Arbeit und Verantwortung drauf packte. Meine auf vier Stunden angesetzte Arbeitszeit wuchs auf täglich zehn an – Samstage häufig inklusive. Dieser körperliche und psychische Stress belastete mich enorm, aber ich wollte mich beweisen und biss die Zähne zusammen.

Bei diesem Tempo brauchten wir bald mehr Platz und Döbereiner gab die Parole aus, wir sollten nach geeigneten neuen Büroräumen Ausschau halten. Die Kriterien waren: Räumliche Nähe zur

Schule und barrierefreie Zugänglichkeit für Rollstuhlfahrer – in erster Linie für mich. Wenige Tage vor Weihnachten entdeckte unsere Sekretärin ganz in der Nähe in einem Reihenhaus eine leer stehende Wohnung. Döbereiner beauftragte mich, zwischen Weihnachten und Neujahr den gesamten Raumkomplex bis zum 8. Januar 1975 bezugsfertig zu machen. Mir standen die Haare zu Berg. Ich telefonierte bei verschiedenen Handwerksbetrieben herum und dank alter Beziehungen gelang es mir, Herrn Döbereiners »Turbo«-Vorgabe einzuhalten.

Durch die neuen Räumlichkeiten hatte sich die Anzahl unserer Büroräume von einem auf sechs erweitert und wir konnten zusätzliche Mitarbeiter einstellen. Für mich war bedeutsam, dass ich dauerhaft einen Zivildienstleistenden und bald darauf sogar mehrere als Assistenten zugewiesen bekam. Wenn sie die täglichen Schülertransporte hinter sich gebracht hatten, konnte ich die jungen Männer zu meiner Unterstützung einsetzen. Das verschaffte mir den Freiraum, mich trotz meiner behinderungsbedingten Einschränkungen voll auf die inhaltliche Arbeit zu konzentrieren.

Unser Arbeitstag begann üblicherweise um acht Uhr. Ich versuchte immer, etwas früher da zu sein, damit ich bereit war, wenn die anderen Kollegen und der Chef ankamen. Da ich auch für die Organisation zuständig war, hatte ich einen Generalschlüssel und konnte abends bleiben, solange ich wollte und sogar am Wochenende arbeiten. Döbereiner war in dieser Hinsicht sehr »fortschrittlich«. Er erwartete diese Flexibilität allerdings auch, wenn es etwas Wichtiges abzuschließen galt. Ich erinnere mich gut, wie wir einmal zusammen mit ihm bis nachts um zwei am Haushaltsplan gesessen sind.

Obwohl ich nie eine betriebswirtschaftliche Ausbildung genießen durfte: Ich konnte rechnen und ich war »geschäftstüchtig«. Auch Döbereiner hat sich darauf gern verlassen, vor allem als es später darum ging, für den Neubau unserer eigenen Schule den staatlichen Zuschussgebern exakte Zahlen vorzulegen. Die bereitzustellen, war bald meine Aufgabe.

Er hat bei mir reden gelernt!
Kommentar Hans-Georg Döbereiner, ehem. Geschäftsführer KBF

Als ich Herrn Rudolf das erste Mal an seinem Arbeitsplatz erlebte, erschien er mir unsicher, fast ein bisschen ängstlich. Hierzu muss man wissen, dass die KBF zu diesem Zeitpunkt mehr oder weniger »pleite« war, die wenigen Mitarbeiter bekamen ihre Gehälter nur bedingt. Der Vorstand hatte mich eingestellt, damit ich als »Verwaltungsmann« den Laden wieder auf Vordermann bringen würde. Alle Angestellten hatten Angst um ihren Arbeitsplatz, und Herr Rudolf fürchtete sicher, aufgrund seiner Behinderung als Erster den Job zu verlieren.

Er erledigte damals Hilfsarbeiten im Büro, war aber nicht eingearbeitet und wusste überhaupt nicht, warum und weshalb er etwas tat. Er hatte nur eine geringe Schulbildung, ich erkannte aber sofort, dass er ein außergewöhnliches rechnerisches Talent besaß, deshalb habe ich mit ihm systematisch betriebswirtschaftliches und kaufmännisches Rechnen und Denken eingeübt und ihn im Finanzbereich eingesetzt. Ich habe ihn nicht geschont, aber das wollte er meiner Meinung nach auch nicht. Er hatte eine rasche Auffassungsgabe und war ganz erstaunlich lernwillig, ja lernbegierig.

Nachdem er anfangs sehr zurückhaltend war, taute er immer mehr auf, besonders als er spürte, dass ich ihn schätzte. Das Verhältnis wurde immer besser und enger, mit der Zeit übernahm er meinen Berichts- und Schreibstil so genau, dass ich später oft nicht mehr genau wusste, ob ich oder er etwas geschrieben oder diktiert hatte. Ich war wirklich stolz auf ihn, er hat bei mir »reden« gelernt. Im Grunde hat er sich während der zehn Jahre bei der KBF komplett gewandelt. So schüchtern er anfangs war, so selbstbewusst trat er auf, als er sich schließlich selbstständig machte.

Auch gegenüber den anderen Mitarbeitern hatte er nach anfänglichen Unsicherheiten ein völlig normales, kollegiales Verhältnis. Den Zivildienstleistenden gegenüber war er mir sogar etwas zu kumpelhaft.

Unser Verhältnis wurde so persönlich, dass wir uns manchmal sogar über Frauen unterhielten. Wir erfanden dann Tarnnamen wie Apfel oder Orange für die Damen. Seine Emma war glaube ich »Erdbeere«. Für mich war die Bekanntschaft mit Herrn Rudolf Neuland. Als Betriebsprüfer, der aus der Bundesfinanzverwaltung kam, hatte ich weder privat noch beruflich Kontakt mit behinderten Menschen gehabt. Ich habe also auch von ihm viel gelernt, wie diese Menschen denken und was sie bewegt.

Natürlich war ich der Geschäftsführer und er war Mitarbeiter, aber meine Frau und ich kannten auch seine Mutter und Großmutter und wussten, dass die beiden immer sehr beruhigt waren, wenn wir ihren Willi zu einem Treffen mitnahmen. Auch wie er seine spätere Ehefrau kennengelernt hat, haben wir mitbekommen und haben ihn sehr motiviert, in den Ehestand zu treten. Insofern räume ich durchaus ein, dass meine Funktion als Geschäftsführer manchmal etwas »verwässert« wurde.

Carnegie – Mein »Schlüsselbund« zum Erfolg

Mir grauste es vor den Montagmorgen: Unser Chef Döbereiner verkündete neue Ideen und die Arbeiten wurden auf die Mitarbeiter verteilt mit der Auflage, alles sofort auszuführen.

Diese neuen Forderungen, verbunden mit dem enormen Zeitdruck, belasteten mich sehr. Ich hatte Sorge, die neuen Aufgaben nicht zu schaffen, Fehler zu machen, Termine nicht einhalten zu können.

Oft lag ich nachts wach und grübelte über irgendwelche Probleme im Büro. Als auch noch ein Magengeschwür dazukam, war mir klar: So konnte das nicht weitergehen. Aber ich hatte keine Ahnung, wie ich das Problem anpacken sollte, denn nicht nur der tatsächliche Zeit- und Leistungsdruck, auch mein Ehrgeiz war eindeutig zu groß. Ich klagte meinen Freunden mein Leid, bat um Ratschläge. Otto Schneider, mein Freund und Frisör, gab mir schließlich den entscheidenden Tipp: Zu dieser Zeit waren die Bücher des amerikanischen Kommunikations- und Motivationstrainers Dale Carnegie auch in Deutschland auf den Bestsellerlisten. Otto empfahl mir diese Ratgeber zum erfolgreichen Umgang mit Menschen.

Mit dem Erwerb dieser Bücher änderte sich mein Leben. Nicht von heute auf morgen! Aber ich lernte Schritt für Schritt, mich nicht länger selbst unter Druck zu setzen und mir das Leben schwer zu machen, sondern vielmehr meine Interessen erfolgreich zu vertreten und andere Menschen für mich und meine Anliegen zu gewinnen. *Wie man Freunde gewinnt* und *Sorge dich nicht – lebe!* lagen dauerhaft auf meinem Nachttisch und waren für die nächsten Jahre meine Bettlektüre. Sie wurden mein »Schwert« in meinem Kampf mit den Herausforderungen im Beruf. Immer wieder arbeitete ich mich kapitelweise durch diese Anleitungen zur Selbsthilfe hindurch: Ich lernte: *Die Grundregeln für den Umgang mit Menschen, Sechs verschiedene Möglichkeiten, sich beliebt zu machen, Zwölf verschiedene Möglichkeiten, die Menschen zu überzeugen* … »Ein Schlüsselbund für die Türen zum Erfolg!« schrieb ich eines Tages begeistert vorne ins Buch.

Aus den Büchern und ihren Anleitungen, wie man sich in komplizierten Situationen und gegenüber schwierigen Menschen behauptet, entwickelte ich meine individuellen »Überlebensstrategien«. Sie bauten mich nach deprimierenden Tagen wieder auf und motivierten mich, nicht die Flinte ins Korn zu werfen, sondern es am nächsten Tag noch einmal zu versuchen.

Fast auf jeder Seite gab es für mich etwas anzustreichen oder anzumerken. Ich begriff, dass es sogenannte »Grundmuster« des menschlichen Verhaltens gibt. Wer sie beachtet, kann Spannungen und nutzlose Konflikte vermeiden. Ich lernte, was ich selbst zu einer entspannten Atmosphäre beitragen und, ganz wichtig!, wie ich mit Stress besser umgehen kann. Hatte ich einen Veränderungswunsch, bereitete ich die Situation künftig strategisch so vor, dass am Ende die anderen glaubten, es wäre ihre eigene Idee. Und das klappte, oh Wunder, nicht nur bei den gelegentlich zu spontanen Zivis oder meinen Kollegen, es funktionierte auch beim Chef.

Der Rapport am Montagmorgen war nun eine perfekte Gelegenheit, das neu Erlernte zu trainieren. So lehrt Carnegie zum Beispiel, dass man Menschen praktisch immer für sich einnimmt und positiv stimmt, wenn man über etwas spricht, was sie besonders interessiert oder sie etwas fragt, was ihr Spezialgebiet betrifft. Wenn ich also schon im Voraus wusste, dass es etwas Unangenehmes mitzuteilen gab, dann sortierte ich Herrn Döbereiner die Aktenmappen immer in einer ganz bestimmten Reihenfolge: Zum Einstieg kam eine »angeblich« komplizierte Finanzangelegenheit, die er natürlich im Handumdrehen bravourös löste. Als Nächstes präsentierte ich ihm die heikle Geschichte, die er dank seiner von mir zuvor geschickt vorbereiteten guten Grundstimmung relativ gnädig aufnahm. Zum Abschluss kamen dann normale Rückfragen und Alltagsthemen. Diese Strategie funktionierte eigentlich immer und offensichtlich hat er sie nie durchschaut.

Jahre später entdeckte ich, dass auch in Deutschland Seminare angeboten wurden, bei denen man die sogenannte »Carnegie-Strategie« gemeinsam erlernen und einüben konnte. Ich meldete mich an. Die meisten Teilnehmer waren sehr ehrgeizige Leute, manche fühlten sich von ihren Anforderungen im Beruf überlastet und erinnerten mich an eigene Kämpfe und Krisen, die mir nur zu gut noch präsent waren. Ich fühlte mich in der Gruppe

Erfolgreich argumentieren und verhandeln: Mit Hilfe der Carnegie-Strategie lerne ich reden und werde selbstsicherer.

wohl und hatte das Gefühl, nicht nur akzeptiert zu sein, sondern sogar besondere Anerkennung zu genießen. Einmal sollte sich jeder von uns einen Partner aussuchen und den auf besonders positive Weise beschreiben. Ich werde nicht vergessen, dass ausgerechnet die bildhübsche Renate mich für diese Aufgabe auswählte! Was sie da Erfreuliches sagte, daran erinnere ich mich noch nach 25 Jahren gerne. Besonders stolz war ich, als ich am Ende des Seminars ausgewählt wurde, zusammen mit noch drei anderen erfolgreichen Teilnehmern beim Nachfolgekurs als Co-Trainer dabei zu sein. Aus den Büchern und bei den Seminaren habe ich vieles gelernt, was mich verändert und meinen weiteren Lebensweg wesentlich beeinflusst hat. Ich bin geschickter und selbstbewusster geworden und ganz sicher hätte ich weder bei der KBF noch später in der Selbstständigkeit oder in politischen Gremien so viel Erfolg gehabt, hätte ich mir diese Strategien, die anfangs sogar echte Überlebensstrategien waren, nicht zu eigen gemacht.

Jour fixe und andere Diskussionen
Bericht Renate Greulich, Sachgebietsleiterin
und Assistentin der Geschäftsführung KBF

Wir waren ein kleines Häufchen Kolleginnen und Kollegen, die sich redlich bemühten, den Anforderungen des Berufsalltags unter einem strengen Chef gerecht zu werden. Mit gemischten Gefühlen denke ich an unseren wöchentlichen Jour fixe zurück. Da kamen wir Kolleginnen und Kollegen manchmal ganz schön ins Schwitzen. Außerhalb der Dienstzeit konnten wir aber auch ausgiebig miteinander feiern und vortrefflich diskutieren. Bei unseren Festchen behielt Willi stets die Übersicht und machte lustige Fotos.

Da er wirklich nie Alkohol trinkt, gab es bei seinen Geburtstagen immer so gesunde Getränke wie Milch und Kakao. Sein Laster waren Kaffeebohnen, davon hatte er immer einen Vorrat zum Knabbern in der Schreibtischschublade.

Nachdem sich Willi 1982 für die Selbstständigkeit entschieden hatte, trat er später noch einmal ehrenamtlich in den Vorstand der KBF ein, zog sich allerdings nach wenigen Jahren wieder zurück.

Frühlingsgefühle im Herbst

Mein Leben war durch den Job bei der KBF und mein eigenes Auto sehr viel abwechslungsreicher und aktiver geworden. Eines fehlte mir jedoch: Ich wünschte mir von Herzen eine Partnerin. Viele Jahre lang hatte ich nicht zu hoffen gewagt, dass ich mit meinen körperlichen Behinderungen jemals eine Frau finden könnte. Später merkte ich wohl, dass es durchaus Frauen gibt, die äußerliche Attraktivität nicht über alles stellen. Und da ich, wie der Schwabe sagt, nicht aufs Maul gefallen bin und durchaus flirten gelernt habe, hatte ich immer wieder nette weibliche Bekanntschaften und kleinere Romanzen. Aber so richtig ernst wurde es nie. Warum? Fritz, einer meiner ältesten Freunde, sagte es mir eines Tages auf den Kopf zu.

Ich saß gerade mit zwei netten, jungen Frauen im Gartencafé in Bad Sebastiansweiler, da kam Fritz auf ein Viertel Roten herein. Er sah mich, nickte kurz und tat dann so, als interessiere er sich für alles andere auf der Welt, nur nicht für mich und die zwei Hübschen. Natürlich stimmte das überhaupt nicht, und kaum verschwanden die Beiden kurz, um sich frisch zu machen, da kam er »ganz zufällig« an unseren Tisch und fragte mit einem Augenzwinkern: »Na, Willi, welche isch's?«

Ich wand mich vor Verlegenheit: »Keine«, gab ich zu.

Fritz runzelte die Brauen: »Wieso? Traust du dich nicht? Die Frauen werden's dir schon sagen, wenn sie dich nicht wollen. Das ist schon andern vor dir passiert.«

»Schon«, druckste ich herum, »aber was ist, wenn ich eine finde, und sie dann Kinder möchte? Ich weiß doch nicht, ob ich welche haben darf, oder ob das Risiko zu groß ist, dass die dann auch meine Behinderung haben werden?«

Fritz war von einem unglaublich trockenen Pragmatismus: »Hast du dich schon untersuchen lassen?«, fragte er.

»Nein, noch nicht!«

»Dann mach das. Sonst weißt du gar nichts und denkst immer bloß.«

Das leuchtete mir ein. Ich fasste mir ein Herz und fragte zuerst meinen Hausarzt, aber der war selbst unsicher. So etwas müsse ich mir gut überlegen. Ob ich denn mit einem ungünstigen Bescheid klar kommen würde? Jetzt war der Ball wieder bei mir! Woher sollte ich denn wissen, wie ich in so einem Fall reagieren würde. Ich kann doch nicht in die Zukunft schauen. Ich konsultierte also einen befreundeten Psychologen, die sich auf derartige Prognosen angeblich besser verstehen, und schilderte ihm, wie sehr ich mich vor einer Untersuchung bezüglich der Vererbbarkeit meiner Behinderung fürchtete: »Ich habe Angst davor, dass sich meine Befürchtung bestätigt!«

Der studierte Seelenkenner hatte eine andere Logik: »Wenn du eh vom Schlimmsten ausgehst, dann kann sich deine Ahnung im ungünstigsten Fall doch nur bestätigen, also ändert sich für dich gar nichts. Waren deine Sorgen aber unbegründet, dann ist das doch ein tolles Erlebnis.«

Mutprobe in der Uniklinik

Das wirkte überzeugend. Ich ließ mir einen Termin in der Tübinger Universitätsklinik geben. Die erwartete große Untersuchungsprozedur fand gar nicht statt, der untersuchende Arzt warf einen Blick auf meine Hände und Gelenke und war sich bereits ziemlich sicher: Das Risiko einer Weitervererbung meiner Behinderung sei sehr gering, kaum höher als bei anderen Menschen auch. Sicherheitshalber erbat er sich aber einige Röntgenbilder, um mit dem Professor nochmals darüber beraten zu können. »Warum haben Sie Ihre Partnerin denn nicht mitgebracht?«, erkundigte er sich abschließend.

Wahrheitsgemäß gestand ich, dass es eine solche derzeit noch gar nicht gäbe, dass ich mich aber, ein gutes Ergebnis der Untersuchung vorausgesetzt, umgehend um diese Angelegenheit bemühen wolle.

Mit Flattern in der Magengegend sprach ich einige Wochen später nochmals in Tübingen vor. Derselbe Arzt begrüßte mich wieder, grinste und drückte mir die Hand: »Na, Herr Rudolf, dann legen Sie mal los. Ihrem Familienglück steht nichts im Wege. Nach derzeitigem wissenschaftlichem Erkenntnisstand liegt kein Anzeichen für ein erhöhtes Risiko der Vererbbarkeit Ihrer Behinderung vor, wenn die Partnerin nicht verwandt oder selbst betroffen ist.«

Übrigens weiß ich erst seit dieser genetischen Untersuchung, dass meine Behinderung auch einen Namen hat. Viele Jahre dachte ich, an einer Reihe von unterschiedlichen Fehlbildungen und Erkrankungen zu leiden, die nichts miteinander zu tun hätten. Damals wurde erstmals eine *Diastrophe Dysplasie* diagnostiziert. Die Diagnose konnte nur aufgrund des klinischen Befunds gestellt werden, da das verursachende Gen noch nicht bekannt war. Heute kann diese rezessiv weitervererbbare Erkrankung zweifelsfrei festgestellt werden.[4]

Nun hatte ich es offiziell und musste ich mich nur noch trauen. Doch so einfach war das auch wieder nicht. Ich war bereits 37 und die heiratswilligen Frauen rannten mir nicht gerade die Tür ein. Ob ich einmal eine Partnerschaftsanzeige riskieren sollte? Der Gedanke war mir natürlich schon früher gekommen, aber ich genierte mich. Und wer weiß, wer sich auf solch eine Anzeige meldet? Andererseits hatte ich nicht übermäßig häufig Gelegenheit, weibliche Bekanntschaften zu machen, und ewig warten wollte ich auch nicht mehr. Also?

Exkurs: Wie viel Normalität geht?

Vor einigen Jahren besuchte eine Kollegin eine Kirche in Reutlingen. Sie saß im Rollstuhl und wurde von einer Assistenzperson geschoben. Die Begleitperson wurde am Eingang per Handschlag begrüßt, ihr strich man wohlwollend übers Haar und strahlte sie an: »Das ist aber schön, dass du auch mitkommen durftest.«

Peinlich! Dass Menschen mit Behinderungen keine kleinen Kinder und auch nicht als solche zu behandeln sind, ist heute allgemeiner Konsens. Vorfälle wie der eben erwähnte wären mittlerweile vermutlich Gegenstand kollektiver Empörung. Wie aber sieht es mit den sonstigen Aspekten des »normalen« *Erwachsenenlebens aus. Zum Beispiel mit der Sexualität, die unstrittig eine zentrale Rolle im Leben eines jeden Menschen spielt – zumindest phasenweise. Wie viel Sex gesteht unsere Gesellschaft behinderten Menschen zu? Wann und wo darf der stattfinden,*

*und was dürfen die »Gesunden« davon mitbekommen? Oder
ist hier plötzlich etwas peinlich, was für alle anderen die größte
Selbstverständlichkeit der Welt ist. Will die Gesellschaft ihre Behinderten in diesem Bereich doch lieber als kleine Kinder, oder,
noch besser, als asexuelle Neutra sehen?*

*Was auch immer gern oder ungern gesehen wird: Behinderte
Menschen sind keine asexuellen Wesen. Im Gegenteil. Ich auch
nicht. Und wie bei allen Jungen begannen auch bei mir im Alter
von 13, 14 Jahren die Hormone für Unruhe und Aufregung zu
sorgen. Gott sei Dank war meine Mutter eine vernünftige Frau,
so vernünftig und gelassen sogar, dass ich mich heute noch im
Rückblick auf die Zeit und auf die Berichte von anderen wundere. Sie versuchte nicht, meine pubertären Regungen scham-
haft zu ignorieren, sondern erklärte mir ruhig, was mich beun-
ruhigte und was ich nicht verstand. Ich hatte ja in dieser Zeit
kaum Kontakt zu Gleichaltrigen und war von den üblichen Auf-
klärungsgesprächen »unter Jungen« stets ausgeschlossen geblieben.*

Eine Anzeige und ihre Folgen

Das war also das eine. Und das andere, das war das Umschauen.
Gar nicht so einfach, wenn man mindestens einen Kopf kleiner
als die Mädels und dazu noch mit zwei Krücken ausgestattet
ist und nicht auf Freiersfüßen wandeln, sondern allenfalls auf
Rollstuhlrädern ins Glück rollen kann. Ich entschied mich nach
langem Hin und Her doch für eine Heiratsanzeige. Unzählige
Textentwürfe und Gegenentwürfe bewegte ich im Kopf und be-
sprach mich, wie immer bei schwierigen Entscheidungen, zunächst mit guten Freunden. Am Ende wurde es ein recht knap-
per Text, der sowohl meine Behinderung als auch meine positive
Grundhaltung zum Ausdruck bringen sollte. Meine Frau kennt
ihn noch heute auswendig:

> Bin 37 Jahre alt, körperbehindert, aber dennoch optimistisch und lebensfroh. Würde Sie gerne kennen lernen, haben Sie den Mut, mir zu schreiben?

Blieb noch die wichtige Frage, in welcher Zeitung die Anzeige erscheinen sollte. Auch darüber kann man trefflich diskutieren. Ich entschied mich am Ende für das *Evangelische Kirchenblatt*, da ich mir überlegte, dass eine Leserin dieser Zeitung sicherlich auch in religiösen Fragen nicht so weit von mir entfernt stehen würde. Zwar wollte ich diesen Wunsch nicht direkt in der Anzeige erwähnen, es war aber für mich ein nicht unwesentliches Kriterium, dem ich so durch die Auswahl des Leserkreises Rechnung tragen konnte. Als die Anzeige aufgegeben war, begannen die Tage des Wartens.

Natürlich dauerte es eine gefühlte Ewigkeit, bis der erste Brief im Kasten lag. Ich dachte schon, mir würde gar niemand antworten. Am Ende hatte ich aber eine ganze Handvoll Kuverts gesammelt. Diese möglicherweise schicksalhaften Briefe analysierte und sortierte ich nun nach unterschiedlichsten Kriterien. Immer wieder nahm ich die beigelegten Fotografien in die Hand, auch die Briefe las ich viele Male. Diejenigen, die Mitleid und Barmherzigkeit zum Ausdruck brachten, legte ich gleich weg. Ich wollte schließlich keine Krankenpflegerin. Auch die räumliche Entfernung spielte eine Rolle, denn ich hatte vor einigen Jahren eine Beziehung »auf Distanz« gehabt, was wir beide als äußerst belastend erlebt hatten.

Am Schluss blieb ein Brief aus dem Schwarzwald übrig. Die Schreiberin gesteht, »dass es sie richtig in den Fingern gejuckt hat«, auf meine Anzeige zu antworten, und sie möchte gerne wissen, wie ich zu meiner positiven Lebenseinstellung gekommen bin: »Was ist es, dass Sie so optimistisch sind? Was gibt Ihnen die Kraft, Ihre Körperbehinderung anzunehmen?« Ich kann nicht sagen, ob dies der Hauptgrund war, aber dieses unbefangene Interesse machte sie mir auf Anhieb sympathisch. Nun war ich meinerseits so neugierig, sie kennen zu lernen, dass ich überhaupt keine Lust hatte, erst lange einen Brief zu schreiben und dann wieder auf Antwort zu warten, um dann vielleicht noch einmal zu schreiben. Am folgenden Samstag, nach dem Mittagessen, holte ich mein Auto aus der Garage und fuhr ohne Voranmeldung nach Calw.

Bei der genannten Adresse stellte ich fest, dass es sich keineswegs, wie ich mir ausgemalt hatte, um ein Schwarzwaldhaus mit Schindeldach handelte, sondern dass die Briefschreiberin in einem Schwesternheim in der Nähe des Calwer Kreiskrankenhauses wohnte. Leider war sie gerade ausgegangen – ich war wohl doch etwas zu spontan gewesen! Eine Mitbewohnerin war glücklicherweise nicht misstrauisch und gab mir die Telefonnummer. Nun suchte ich lange nach einem geeigneten Café, wo ich ohne allzu viele Stufen eintreten konnte und bat um Erlaubnis, kurz telefonieren zu dürfen. Welch ein Segen ist heute doch ein Handy für uns Menschen mit Körperbehinderung! Nach einigen Fehlversuchen meldete sich am anderen Ende der Leitung eine junge Frauenstimme, die ganz offensichtlich aufgeregt wurde, als sie begriff, dass ich wegen ihres Briefs aus der vergangenen Woche anrief. Emma, so hieß die junge Dame, hat eine Hörbehinderung, und ich musste laut und deutlich reden, damit sie verstand, wer ich war und warum ich mich mit ihr treffen wollte. Ich hörte, wie im Hintergrund bei meiner Gesprächspartnerin lebhaftes Gekicher losging, offensichtlich war sie nicht allein und es gab einige Mithörer. Ich ignorierte das alles tapfer und erklärte in aller Ruhe mein Anliegen. Zum Glück konnte ich Emma nach einiger Zeit überzeugen, dass sie sich unbedingt noch heute und am besten sofort mit mir treffen musste.

Mit rasendem Puls bezahlte ich und fuhr mit meinem gelben Flitzer zum zweiten Mal zum Schwesternheim. Kaum angekommen, sah ich sie herbeieilen. Völlig außer Atem setzte sie sich in mein Auto, und ich begrüßte sie förmlich. Ich war mir erst nicht sicher, wie gut sie mich hören konnte. Auch konnte ich anfangs nicht alles verstehen, denn wie bei vielen Menschen, die von Geburt an schlecht hören, ist auch Emmas Aussprache etwas undeutlich. Sie erzählte mir, dass sie deshalb als Kind oft gehänselt wurde. Viele Leute denken, hörgeschädigte Menschen, die unklar sprechen, sind dumm. Dabei sind sie nur nicht in der Lage, ihre eigene Aussprache zu hören und sich selbst zu korrigieren.

Ich flirtete, was das Zeug hielt. Aber irgendwie wurde es nicht so recht romantisch, denn Emma stand ganz offensichtlich unter Zeitdruck. Wenigstens vereinbarten wir am Ende des enttäuschend kurzen Gesprächs, uns möglichst bald wieder zu treffen.

Entscheidende 30 Minuten
Bericht Emma Rudolf

Gerade hatte ich mich mit zwei Arbeitskolleginnen aus der Calwer Klinik zusammengesetzt, um vor Beginn unserer Samstagabendschicht noch eine Tasse Tee zu trinken – da klingelte mein Telefon. Am anderen Ende der Leitung ertönte eine mir völlig unbekannte, wohlklingende Männerstimme. Ein Herr Rudolf aus Öschingen stellte sich vor, er sei gerade in der Gegend und wolle sich mit mir treffen. Ich kapierte zuerst überhaupt nichts, und der Mann musste eine ganze Weile erklären, bis bei mir der Groschen fiel. Der Unbekannte war der Verfasser einer Partnerschaftsanzeige im Evangelischen Kirchenblatt, *auf die ich vor etlichen Wochen geantwortet hatte. Und nun stand er plötzlich vor der Tür, oder besser gesagt, er saß irgendwo in der Stadt in einem Café und wollte mich besuchen. Ausgerech-*

net jetzt, wo in einer halben Stunde meine Schicht begann. Ich wurde ganz hektisch.

Ein Chaos von Gedanken und Gefühlen wirbelte durch meinen Kopf. In den vergangenen Monaten hatte ich mich sehr ernsthaft mit meiner weiteren Lebensplanung beschäftigt. Hinter mir lag eine abgebrochene Beziehung, für mich eine sehr schmerzhafte Erfahrung, da ich lange vorgehabt hatte, mit diesem Mann ein gemeinsames Leben aufzubauen. Mir kam immer öfter der Gedanke, ob ich nicht Diakonisse werden sollte. Zwar wollte ich am allerliebsten heiraten und Kinder haben, aber ich überlegte, ob Gottes Plan mit mir vielleicht anders aussehen könnte. Ich war noch schwankend, sonst hätte ich auch nicht auf die Anzeige im Kirchenblatt geschrieben. Ausgerechnet als ich kurz davorstand, mich in einem Diakonissen-Mutterhaus vorzustellen, da kommt ein Mann nach Calw und will mich kennenlernen!

Mir blieben genau 30 Minuten bis zur Schichtübergabe. 30 Minuten, die die Weichen in meinem Leben noch einmal umstellen konnten. Ich packte meine Sachen und rannte den ganzen Weg vom Schwesternwohnheim zur Klinik hinauf. Da stand schon der erwähnte gelbe Volvo, und ohne lang zu überlegen, öffnete ich die Beifahrertür und ließ mich völlig außer Atem auf den Sitz plumpsen. Herr Rudolf gab mir die Hand und erzählte mir so dies und das. Ich konnte gar nicht richtig zuhören. Ich war völlig überwältig. In meinem Kopf oder vielleicht auch in meinem Herz oder in meinem Bauch war nur ein ganz großes Gefühl: »Der Mann ist sympathisch!« Keine Ahnung, was er alles sagte, ich hörte nur diese tolle, sonore Stimme. Leider hatte ich kaum noch Zeit, und so verabredeten wir, dass wir nach meinem Schichtende noch mal telefonieren wollten. Ich schwebte in die Klinik!

In der Nacht rief Willi dann wie vereinbart wieder an. Nun hatten wir wenigstens Zeit, uns miteinander bekannt zu machen. Er wollte sich gleich am nächsten Tag wieder mit mir treffen, aber da hatte ich nur eine kurze Mittagspause. Also rief Willi in der Freistunde am Sonntag eben wieder an und am Abend noch mal. So viele Anrufe hintereinander war ich nicht gewöhnt.

In den folgenden Wochen nutzten wir jede Gelegenheit, um uns zu treffen. Zu der Zeit fuhr ich mehrmals in der Woche nach Tübingen, um meine Mutter in der Berufsgenossenschaftlichen Klinik zu besuchen; sie war beim Zwetschgenpflücken von der Leiter gefallen und wurde wegen Verdacht auf Querschnittslähmung behandelt. Unsere ersten Begegnungen fanden immer im Anschluss an diese Besuche auf dem Parkplatz vor der Klinik statt. Am Wochenende kam Willi dann nach Calw. Bereits nach zwei oder drei Wochen fuhr ich nach Öschingen und Willi stellte mich seiner Mutter und der Ahne vor und kochte sogar selbst Kaffee! Ich war sehr berührt: Die beiden Frauen waren so liebevoll und warmherzig und stellten viele interessierte Fragen über mich und mein bisheriges Leben. In meiner Familie wurde solch eine offene Zugewandtheit selten gezeigt. Hier war alles ganz anders. Nicht nur untereinander, auch gegenüber den andern Leuten im Dorf verhielten sich Frida Mutter und Frida Tochter stets freundlich und teilnehmend. So war's kein Wunder, dass oft mehrmals am Tag jemand vorbeischaute, wie's »den Fridane« so ging oder in irgendeiner Sache um Rat fragte. Ich fühlte mich vom ersten Moment an am rechten Platz.

Später bin ich oft gefragt worden, ob mich Willis Behinderung nicht abgeschreckt oder verunsichert hat. Ganz ehrlich: Das war für mich überhaupt kein Thema. Ich habe das irgendwie gar nicht so wahrgenommen. Mir kam das von Anfang an völlig normal vor, eben neben einem Rollstuhl herzulaufen. Außerdem habe ich ja selbst auch ein paar Einschränkungen. Und nach dem ersten Kuss war dann für mich eigentlich eh alles klar.

Schmetterlinge im Herbst

Es war ein traurig-glücklicher Zufall, dass mein »Schwarzwald Mädchen« – so wurde Emma in meinem Freundeskreis anfangs genannt – in jener Zeit häufig in unsere Gegend kam. Sie besuchte nämlich regelmäßig in einer Tübinger Klinik ihre Mutter. Man befürchtete eine Querschnittslähmung. Ich vermute, dass Emmas Mutter ihrem schwerbehinderten Schwiegersohn nicht so aufgeschlossen begegnet wäre, wenn sie nicht während ihres Krankenhausaufenthalts so viele junge, lebensbejahende Menschen im Rollstuhl kennengelernt hätte. Und wenn sie nicht selbst längere Zeit mit dieser Perspektive hätte leben müssen. Sie erzählte später oft, wie beeindruckend es für sie gewesen war, die jungen Leute im Rollstuhl mit ihren Familien im Garten der Klinik zu beobachten. Ich hatte zu keinem Zeitpunkt das Gefühl, dass mich meine Schwiegermutter aufgrund meiner Behinderung ablehnen oder auch nur mit Skepsis betrachten würde. Im Gegenteil. Man hat mir sogar berichtet, dass ein Bekannter sie einmal besorgt fragte, ob es für ihre Tochter nicht zu viel werden würde, tagsüber ihrer Arbeit nachzugehen und abends noch ihren schwerbehinderten Ehemann zu versorgen. Sie habe daraufhin in breitestem Schwarzwälder Dialekt geantwortet: »Dea kennst du net!« Womit sie zum Ausdruck bringen wollte, ihr Gesprächspartner habe keine Ahnung von mir und meiner Mentalität.

Schwierig war der erste Besuch in Emmas Wohnheim. Aber eigentlich nur wegen einer Situation, die mir jedoch so schrecklich vorkam, dass ich noch heute mit Unbehagen daran denke. Ich hatte geklingelt und erwartet, dass Emma mir öffnen und wir zu zweit sein würden. Nun hatten ihre Freundinnen aber mitbekommen, dass bei Emma Männerbesuch anstand, und sie drückten sich so lange in ihrer Wohnung herum, bis ich tatsächlich kam und in Augenschein genommen werden konnte. Auf mein Klingeln hin ging die Tür auf und im Türrahmen stand nicht wie erwartet Emma, sondern eine mir unbekannte junge Frau öffnete und ließ mich eintreten. Obwohl sie von normaler Größe und Statur war, erschien sie mir riesenhaft, wie sie da vor mir stand und mir die Hand zum Gruß entgegenstreckte. Ich reichte ihr gerade bis zur Brust, als ich ihr auf meine Krücken gestützt ebenfalls die Hand gab. Es war bloß ein Moment, eine Sekunde nur, und doch so peinigend, dass mir dieses Gefühl heute noch schmerzhaft gegenwärtig ist. Wahrhaft erniedrigt kam ich mir vor, wie ich an dieser großen Frau vorbei ins Zimmer treten musste, und alles unter den Augen meiner neuen Freundin und ihrer Kolleginnen. Einen Atemzug später war alles vorbei, der Bann war gebrochen, Emma begrüßte mich fröhlich und wir begannen uns zu unterhalten.

Obwohl ich schon auf die Vierzig zuging, war ich aufgrund meiner Erziehung und meiner eher seltenen Erfahrungen mit Frauen zurückhaltend und schüchtern. Ich wusste nicht, wann der rechte Zeitpunkt wäre, Emma das »Du« anzubieten. Und, noch schwieriger: Wollte sie von mir berührt werden, und wann durfte ich es wagen, sie das erste Mal zu küssen? Solche Unsicherheiten kennen natürlich alle Menschen zu Beginn einer Beziehung, für mich aber, mit dem Wissen um meine schwere Körperbehinderung und all meinen Ängsten, nicht attraktiv und männlich genug zu erscheinen, war es ungleich komplizierter. Das Letzte, was ich wollte, war, das zarte Pflänzlein der aufkeimenden Sympathie möglicherweise schon im Keim durch plumpe Aufdringlichkeit zu zertrampeln. Andererseits war ich trotz allem auch ein Mann und spürte die prickelnde Nähe einer jungen Frau, die mir ganz offensichtlich ebenfalls zugetan war. Heutige Leser mögen es belächeln. Aber ich erkundigte mich tatsächlich bei Freunden, von denen ich wusste, dass sie mir in dieser Hinsicht einiges an Erfahrungen voraus hatten, ob ich eher vorsichtig oder lieber etwas forscher auftreten sollte. Sie

Mit meinem DAF auf Freiersfüßen: Mein hart erkämpftes Auto wurde zum Schauplatz unserer ersten Rendezvous.

rieten mir dringend, nicht zu lange zuzuwarten, damit Emma nicht irgendwann das Interesse verlieren und die ganze Sache im Sande verlaufen würde.

Ich beschloss also, aktiv zu werden. Und da ich ungern etwas Wichtiges dem Zufall überlasse, überlegte ich mir, dass unser üblicher Treffpunkt auf dem Besucherparkplatz der Berufsgenossenschaftlichen Klinik nicht gerade ein perfekter Ort für solch eine romantische Szene wäre. Ich fuhr ziemlich lange in der Gegend um die Tübinger Kliniken herum und suchte nach einem schönen, schattigen vor allem wenig frequentierten Waldparkplatz für unser nächstes Rendezvous. Und dann traute ich mich! Und welche Überraschung! Emma mochte nicht nur ganz offensichtlich gern von mir berührt und geküsst werden, sie erwiderte meine Zärtlichkeiten freudig und ohne zu zögern.

Noch heute, wenn ich an diesem Parkplatz vorbeifahre, erinnere ich mich an diese ersten wundervollen Minuten der Zweisamkeit.

Entgegen meinen sonstigen Gepflogenheiten rückte die Arbeit in den Hintergrund und der Schwarzwald ins Zentrum meiner Gedanken. Ich hatte urplötzlich Zeit, mein gewaltiges Überstundenkontingent abzufeiern. Häufig nahm ich mir nachmittags frei und war im Nu in Calw. Die sogenannte Schaukelschicht der Krankenschwestern war höchst praktisch, denn Emma arbeitete immer entweder bis zwei Uhr oder ab zwei Uhr. Natürlich blieben diese neuen Entwicklungen in meinem Leben bei meinen Kollegen nicht unbemerkt und eines Morgens empfingen sie mich alle versammelt und fragten mich ganz direkt, was »bei mir denn so laufen würde«. Nun musste ich wohl oder übel die Katze aus dem Sack lassen. Und unter Gejohle und Schulterklopfen freuten sich alle mit mir.

Meinen Geburtstag am 28. November 1981 feierten wir mit unseren ersten gemeinsamen Urlaubstagen und unserer Verlobung. Ich war sehr, sehr glücklich. Und ich war außerdem stolz, meine liebe Emma für diese wunderschönen Tage in ein Ferienhaus im Feriendorf Tieringen einladen zu können, an dessen barrierefreier Planung und Umsetzung ich als Berater beim zweiten Bauabschnitt selbst mitgearbeitet hatte.

Hochzeit im Mai

Emma und ich hatten also beschlossen zu heiraten. Wir waren uns einig, dass sie ihre Stelle im Kreiskrankenhaus Calw kündigen und zu mir nach Öschingen ziehen würde. Und wir wollten wie alle anderen auch eine richtig große Hochzeit mit vielen Gästen – keine »Behindertenhochzeit«. Das war uns beiden, die wir an dieses Glück zu zweit nicht mehr so recht geglaubt hatten, ganz besonders wichtig. Damals war das neue Öschinger Verwaltungsgebäude noch nicht gebaut und für die standesamtliche Trauung hätte man mich im alten Rathaus die Treppe hinauf ins Trauzimmer tragen müssen. Das wollte ich an meinem Hochzeitstag unter keinen Umständen, deshalb habe ich für die standesamtliche Hochzeit das barrierefreie Rathaus in Mössingen ausgewählt.

Mit offenen Armen empfangen
Bericht Emma Rudolf

Ich war völlig einverstanden gewesen, meine Stelle im Kreiskrankenhaus Calw zu kündigen und zu Willi und seiner Familie nach Öschingen zu ziehen. Mein Job in der Krankenpflege hatte mir schon länger keine Freude mehr gemacht. Immer öfter hatte ich das Gefühl, ausgenützt zu werden. Stets wurden mir die unangenehmen Aufgaben übertragen oder die ungünstigsten Arbeitsschichten zugewiesen. Vielleicht lag es auch an mir, vielleicht war ich einfach zu gutmütig. Auf jeden Fall habe ich keine Sekunde gezögert, als Willi mich bei unserer Verlobung fragte, ob ich bereit wäre, zu ihm nach Öschingen zu ziehen. Im Gegenteil, ich freute mich riesig, denn ein eigenes Haus mit Garten war schon immer mein Traum gewesen. Willi hatte das Haus ja auch für sich sozusagen maßgeschneidert bauen lassen, es war völlig barrierefrei ausgestattet, und es wäre bestimmt schwierig gewesen, etwas Vergleichbares anderswo zu finden. Auch die anderen Öschinger haben mich mit offenen Armen empfangen. Zur Einweihung des neuen evangelischen Gemeindehauses gab es ein kleines Fest, bei dem Willi mich gern dabei haben wollte. An diesem Tag wollte er unsere Verlobung im Dorf »offiziell« bekannt geben. Ich sehe noch vor mir, wie die Leute sich ganz offensichtlich für Willi freuten. Der Pfarrer saß neben mir auf der Bierbank und sagte immer wieder: »Das freut mich so, dass der Willi eine nette Freundin gefunden hat.« Unsere Hochzeit wollten wir im Mai feiern, im klassischen Hochzeitsmonat, und wir wünschten uns eine richtig große Hochzeit mit Hochzeits-

torte, Hochzeitskutsche, weißem Brautkleid, langem Zug in die Kirche und allem drum und dran. Irgendwie waren wir da beide ein bisschen romantisch. Ja, und auf April 1982 hatte ich dann meine Wohnung im Schwesternheim gekündigt. Willi konnte mir beim Umzug natürlich nicht helfen, aber ich verteilte den Transport meiner Möbel und sonstigen Besitztümer eben auf mehrere Fuhren. So habe ich alles ganz gut alleine hinbekommen. An die letzte Fahrt erinnere ich mich leider noch sehr genau. Ich hatte mein Zimmer im Schwesternwohnheim sauber geputzt und noch einige übriggebliebene Kleinigkeiten in meinen Golf verstaut. Voller Freude brauste ich meiner neuen Heimat entgegen. Als ich in die Hofeinfahrt einbog, spürte ich einen heftigen Stich in die Brust, denn ich sah einen Krankenwagen mit offener Heckklappe. Willis Ahne, der gute kämpferische Geist der Familie, hatte einen Schlaganfall erlitten. Ich stürzte aus dem Auto und konnte gerade noch zu ihr in den Krankenwagen steigen, um sie auf dieser letzten Fahrt zu begleiten. Wenige Tage später ist sie im Krankenhaus in Hechingen gestorben. Vor allem Willi war sehr traurig, dass sie unsere Hochzeit nicht mehr erleben durfte.

Der Tod meiner Ahne hatte mich im Innersten getroffen. Glück und Trauer, Aufregung und Niedergeschlagenheit wechselten nicht täglich, sondern mehrmals in der Stunde. Natürlich überlegten wir uns, ob wir die Hochzeit lieber verschieben oder nur im engsten Kreis feiern sollten. Aber irgendwann wurde uns klar, der Ahne wäre es nicht recht gewesen, wenn wir jetzt getrauert und keine »anständige« Hochzeit gefeiert hätten. Obwohl sie ihr Leben lang in engen dörflichen Strukturen und Bindungen gelebt hatte, war sie ein lebensfroher und freier Mensch gewesen und hatte sich immer am Glück der andern mitfreuen können. Wie sehr sie mir und Emma alles Glück der Welt wünschte, hatten wir alle gespürt. Kurz vor ihrem Schlaganfall, als ihre Kräfte schon deutlich nachgelassen hatten und sie über Tage hinweg seltsam müde erschienen war, hatte sie Emma eines Abends an ihr Bett gerufen und ihr aufgetragen:»Von jetzt an musst du für den Willi sorgen.« Anschließend hatte sie uns gesegnet und Emma die Hände auf den Kopf gelegt. Damals befremdete uns diese Szene, im Nachhinein begriffen wir, dass sie gespürt haben musste, dass ihr Ende nicht mehr weit entfernt war.

»Die Ahne hätte gewollt, dass wir uns freuen und Hochzeit feiern«, das sagten wir uns immer wieder und haben die Hochzeit wie geplant weiter vorbereitet. Dabei habe ich oft einen dicken Kloß im Hals gespürt und mir sind Tränen über das Gesicht gelaufen. Wenige Tage nach unserer Hochzeit war der Geburtstag der Ahne. Emma und ich sind gemeinsam zum Grab gegangen und haben es mit Hochzeitsblumen geschmückt, die sie selbst noch bestellt hatte.

Festtag mit zwei Hochzeitskutschen

Wir hatten uns die Hochzeitsvorbereitungen aufgeteilt: Emma schrieb und verschickte die Einladungskarten, ich kümmerte mich um die Räumlichkeiten und das Festessen. Das war gar nicht so einfach, denn barrierefreie Hotels und Gaststätten gab es damals kaum. Kulanterweise stellte mir die KBF die Cafeteria der Körperbehindertenschule zur Verfügung, was nicht selbstverständlich war, da ich zu diesem Zeitpunkt bereits gekündigt hatte und nicht mehr zum Team gehörte. Aber wir durften für diesen großen Tag noch einmal alles nutzen, und bei den vielen Gästen war es nur gut, dass Martha Keller, die hauswirtschaftliche Leiterin der Schule und Chefin der Großküche, von den Tischdecken bis zur Hochzeitstorte alles für uns managte.

Das Fest begann mit einem richtigen Hochzeitszug von meinem Elternhaus zur Kirche. Das war zwar schon ein wenig aus der Mode gekommen, aber mir war dieser öffentliche Akt wich-

Eine Hochzeit in Weiß: Wir wünschten uns ein großes Fest mit allem Drum und Dran.

tig. Ich wollte nicht heimlich, verschämt, sondern vor aller Augen heiraten. Dank der Schienen, die unsere Kirchengemeinderäte vor Jahren angeschafft hatten, konnten auch die zahlreichen rollstuhlfahrenden Gäste an der Feier in der Öschinger Kirche teilnehmen. Hochzeiten sind bei uns im Dorf immer gut besucht. An unserer Hochzeit war die Kirche rappelvoll. Selbst wer nicht ausdrücklich geladen worden war, wollte dabei sein und mitfeiern oder zumindest zuschauen. Es war »die« Sensation und es klingt vielleicht etwas großspurig, aber einige Leute sprachen tatsächlich von »der Öschinger Hochzeit des Jahrhunderts«. Das hätten sie nicht gedacht, dass der Willi noch heiratet!

Die musikalische Umrahmung des Gottesdienstes war beinahe ein »Staatsgeheimnis« gewesen. Als ich am Tag vor der Hochzeit die Ausschmückung der Kirche überprüfen wollte, wurde ich bereits in einiger Entfernung abgefangen und gebeten, die Umgebung der Kirche zu meiden. Da ich Gesang und Orgelspiel hörte, konnte ich mir natürlich denken, dass in der Kirche geübt wurde. Aber erst am nächsten Tag konnten wir sehen und hören, was für umfangreiche Vorbereitungen hier im Gang gewesen waren. Emmas Kolleginnen aus dem Calwer Krankenhaus hatten sich zu einem kleinen Schwesternchor zusammengetan und gemeinsam mit unserem Öschinger Organisten Werner Schneider unsere Lieblingslieder einstudiert. Keine Ahnung, wer ihnen das erzählt hatte und wie sie hinter unserem Rücken all die Vorbereitungen treffen konnten. Werner war das Gelingen des kleinen Konzerts so wichtig gewesen, dass er für die Proben mit dem Schwesternchor mehrmals in den Schwarzwald gefahren war. Sogar Soloauftritte mit meinem Freund und Kollegen Albert Keller und Christa Gehr, Seniorchefin der Tübinger Bäckerei Gehr, waren ins Programm eingebaut worden! Der Coup war den Sängerinnen und Sängern voll gelungen: Emma und ich waren völlig überrascht und überwältigt.

Nach der Kirche mussten wir uns durch eine riesige Schwesternschar, viele ehemalige KBF-Kollegen, unsere komplette Verwandtschaft und das halbe Dorf Öschingen mit all ihren guten Wünschen durcharbeiten. Und das Spektakel war noch nicht zu Ende. An der Straße wartete nicht ein Hochzeitsfahrzeug auf uns, nein zwei prächtig geschmückte Pferdekutschen und ein mit *Rama* auf Hochglanz poliertes Hochzeitsauto von meinem Freund Hans Kittler standen bereit. Mehrere Freunde waren über die Nachricht meiner Eheschließung so erfreut gewesen, dass sie

spontan erklärt hatten, mich und die Braut in einem festlich ge-
schmückten Gefährt von der Kirche zum Lokal fahren zu wollen.
Natürlich wollte ich keinen verprellen und habe allen zugesagt
und mir eine geschickte Verteilung der Gäste auf die Fahrzeuge
überlegt. Es war wirklich wunderschön, genau wie Emma und
ich es uns gewünscht hatten. Die Sonne schien, es roch nach
Erde und Frühling und in flottem Trab ging es vorbei an blühen-
den Feldern und frischem Grün. Das Auto mit unseren fotogra-
fierenden Freunden fuhr voraus und schoss immer wieder Fotos
von uns und dem Festzug. Siegfried Hornung hatte sogar seine
Schmalspur-Filmkamera dabei. Später überreichte er uns diesen
Film als ganz individuelles Hochzeitsgeschenk. Ich war überwältigt von der großen Schar an Gratulanten und den vielen, vielen
Menschen, die am Straßenrand standen und uns zuwinkten.

Natürlich war auch die Cafeteria in der KBF-Schule festlich
hergerichtet und alle Tische waren mit Blumen geschmückt.
Meine ehemaligen Kolleginnen und Kollegen aus der Küche
hatten freiwillig »Dienst« gemacht, um uns einen unvergessli-
chen Tag zu schenken. Der Ort war mit Bedacht gewählt, denn
viele meiner Freunde hatte ich bei meiner Arbeit in den behindertenpolitischen Verbänden und Gremien kennengelernt und
die meisten waren ebenfalls körperbehindert. Wir brauchten also
einen Raum, der nicht nur barrierefrei zugänglich, sondern auch
geräumig genug war, um die große Zahl an Rollstuhlfahrern bequem aufzunehmen. Um diese Gäste und natürlich auch mich
nicht auszugrenzen, verzichteten wir auf Tanzmusik und Tanz
und organisierten gemeinsam mit unseren Freunden ein bun-
tes Programm aus heiteren Sketchen, musikalischen Darbietungen und Reden. So konnten alle nach ihren Möglichkeiten etwas
beitragen.

Mein Freund Hans Kittler hatte sich einen besonderen Gag
ausgedacht: Er entführte die Braut. Emma war völlig baff, als sie
wegen eines Vorwandes in die Küche gelockt und plötzlich von
Hans, Evelin Kessler und anderen in den Mössinger Ratskeller

»abgeschleppt« wurde. Mir blieb nichts anderes übrig, als zu suchen. (Das war freilich nicht ganz so schwierig, denn Hans ist Rollstuhlfahrer und der Mössinger Ratskeller war damals die einzige barrierefreie Gaststätte weit und breit.) Ich musste meine Emma mit Krimsekt auslösen, aber das war sie mir wert. Solche »Entführungen« waren bei uns in Öschingen eigentlich nicht üblich, aber Hans wollte für seinen Freund unbedingt »das ganze Programm« durchziehen.

Ein Fest der Herzenswärme
Erinnerung von Evelin Kessler, Freundin aus KBF-Zeiten

Es war einer der sonnigen Frühlingstage, an denen sich bereits der nahende Sommer ankündigte. Emma, im bodenlangen Hochzeitskleid mit einem rot-weißen Brautstrauß und einem ebensolchen Blütenkranz im dunklen Haar, passte wunderbar zu ihrem Bräutigam im schwarzen Anzug mit roter Rose am Revers. Beide begrüßten die vielen Hochzeitsgäste vor der Kirche und waren sichtlich aufgeregt, ob denn an ihrem großen Tag auch alles klappen würde. Die Erleichterung, als die Trauzeremonie schließlich vorbei war, spürten wir alle. Was wir auch empfanden und was uns alle fröhlich machte, war die Liebe, die Emma und Willi ausstrahlten – Liebe zueinander und auch uns gegenüber.

Mir ist diese Hochzeit als ein Fest der Herzenswärme in Erinnerung. Willis Mutter nahm mich in einer stillen Minute zur Seite und sagte mir glücklich lächelnd, wie unendlich froh sie sei, dass ihrem Sohn dieses Glück zuteil geworden war und sie ihn in liebevollen Händen wisse, wenn sie einmal nicht mehr sein würde.

Bei der anschließenden Feier gab es kaum Trubel oder laute Musik – es dominierten die leisen Töne. Willi hielt eine kleine Dankesrede und es gab heitere und nachdenkliche Darbietungen von Freunden und Verwandten. Unter den Gästen waren viele ebenfalls körperlich eingeschränkt, sie alle zeigten Emma und Willi ihre Sympathie. Alle spürten den Glauben von Willi und Emma und die tiefe Dankbarkeit, dass sie sich gefunden hatten.

Nach der Hochzeitsfeier fielen wir völlig erschöpft in Öschingen in unsere Betten. Mitten in der Nacht wurden wir von einem schrecklichen Geräusch geweckt. Emmas Freundinnen hatten einen alten Wecker auf vier Uhr in der Früh gestellt und in einem Wandschrank versteckt. Emma taumelte verschlafen aus dem Bett und versuchte den Wecker zu finden, was ihr gar nicht so schnell gelang. Vor Aufregung fand sie anschließend keinen Schlaf mehr und begann mitten in der Nacht mit dem Auspacken der vielen kleinen und großen Hochzeitspäckchen. Mir waren die Geschenke mitten in der Nacht erst mal egal, ich war so kaputt, dass ich sofort wieder eingeschlafen bin.

Familienleben: normaler, als die meisten denken!

Unser Familienleben war in den folgenden Jahren vermutlich viel normaler als die meisten denken. Emma und ich hatten uns Kinder gewünscht. Bereits wenige Monate nach der Hochzeit hatte es »geklappt« und Emma war schwanger. Wir waren überglücklich, dennoch waren gewisse Ängste und Sorgen unterschwellig immer vorhanden. Obwohl ich schon eine Untersuchung im Hinblick auf eine mögliche Vererbung meiner Behinderung hatte machen lassen, gingen wir nochmals gemeinsam zur genetischen Beratung in die Tübinger Uniklinik. Wir hörten das Gleiche: In unserem Fall bestehe keine erhöhte Wahrscheinlichkeit einer Behinderung bei unserem Kind. Trotzdem blieb unsere Vorfreude von Hoffen und Bangen begleitet.

Exkurs: Schatten über unserem Glück

Die aufregenden Tage waren von einer zunehmenden Schwäche meiner Mutter überschattet. Nur wenige Wochen nach unserer Hochzeit hatte sie einen schweren Herzinfarkt erlitten, von dem sie sich nur sehr langsam erholte. Und sie hatte sich doch so auf unser gemeinsames Leben gefreut, ganz besonders als sie hörte, dass es bald ein kleines Enkelkind geben würde! Zum ersten Mal in ihrem Leben hatte sie eine kleine Wohnung in unserem Haus ganz für sich, und falls sie Unterstützung benötigen würde, war immer jemand in Rufweite.

Im November hatte Emma einen wichtigen Ultraschalltermin beim Frauenarzt. Erstmals würden wir relativ sichere Aussagen über den Gesundheitszustand unseres Kindes erhalten. Wir waren sehr aufgeregt. Der Gynäkologe hatte seine Praxis im ersten Stock, damit ich aber wie andere Väter auch bei

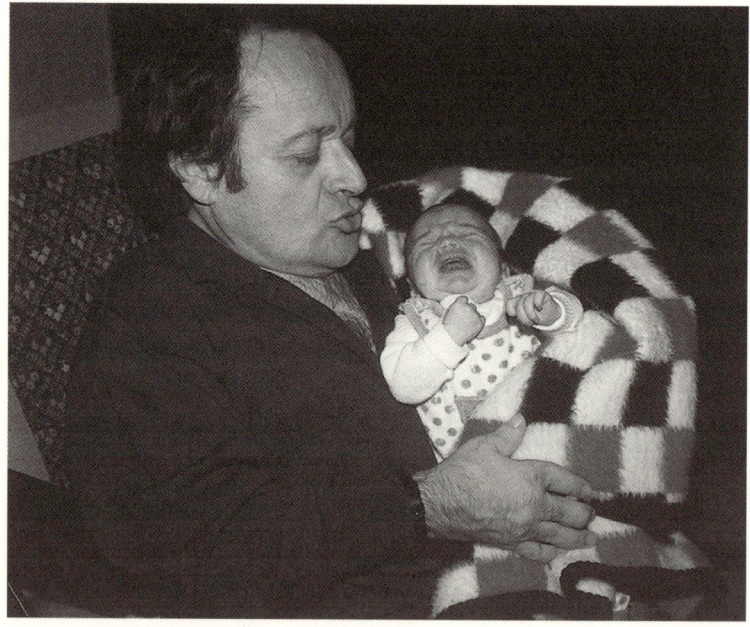

Simon, 30. April 1983. Welch ein Glück!

dieser Untersuchung dabei sein konnte, trug er mich auf seinem Rücken die Treppen hinauf in sein Behandlungszimmer. So konnte ich beobachten, wie das für mich so bedeutsame Polaroid-Bild von dem noch ungeborenen Kind gemacht wurde. Das kleine Bildchen war für uns so wichtig, denn man konnte erkennen, dass unser Kind meine Behinderung nicht geerbt hatte. Wir erwarteten einen gesunden Sohn!

Gleich am nächsten Morgen wollte ich meiner Mutter die freudige Nachricht zusammen mit dem Bild ins Krankenhaus nach Hechingen bringen. Dort war sie wenige Tage zuvor wegen erneuter Beschwerden eingeliefert worden. Doch sie konnte dieses Glück nicht mehr mit uns teilen. Früh um sechs erhielten wir einen dringenden Anruf von ihrer Station und als wir im Krankenhaus ankamen, war sie bereits gestorben. Ihr müdes Herz hatte aufgehört zu schlagen. Ich stand mit dem Foto meines gesunden Kindes neben ihrem Bett und konnte nur noch weinen.

Neue Herausforderungen

Anfangs fühlten wir uns unsicher, ob wir als Eltern mit Behinderungen den Bedürfnissen eines Kindes gerecht werden würden. Emma zerbrach sich darüber noch viel mehr den Kopf als ich, obwohl sie mit ihrer Hörbehinderung eigentlich weit weniger gehandicapt war. Sie studierte mindestens ein Dutzend Erziehungsratgeber! Ich frage in solchen Situationen lieber Freunde und Bekannte, von denen ich annehme, dass sie aufgrund ihrer Erfahrung oder Ausbildung etwas dazu sagen können. In diesem Fall war das Ursel Veitshans, eine erfahrene Pädagogin und selbst Mutter mehrerer Kinder.

»Was kann ich tun, damit mein Kind nicht unter seinem schwerbehinderten Vater leidet, der so vieles nicht unternehmen und mitmachen kann?«, fragte ich sie.

Ich befolge nicht immer die Ratschläge meiner Freunde. Aber

Ursels Rat hat mich sehr berührt und ich habe in den darauffolgenden Jahren oft daran gedacht und sehr bewusst versucht, ihn in die Tat umzusetzen. Sie empfahl uns: »Bestätigt euer Kind, macht es selbstbewusst, damit es stolz auf euch ist und begreifen kann, was ihr in eurem Leben alles geschafft habt. Es gibt nicht nur Dinge, die ihr eurem Kind nicht geben könnt, sondern euer Kind hat auch vieles, was andere nicht haben. Seid fantasievoll, lasst die Kinder auf deinem Rollstuhl mitfahren, interessiert euch für ihre Spiele, ihre Fragen. Und vor allem: Versteckt euch nicht. Mischt euch ein, geht zu Festen, zu Elternabenden und lasst sie auch an euren Themen teilhaben.«

Nach Kräften haben wir in den folgenden Jahren versucht, diese Theorie mit Leben zu füllen. Es ist sicher nicht alles gelungen, aber ich denke, im Großen und Ganzen haben wir uns wacker geschlagen.

Unser älterer Sohn Simon wurde am 30. April 1983 im Reutlinger Krankenhaus geboren. Der Kreißsaal war barrierefrei und ich konnte bei der Geburt dabei sein. Es ist schon tausendmal gesagt und beschrieben worden, aber es stimmt einfach: In einem Menschenleben gibt es wohl keinen Augenblick, der so bewegt und sich so tief in die Erinnerung eingräbt, wie eben der, wenn man sein erstes Kind das erste Mal in den Arm gelegt bekommt.

»Der Willi hat einen gesunden Sohn!«
Kommentar Emma Rudolf

Es war so überwältigend, so wunderbar, ich konnte immerzu nur eines denken: Du hast ein Kind. Du hast ein gesundes Kind. Wir hatten eine genetische Beratung gemacht, eine Fruchtwasseruntersuchung, alles war in Ordnung gewesen. Und dennoch: Eine kleine Angst war geblieben, weil wir ja beide Behinderungen haben. Deshalb war dieser Moment so großartig, so unwahrscheinlich schön.

Mit etwas Fantasie ist auch Kinderwagen schieben kein Problem.

Man hat uns später erzählt, dass an diesem 30. April in Öschingen eine Hochzeit gefeiert wurde. Und als die Brautleute eben aus der Kirche herausgeschritten kamen, rief plötzlich jemand aus der Menge: »Der Willi hat einen gesunden Sohn!« Alle fingen an zu lachen und sich zu freuen und das junge Paar freute sich mit und nahm es als gutes Zeichen für seinen eigenen Lebensweg.

Man sieht, wie sehr die Leute Anteil nahmen an Willis Leben und wie wichtig ihnen sein Wohlergehen war. Diese positive Haltung und dieser Rückhalt in der Gemeinschaft haben ihm Kraft in schweren Lebenssituationen gegeben.

Mit seinen Kindern war Willi immer sehr gern zusammen. Bei der eigentlichen Kinderpflege wie Wickeln oder Baden konnte er nicht helfen. Aber später, als die Buben etwas größer waren, hat er viel mit ihnen gespielt. Ganze Sonntage lag er mit den beiden auf dem Boden und hat irgendwas gebaut oder Autos und Züge *fahren lassen. Die Kinder fanden das toll, und wenn Freunde klingelten, kam es oft vor, dass einer sagte:* »Heut' geht's nicht, heut' ist Familientag!«

Der Alltag war wie bei den meisten Familien in dieser Zeit: Ich als Vater und Hauptverdiener hatte relativ wenig Zeit, mich um die Erziehung der Kinder zu kümmern. Da ich für unsere Firma häufig unterwegs war, blieb diese Aufgabe vor allem Emma überlassen. An den Wochenenden kamen Veranstaltungen und Tagungen im Rahmen meiner behindertenpolitischen Arbeit hinzu. Für mich war alles viel einfacher, wenn Emma zu meiner Unterstützung beim An- und Auskleiden und den vielen kleinen alltäglichen Handgriffen mitkam, ganz abgesehen davon, dass es auch netter war. Manchmal war auch gar keine Assistenz zu bekommen, dann war ich auf ihre Hilfe angewiesen. Es blieb uns deshalb oft gar nichts anderes übrig, als die Kinder auf Geschäftsreisen und Tagungen mitzunehmen. Die zahlreichen Übernachtungen haben die Kinder meist mehr genossen als wir Eltern. Noch heute erinnern sich Simon und Benjamin an die diversen Spielecken und Besonderheiten in den Hotels. Als Vorsitzender des *Landesverbands Selbsthilfe Körperbehinderter* organisierte ich viele Ausflüge und Städtereisen und nahm dann zusammen mit Emma auch daran teil. Obwohl nur selten andere Kinder dabei waren, haben diese Fahrten unseren Beiden immer viel Spaß gemacht. Wir waren als Familie zusammen, viele Leute beschäftigten sich mit ihnen und sie lernten so ganz nebenbei die unterschiedlichen Schwierigkeiten von Menschen mit Behinderungen kennen. Als sie älter wurden, fanden sie die Besichtigungen und Führungen selbst interessant.

Kürzlich fragte ich meinen Ältesten, ob es für ihn schlimm gewesen sei, dass seine Eltern viele Dinge wie Fußballspielen oder Radfahren nicht mit ihm unternehmen konnten. Er meinte darauf: »Ich war eher froh, dass ich samstags nicht mit auf den

Acker musste, Kartoffeln rein, Kartoffeln raus… Fahrradfahren konnte ich auch mit meinen Freunden.«

Zu unserem Haus gehörte auch der große Garten, der früher teilweise Wiese und teilweise Gartenland gewesen war. Damit ich trotz meiner Behinderung ein bisschen mithelfen und wenigstens den Rasen mähen konnte, hatte ich einen Aufsitzmäher gekauft. Dieser Rasentraktor war nicht nur das Highlight für unsere Söhne, auch ihre Freunde rissen sich darum, mit diesem Fahrzeug zu fahren und unsere große Rasenfläche mähen zu dürfen.

Unsere Kinder waren keine kleinen Engel, zum Glück, und sie hatten bald heraus, dass ihr Vater in seiner Beweglichkeit eingeschränkt war und man ihm leicht ausbüxen konnte. Besonders Simon hatte schon als kleiner Kerl einen eigenen Kopf und tat oft nicht das, was wir von ihm erwarteten. Eines Tages, den

Um unseren gut ausgestatteten Fuhrpark wurden unsere Söhne oft beneidet. Hier mäht Simon mit dem Rasentraktor.

Anlass habe ich vergessen, forderte ich ihn zu irgendetwas auf, und er sagte energisch: »Nein!« Da ihm klar war, dass ich ihn in irgendeiner Form zur Rechenschaft ziehen würde, kletterte er schnell auf die Eckbank im Esszimmer und verzog sich hinter den Esstisch. Er grinste mich herausfordernd an, zwischen uns den Tisch, hinter den ich nach seiner Einschätzung mit dem Rollstuhl nicht gelangen könnte. Um meine Autorität nicht zu gefährden, reagierte ich blitzschnell. Ich packte den Tisch, legte den Rückwärtsgang ein und zog das Möbelstück weg. Nun hatte ich freie Fahrt zur Eckbank. Simon ließ sich sofort auf den Boden plumpsen und kletterte unter die Bank. Jetzt war es an mir: Ich ließ mich vorwärts auf die Eckbank fallen, rutschte ebenfalls eine Etage tiefer auf den Boden und schnappte mir mein Söhnchen. Simon war so perplex, dass ich meine Strafpredigt kurz halten konnte. Er half mir sogar anschließend friedlich gemeinsam mit Emma wieder in meinen Rollstuhl zurück. Bis heute hat er diesen sportlichen Erziehungseinsatz meinerseits nicht vergessen!

Nicht antiautoritär, aber tolerant und großzügig
Kommentar Simon Rudolf

Unsere Eltern waren nicht antiautoritär, aber sie waren tolerant und großzügig. In unseren Sturm- und Drangzeiten haben sie uns erlaubt, zusammen mit unseren Kumpels den großen Pferdestall in unserem Garten zu einem Jugendhaus auszubauen.

Papa hatte mitbekommen, dass die jungen Leute in Öschingen sich solch einen Treffpunkt wünschten. Und obwohl weder er noch Mama so etwas selbst kennengelernt hatten, waren sie von der Idee überzeugt und stellten ihren eigenen Garten und den Schuppen zur Verfügung. Alle fanden das super und wir schafften echt daran, die Hütte wohnlich herzurichten. Einige unserer Freunde machten damals bereits eine Ausbildung in einem Handwerksberuf, und so hatten wir genügend technisches

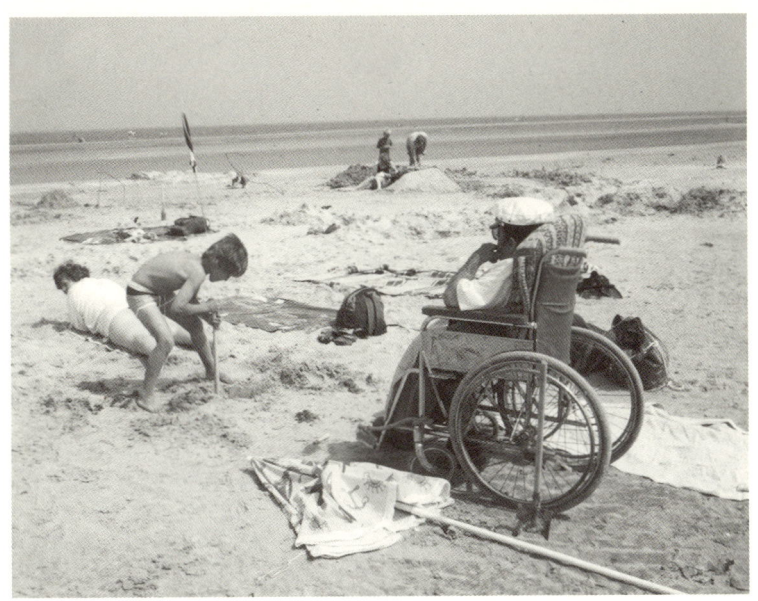

Auch wenn ein Rollstuhl am Sandstrand nur mühsam vorankommt:
Wir haben auch das gemacht.

*Know-how, dass nicht nur Murks zustande kam. Boden, Wände
und die Decke wurden fachmännisch gestaltet, am Ende bauten
wir sogar eine richtige Bar ein und legten einen Stromanschluss
für Fernseher und Musikanlage. Unzählige Feste, Geburtstags-
feiern und bestandene Prüfungen werden bis heute dort gefeiert. Es gab Zeiten, da waren fast täglich 10 bis 20 Leute in
der Hütte, bei Feten auch doppelt so viele. Leider waren unsere
Feste manchmal ziemlich laut, und Papa war immer froh, dass
die Nachbarn so viel Verständnis hatten und sich nur ganz selten beklagten. Er hatte einen zentralen Stromschalter bei sich
im Haus, damit hätte er jederzeit den Strom und damit Licht und
Lautsprecher abschalten können. Aber fast immer genügte ein
warnender Anruf.*

*Wir haben das gemacht, was andere Familien auch gemacht
haben. Wir haben gemeinsam Fußball gespielt und am Wochenende zusammen Spaziergänge unternommen. Im Spanienurlaub*

Hier Benjamin mit seinem sehr stolzen Vater.

sind wir unterm Sonnenschirm am Strand gesessen wie die andern auch, es war alles ganz normal. Einmal hat mir ein Mitschüler erklärt, dass sein Vater viel besser als der meine sei. Dem habe ich geantwortet, dass mein Papa dafür seinem mit einer Badewanne auf den Kopf hauen würde. Ich hatte damals nämlich noch nicht begriffen, dass mein Vater Lifte für Badewannen verkaufte und nicht die Wannen selbst.

Ich war in meiner Jugend kein Einzelgänger gewesen. Immer wieder kamen auch Klassenkameraden zum Spielen vorbei. Insgesamt aber verbrachte ich für meinen Geschmack viel zu viel Zeit allein oder in Gesellschaft von Erwachsenen. Deshalb war mir wichtig, dass meine Söhne viel Gelegenheit hatten, mit Gleichaltrigen zusammen zu sein. Obwohl ich mir für meine Kinder eine möglichst gute Schulbildung wünschte, wollten wir jeglichen Druck vermeiden. Vor allem Emma war das sehr wichtig.

Sie ist im Dorf und von der Verwandtschaft ziemlich schief angesehen worden, als sie es tolerierte und sogar für gut hieß, dass
Simon nicht auf die Realschule wollte, sondern weiter in Öschingen auf die Hauptschule ging. Ich selbst war ja das beste Beispiel, dass im Leben nicht immer alles gradlinig verläuft, und dass
man auch neben der offiziellen »Hauptstraße« eigene Wege finden kann. Simon jedenfalls hat die Zeit an der Öschinger Hauptschule gut getan. Ohne dass er sich plagen musste, gehörte er
immer zu den guten Schülern und hat ein ausgeglichenes Wesen
und gutes Selbstbewusstsein entwickelt. Genau das lag uns am
meisten am Herzen. Als er dann soweit war, hat er von sich aus
den Werkrealschulabschluss und später die Fachhochschulreife
nachgeholt. Unser jüngerer Sohn Benjamin studierte Philosophie
und Kunstgeschichte und absolvierte noch ein Studium der
Medienwissenschaften.

Raus aus dem sicheren Hafen

Im Frühjahr 1982 fuhren Emma und ich nach Mössingen und
meldeten im dortigen Rathaus unsere gemeinsame Firma Rudolf
Reha-Systeme an. Mit der Gründung unserer Firma habe ich mir
einen Lebenstraum verwirklicht: den Traum der Selbstständigkeit
nicht nur in alltäglichen Verrichtungen, sondern auch im Berufsleben. Vielleicht habe ich diesen Drang in meinen Genen, fast
alle meine Vorfahren waren selbstständige Landwirte oder hatten eigene Handwerksbetriebe. Auch mein Vater hatte immer
wieder mit den Gedanken gespielt, vielleicht eine Saftmoste in
unserem Garten zu betreiben oder ein Lkw-Fuhrunternehmen zu
gründen. Es kann aber auch sein, dass mein Wunsch nach beruf-
licher Unabhängigkeit ein Resultat meiner langjährigen körperlichen und finanziellen Abhängigkeit ist. Schon als Junge hatte ich
mich ja bemüht, wenigstens einen kleinen finanziellen Beitrag
zu unserem Haushalt zu leisten. In unsere Firma konnte ich nun

die Eigenschaften einbringen, die mir am meisten liegen, mein Interesse für Technik und meine Fähigkeit, unkonventionelle Lösungen zu finden. Und dies für ein Ziel, das mir aus eigener Lebenserfahrung wie kein anderes am Herzen liegt: Menschen die Möglichkeit für ein selbstständiges, unabhängiges Leben und somit Lebensqualität zu schaffen. Durch die harte Schule bei Herrn Döbereiner habe ich zu meiner angeborenen Lust am Handeln die kaufmännischen und buchhalterischen Grundkenntnisse und den professionellen Schliff bekommen. Aus dem Händler war ein Kaufmann geworden.

Warum dieser Schritt? Warum habe ich nach zehn Jahren einen sicheren und ordentlich bezahlten Arbeitsplatz bei der Körperbehindertenförderung Neckar-Alb in Mössingen verlassen? Viele haben mir diese Frage gestellt, und wie so oft, gibt es nicht eine, sondern mehrere Erklärungen für diesen Schritt. Zwar hatte ich bei der KBF eine für mich außerordentliche Karriere bis zum Sachgebietsleiter hingelegt, meine Magengeschwüre kamen jedoch nicht von ungefähr. Wie auch immer, irgendwann tauchte meine alte Idee wieder auf, ob es nicht besser sei, mich mit einer eigenen Firma selbstständig zu machen. Selbstständigkeit hat für mich viele Vorteile. Ich kann mir den Arbeitsbeginn, die Dauer der jeweiligen Arbeitsphasen und die Gestaltung des Arbeitsplatzes völlig frei einrichten. Habe ich einen schlechten Tag mit Schmerzen und Unpässlichkeiten, dann pausiere ich eben und hole das Versäumte später nach. Kundenkontakte und Außentermine kann ich zeitlich flexibler handeln.

»Wir waren schon mutig«
Kommentar Emma Rudolf

Heute, im Nachhinein betrachtet, war das damals schon sehr mutig. Wir wollen heiraten und möglichst auch eine Familie gründen und geben beide gleichzeitig unsere sicheren Arbeitsplätze auf. So was kann natürlich auch schiefgehen. Aber ich habe mich da zu hundert Prozent auf Willi verlassen. Er strahlte so viel Sicherheit, Selbstvertrauen aber auch Seriosität aus, dass mir gar nicht in den Sinn gekommen wäre, die Sache mit der Firmengründung könnte schiefgehen. Dass Willi unsere gemeinsame Zukunft nicht auf Sand baut, sondern dass er umsichtig ist und rechnen kann, davon war ich felsenfest überzeugt.

NEUE PERSPEKTIVEN

Engagiert für ein Leben ohne Barrieren

Noch zu KBF-Zeiten stand im Büro neben den Fächern der Lehrer auch mein Posteingang. Wenn die bunten Anzeigenblätter und Werbebroschüren der Rehakliniken und Hilfsmittelhersteller bei uns eintrudelten und die Posteingangsstelle nicht wusste, wohin damit, dann packte sie es bei mir hinein. Auf diese Weise machte ich die folgenschwere Bekanntschaft mit einem hektografierten Werbeprospekt für einen neuartigen Badewannenlift, der im Unterschied zu allen bisher bekannten Modellen mit Wasserdruck betrieben wurde. Mir war sofort klar, dass sich dieses Gerät hervorragend eignete, auch schwerstbehinderte Menschen ohne körperliche Überforderung des Pflegenden gefahrlos zu baden, und ich rief den Hersteller an, der mich um rasche Unterstützung bat. Ich war von dem Gerät überzeugt und hatte ja schon längere Zeit überlegt, mich selbstständig zu machen, und so wagte ich den großen Schritt ins Ungewisse.

Wir hatten viele Ideen und gerade so viel Geld, dass unser Projekt als finanziell abgesicherte Firmengründung durchgehen konnte. Von den heiß diskutierten öffentlichen Zuschüssen für Firmenneugründungen habe ich bis heute keinen Pfennig gesehen, und so mussten wir ganz auf eigenes Risiko gehen. Wir starteten nur mit einem einzigen Produkt, nämlich dem erwähnten Badewannenlift.

Die meisten Orthopädiehäuser scheuten den Aufwand der Markteinführung. Das bedeutete, dass ich selbst, mit und ohne Assistenz, in ganz Baden-Württemberg und den angrenzenden Bundesländern herumfahren und das Modell in Kliniken und

Unser Erfolgsmodell: Der Aquatec-Badenwannenlift.

Rehazentren sowie in den Privatwohnungen der behinderten Menschen vorführen musste. Bei meinen Kontakten bei den Beratungen vor Ort hatte ich wieder ausgiebig Gelegenheit, meine theoretischen Kenntnisse der Carnegie-Strategie anzuwenden und zu verbessern. Ich lernte, mich intensiv in die Situation meiner Kunden hineinzudenken und ihre Bedürfnisse zu verstehen, um mit ihnen das passende Produkt herauszufinden und es nach Möglichkeit dann auch zu verkaufen. Da ich vom Nutzen unserer Geräte überzeugt war, fiel es mir nicht schwer, meine Gegenüber zu überzeugen und die Lösungen stolz zu präsentieren.

Ein harter Job mit unzähligen Hindernissen zu einer Zeit, wo es reiner Glücksfall war, wenn man unterwegs eine barrierefreie Toilette oder gar ein rollstuhlgerechtes Hotel vorfand! In den ersten Jahren war ich dabei meistens auf eigene unkonventionelle Ideen und den guten Willen zur Mithilfe anderer angewiesen. Zum Beispiel kam ich einmal beim Mittagessen in der Autobahnraststätte Baden-Baden mit einem freundlichen Koch ins Gespräch, der mir in diesem Selbstbedienungsrestaurant hilfsbereit mein Essen an den Tisch gebracht hatte. Da die Gaststätte mit Motel als barrierefreier Modellbetrieb gebaut worden war, fragte ich ihn, ob auch für mich eine Möglichkeit zum Übernachten gefunden werden könne. Damals hatte ich nämlich noch keine Zivildienstleistenden als Begleiter und ich benötigte doch zum Aus- und Ankleiden eine Assistenz. Der Koch bot an, sich für mich bei den Servicefrauen zu erkundigen, ob sie zu solchen Hilfestellungen bereit wären. Tatsächlich waren die Frauen einverstanden und ich konnte von da an auch Fahrten von Karlsruhe bis Freiburg unternehmen, ohne dass ich eine Begleitung mitnehmen oder jedes Mal für die Nacht nach Hause fahren musste. Dieser außergewöhnliche Einsatz einiger Angestellten einer Autobahnraststätte hat mir die Arbeit für meine junge Firma in den ersten Jahren enorm erleichtert.

Im Laufe der Jahre wurde ich in Bezug auf Reisen und Übernachtungen deutlich mutiger – und kleine oder größere Abenteuer gehörten fast schon zu meinen Außeneinsätzen dazu.

In München, wo ich zusammen mit dem VDK Bayern viele Jahre bei der Messe *Heim und Handwerk* unsere Treppenlifte und Küchen für Menschen mit Behinderungen ausstellte, war es ohne Assistenz ziemlich umständlich. Da ich mich dort nicht auskannte, wollte ich wenigstens den Stress mit dem Auto vermeiden und nahm die Bahn. Meine Frau brachte mich dazu nach Tübingen und ich wurde mit dem Hubwagen in den Zug gesetzt, um erst einmal nach Stuttgart zu kommen. Dort wurde ich vom Bahnhofspersonal in den Zug nach München verfrachtet. Wieder mit dem Hubwagen lud man mich am Münchner Hauptbahnhof aus und ein Geschäftspartner holte mich mit einem Spezialfahrzeug ab und brachte mich in eines der wenigen Münchner Hotels mit rollstuhlgerechten Zimmern. Das Aus- und Ankleiden war mit einer Sozialstation organisiert, zur Messe und abends wieder zurück ins Hotel brachte mich ein Sonderfahrdienst.

Da saß ich junger Mann vom Land am frühen Abend allein im Hotel in der Großstadt. Das Hotel lag ziemlich zentral, und so fuhr ich mit meinem Elektro-Rollstuhl einfach mal in Richtung Stadtmitte. Das funktionierte besser als befürchtet, denn die großen Straßen waren mit Unterführungen problemlos zu unterfahren. Bald war ich im Zentrum und sah die Reklametafeln der großen Kinos. Da ich bisher in meinem Leben nur ein- oder zweimal im Kino gewesen war, fand ich die Idee sofort verlockend und ich suchte mir einen Film aus. Nach der Vorstellung war es dunkel, und in der ungewohnten Umgebung fühlte ich mich nicht besonders wohl. Ich machte mich auf den Heimweg, doch zu meiner großen Überraschung sahen die zuvor so komfortablen Unterführungen völlig verändert aus. Überall standen kleine und größere Gruppen von Betrunkenen herum, und in den Ecken schliefen in Schlafsäcke gehüllte Männer und Frauen. Als Rollstuhlfahrer fühlte ich mich dort absolut nicht mehr sicher, drehte sofort um und fuhr wieder nach oben. Aber wie kam ich jetzt über die Straße? Nach längerem Überlegen fasste ich Mut und riskierte bei der nächsten Lücke im Verkehrsstrom den Weg über die vierspurige Straße. Auf der Mittelinsel konnte ich dann einen günstigen Moment für die zweite Etappe abwarten.

Später hatte ich immer wieder Fahrer und Assistenten, was das Reisen natürlich sehr viel angenehmer und auch unterhaltsamer machte. Auf den langen Fahrten mit diesen jungen Männern und Frauen gab es viele gute Gespräche und mitunter auch wieder abenteuerliche Situationen.

Auf Nebenstraßen in »Bayrisch Kongo«
Rüdiger Hartwich, Fahrer und Assistent bei Willi Rudolf

Willi legte bei Autofahrten großen Wert darauf, dass die Route gut ausgearbeitet war, denn langes Sitzen war für ihn beschwerlich – außerdem war er kein Freund von Überraschungen. Anfangs wählte ich meist anhand der Karte die kürzeste Strecke, doch schlecht ausgebaute Nebenstraßen bereiteten Willi oft Rückenschmerzen, auch wurde ihm vom vielen Kurven fahren häufig übel. Doch zunächst ließ er mich gewähren.

Die Wende brachte eine Fahrt nach »Bayrisch Kongo«, so nannte Willi alle Gegenden östlich von München und die länd-

lichen Gebiete des Voralpenraums. Auf der Karte sah die von mir gewählte Straße eigentlich ganz gut aus, vor allem würde sie uns mindestens eine Dreiviertelstunde Umweg ersparen! Ich fuhr also runter von der Autobahn, querte einen Weiler und schon ging es mitten durch saftige Almwiesen. Die Straße war ungefähr so breit wie unser Auto und führte in engen Kurven eine Anhöhe hinauf. Jetzt nur noch hinter dem Wald wieder hinunter und schon mussten wir da sein. Im Wald verwandelte sich die Straße in einen Schotterweg und nach einer Biegung ging es steil und pfeilgerade wieder nach unten. Die gesamte Fahrbahn war plötzlich mit Schnee und Eis bedeckt und knickte ganz unten scharf ab. Willi sah uns bereits unten zwischen den Bäumen liegen. Doch wir krochen im Schneckentempo den Abhang hinunter und kamen nach sehr langer Zeit heil in einem Dorf an. Dort fragten wir einen Bauern nach dem weiteren Weg. Der Mann stützte sich mit einem Arm auf die Mistgabel, schaute einmal in die Runde und zeigte dann vage in eine Himmelsrichtung: »Do miasst's long!«

Diese Wegbeschreibung wurde ein geflügeltes Wort, doch unsere Routenplanung fand künftig unter einem neuen Motto statt: Kein Umweg ist uns zu weit – Hauptsache viel Autobahn und gut ausgebaute Bundesstraßen!

In der Anfangsphase der Firmengründung bat mich ein junger Zivildienstleistender, ob ich den Verkauf eines von ihm entwickelten Akustikschalters übernehmen könne. Jochen Gonser hatte in einer Klinik einen schwer eingeschränkten querschnittsgelähmten Patienten zu versorgen. Der Mann war außer Stande, auch nur einen Schalter oder Druckknopf zu betätigen und sein sehnlichster Wunsch war, wenigstens seinen Fernsehapparat ohne fremde Hilfe ein- oder auszuschalten. Die Hilflosigkeit dieses Mannes ließ den jungen Zivildienstleistenden nicht los und er entwickelte ein elektronisches Gerät mit Akustikschalter, mit dem der Patient über seine Stimme elektrische Geräte bedienen konnte. Der Bedarf war groß, doch nur wenige konnten sich das Gerät leisten. Für die jedoch war es ein erhebliches Mehr an Lebensqualität, im kommerziellen Sinn hat es sich nicht gelohnt. Eine große Hilfe war es für eine wohlhabende alte Dame, die in einem Seniorenstift lebte und zu schwach war, um laut nach einer Pflegerin zu rufen. Den Alarmknopf konnte sie selbst nicht betätigen. Meine »Lösung« sah so aus: Wir brachten am Bett über ihrem Kopf ein Mikrofon an, denn die alte Dame war noch so weit klar, dass sie in Notsituationen leise das Wort »Hilfe« artikulieren konnte. Das Mikrofon wurde mit einem elektronischen Umschaltgerät verbunden, das den Notrufschalter in Gang setzte. Bald jedoch überholte die rasante Entwicklung der Elektronik dieses Modell und wir stellten den Vertrieb aus wirtschaftlichen Gründen ein. Jahre später verkaufte ich noch einmal ein Exemplar an eine Reisedelegation nach China, die dort die Entwicklung technischer Hilfsmittel für Menschen mit Behinderungen in Deutschland vorführte.

Exkurs: Im Eigenbetrieb getestet

Bereits 1982 hatte ich auf einer Rehabilitationsmesse in Nürnberg einen »Erfinder« kennengelernt und ihn gefragt, ob er für mich ein an der Raumdecke geführtes Liftsystem entwickeln könnte. Bisher kannte ich derartige Produkte nur aus Skandinavien, die funktionierten zwar gut, waren aber sehr teuer. Wenige Wochen später schon besuchte mich der Tüftler und präsentierte mir seinen Prototypen, der nur einen Bruchteil der skandinavischen Modelle kostete. Der Vorteil von Deckensystemen ist, dass keine zusätzliche Fläche im Raum beansprucht wird. Das spielt in Sanitärräumen und bei Treppenliften eine große Rolle und deshalb wurde diese Technik für diese Bereiche weiterentwickelt.

Jahre später brauchte ich den Deckenlift dringend selbst, denn ich musste nach einer Operation mehrere Wochen lang Sitzbäder nehmen. Für meine Pfleger im Krankenhaus war das eine Hei-

denarbeit und für mich eine schmerzhafte Prozedur: Ein Mann
hielt mich unter den Armen, ein zweiter in den Kniekehlen – und
zwar während der gesamten Dauer des Bades. Diese Schinderei
habe ich nicht lange mitgemacht. Zuhause in meinem Büro hatte
ich zu Vorführzwecken einen Musterlift montiert, und der kam
mir nun gerade recht. Wir stellten eine kleine Wanne auf den
Schreibtisch und zum größten Vergnügen meiner kleinen Söhne,
die begeistert beim Navigieren mithalfen, konnte ich die erforderlichen Sitzbäder bequem auf meinem Schreibtisch nehmen.

Eine turbulente Zeit

Trotz kreativer Ideen und technischer Begeisterung: Die erste
Durststrecke der Firma blieb nicht aus. Zwar hatte ich von Anfang
an darauf geachtet, das finanzielle Risiko in tragbaren Grenzen
zu halten und nie den Bodenkontakt zu verlieren. Meine vorab
angestellten Berechnungen wurden in Bezug auf Umsatz und
Einnahmen sogar übertroffen. Aber ich hatte auch die Ausga-
benseite unterschätzt! Am schlimmsten war es nach etwa einem
Jahr, als auch noch die Steuer- und Sozialabgaben voll zu Buche
schlugen. Ohne die eingeplante Sicherheit – solche betriebswirtschaftlichen Vorsichtsmaßnahmen hatte ich zum Glück bei den
Projektkalkulationen der KBF gelernt – hätten wir wie viele andere ernste Probleme bekommen.

Dass eine turbulente Zeit beginnen würde, war uns klar, welch
rasante Entwicklung aber in den nächsten beiden Jahren tatsächlich bevorstand, konnte sich keiner vorstellen. Besonders stressig
war es für Emma, die nach dem plötzlichen Tod meiner Mutter
alle neuen Aufgaben im Haus und in dem großen Garten gleichzeitig und fast ohne Anleitung übernehmen musste. Auch in der
Firma wurde sie ständig gebraucht. Wir kauften einen Mercedes
Kleinbus, in den ich mitsamt meinem Rollstuhl seitlich mit einem

Lift hineingehoben wurde. Das war für mich eine große körperliche Erleichterung, fraß aber ein gewaltiges Loch in unsere ohnehin schmale Haushaltskasse. Denn auch für meinen individuellen Unterstützungsbedarf haben wir keine öffentlichen Zuschüsse erhalten.

Das Firmen-Büro war in den ersten Jahren in unserem Haus. Schnell hatte sich herausgestellt, dass mich die vielen Kundengespräche und die Vorbereitung des Prospektmaterials zeitlich so in Anspruch nahmen, dass die Schreib- und Verwaltungsarbeiten ständig liegenblieben. Ich brauchte dringend jemanden, der mir stundenweise fürs Rechnungen- und Briefeschreiben zur Verfügung stand. Die meisten Frauen wünschten jedoch eine feste Teilzeitarbeit, deshalb wechselten anfangs diese Assistentinnen häufig, bis sich eines Tages Hedwig Reddig aus Mössingen bei mir vorstellte. Sie suchte nach einer Nebentätigkeit, die sie auch von zu Hause aus erledigen konnte. Erst war ich skeptisch, ob sie Kind, Haushalt und meine Arbeitsaufträge auf die Reihe bekommen würde, aber diese Mehrfachbelastungen taten ihrer

Rüdiger Hartwich startklar zur Ausfahrt mit unserem ersten firmeneigenen Kleinbus.

Konzentrationsfähigkeit und ihrem Arbeitstempo keinen Abbruch. Ich gab bei Hedwig das Band mit den Diktaten ab, fuhr ein paar Tage später wieder vorbei und nahm einen Stapel sauber und fehlerfrei getippter Briefe und Rechnungen in Empfang. Ich musste nur noch unterschreiben. Da mir das Schreiben noch nie leicht gefallen ist, hatte ich mir genau das schon immer gewünscht: Eine perfekte Sekretärin, die mir diese ungeliebte Formulierungsarbeit bravourös abnimmt! Ich war begeistert!

LeoBa – Leben ohne Barrieren heißt unsere Firma heute. Damit ist auf den Punkt gebracht, worum es von Anfang an ging: Menschen mit körperlichen Einschränkungen die Barrieren aus dem Weg zu räumen und so zu mehr Lebensqualität zu verhelfen. Wir erweiterten unsere Produktpalette ständig, bis wir schließlich zu unserem heutigen Schwerpunkt mit Treppenliften und Aufzügen kamen.

Unser Sortiment umfasst alle gängigen Systeme und wir können für jede individuelle Situation einen passenden Lift anbieten. Und nicht nur für Menschen mit Behinderungen, ein Großteil unserer Kunden sind heute Senioren. Wir bieten einen Komplettservice aus Beratung, Montage und Wartung, außerdem informieren wir über mögliche Kostenerstattungen und geben Tipps zum barrierefreien Bauen. Ich schreibe diese Sätze mit Stolz, denn wir machen damit in einem umfassenden Sinn Ernst mit dem Anliegen unseres Firmennamens *Leben ohne Barrieren*.

Im Rollstuhl auf und davon
Bericht Hedwig Reddig

Der Willi ist eigentlich kein typischer Chef. Ich meine, wir hatten nie ein Chef-Angestellten-Verhältnis im klassischen Sinn, wir haben uns von Anfang an blind verstanden. Ich wusste, was zu tun war, und er wusste, dass ich's wusste. Besonders schön finde ich, dass er so ein dankbarer Mensch ist. Auch wenn ich bei ihm

Mein erstes Büro unterm Dach. Computerarbeitsplätze waren damals noch unüblich.

angestellt war und bezahlt wurde, er hat sich immer für meine Arbeit bedankt. Ich glaube, ich kenne wenige Menschen, die so hilfsbereit sind wie Emma und Willi. Ende der 90er-Jahre hatten mein Mann und ich einen Flug nach Kanada gebucht, und der Flieger startete mitten in der Nacht in München. Kein Problem, Emma fährt uns mit dem Firmenwagen zum Flughafen. Um kurz vor drei, wir waren irgendwo in der Gegend um Münsingen, blieb der Wagen plötzlich stehen: Motorschaden – was tun? Wie gut, dass Emma den großen Audi mit dem Autotelefon genommen hatte, Handys hatten wir ja noch nicht. Sie rief Willi in Öschingen an und der stieg sofort aus dem Bett, weckte seinen Sohn Simon und machte sich mit ihm auf den Weg. Wenig später sammelten uns die beiden am Straßenrand ein und wir rasten Richtung München. Wir erwischten gerade noch unsere Maschine.

Als die Firma expandierte, habe ich mehr für Willi gearbeitet, ich war, wie man so sagt, seine rechte Hand und habe ihn auch

zu den verschiedenen Rehamessen zum Beispiel nach Karlsruhe
und zur internationalen Rehamesse nach Düsseldorf begleitet.
Das waren für uns wichtige Termine, und Willi war immer darauf
aus, auch ja alles mitzukriegen, was an Neuheiten im Rehabe-
reich auf den Markt gekommen war. Mit seinem Elektrorollstuhl
sauste er durch die langen Messehallen und ich hatte alle Mühe,
zu Fuß überhaupt hinterherzukommen. Mehr als einmal bin ich
plötzlich allein dagestanden; Willi war mit seinem Rollstuhl auf
und davon.

Außer der klassischen Büroarbeit haben wir vieles gemeinsam
gemacht, so zum Beispiel fast alle Broschüren und Präsentations-
mappen für die verschiedenen Geräte selbst erstellt. Vor allem
aber habe ich von Willi gelernt, mich von Schwierigkeiten nicht
runterziehen zu lassen. Ich selbst bin von Kindheit an gehbehin-
dert. Willi ist für mich ein großes Vorbild, da er trotz seiner viel
schwereren Behinderung meistens gut drauf und zufrieden ist.
Dadurch werde ich immer wieder neu motiviert.

Die Zügel weitergeben

2008 habe ich die Firma LeoBa GmbH meinem älteren Sohn
Simon übergeben. Meine letzte Unterschrift nach mehr als
einem Vierteljahrhundert als Firmenchef – sie ist mir leicht gefallen! Vor allem deshalb, weil ich den Schritt gründlich durchdacht
und vorbereitet hatte. Ich sage immer, fürs Führen einer Firma
gilt das Gleiche wie beim Fliegen: Starten und landen sind die
gefährlichsten Phasen. Da kommt es darauf an, dass man verant-
wortungsvoll und sachgerecht, dann aber entschieden handelt.
Und mir war schon länger klar gewesen, dass mich die Leitung
der Firma in absehbarer Zeit körperlich und psychisch überlas-
ten würde. Schon früh zeichnete sich ab, dass Simon meine Begeisterung für Technik und für wirtschaftliche Zusammenhänge
teilte. Er interessierte sich für die technischen Anlagen, die wir

in unserer Firma vertrieben und wusste bestens Bescheid. Stets hatte er viele Fragen und wollte alle möglichen technischen Details wissen. Ich habe seine Wissbegier genossen und ihm, so gut ich konnte, Rede und Antwort gestanden. Auch ich wollte als Kind von den Erwachsenen alles Mögliche wissen und habe ihnen Löcher in den Bauch gefragt. Zum Beispiel meinem Onkel Kurt Süsser, dem Apotheker aus Freudenstadt. Wenn er uns besuchte, begrüßte er mich immer mit den Worten: »Grüß Gott, Herr Ökonom!« Obwohl ich die Bedeutung des Wortes noch nicht kannte, habe ich schon geahnt, was er damit meinte. Auch bei ihm war das betriebswirtschaftliche Denken sehr ausgeprägt. Überhaupt war er seiner Zeit voraus und schon damals ein überzeugter »Grüner«, der mit seinen Ansichten nicht hinterm Berg hielt. Man konnte ihn alles fragen, deshalb dachte ich als Kind, wenn einer studiert hat, dann weiß er alles. Leider musste ich diese Überzeugung korrigieren.

Auch wenn es vielleicht so aussieht, ich habe Simon nicht zu meinem Nachfolger erzogen. Simon wollte diese Rolle ganz offensichtlich gern übernehmen. Unlängst erzählte mir ein Bekannter von einem zufällig mitgehörten Gespräch zwischen Simon und seinem Sohn. Beide waren damals vielleicht acht Jahre alt und dicke Kumpel. Simon verteilte die zukünftigen Rollen: »Du machst dann die Montage und ich bin Chef.«

Unser Sohn Simon bringt als Startkapital in die Firma ein, was ich selbst viele Male schmerzlich vermisst und nur durch zähes und manchmal niederschmetterndes Learning by doing gelernt habe: ein solides betriebswirtschaftliches Studium. Die Bedürfnisse von Menschen mit Behinderungen kennt er durch unser eigenes Familienleben und seine Zivildienstzeit bei der KBF. Nach einer bewusst kurzen Übergangszeit habe ich mich völlig aus dem Tagesgeschäft unserer Firma zurückgezogen. Das war hart, aber ich hatte schon beim Ponyfahren gelernt, dass es nichts taugt, wenn zwei Kutscher am Zügel zerren. Bei jungen Unternehmern,

wie generell bei jungen Menschen, können sich Selbstbewusstsein und Selbstständigkeit nur dann optimal entwickeln, wenn
nicht offen oder verdeckt der »Alte« seine Finger mit im Spiel
hat. Simon hat mir und Emma unseren Anteil ausbezahlt und
leitet und expandiert nun erfolgreich auf eigenes Risiko.

Und das Loslassen? Es klappte besser, als alle es mir zugetraut
hätten, denn ich hatte von Anfang an das beruhigende Gefühl,
dass mein Sohn die Firma engagiert und kaufmännisch versiert
leitet. Ich hatte keine »Bauchschmerzen«, jedenfalls nicht, weil
Simon irgendetwas nicht gut gemacht hätte. Als kopfgesteuerter
Mensch hatte ich bereits Jahre zuvor begonnen, eine Brücke für
diese Kluft danach zu bauen, indem ich Aufgaben und Verpflich-
tungen außerhalb der Firma in Politik und Sozialverbänden übernahm. So konnte ich nach meinem Ausscheiden gar nicht in ein
Loch fallen (oder meiner Frau auf die Nerven), weil ich nach wie
vor gut mit Arbeit eingedeckt war und bis heute bin.

Nicht einfach, der Firma
meinen eigenen Stempel aufzudrücken
Kommentar Simon Rudolf

Ich habe mich schon immer stark mit der Arbeit meines Vaters,
also auch mit der Firma, beschäftigt. Bereits als kleiner Junge
war mir klar, was mein Vater dort macht und welchen wichti-
gen Anteil seine Arbeit daran hat, dass wir jeden Tag zu essen
bekommen. Wenn ich früher mit einkaufen gehen musste, gab
es natürlich auch mit mir das übliche Gequengel am Schokola-
denregal – mit dem einen Unterschied, dass ich mich im Vorfeld
immer erst bei meiner Mutter erkundigte, ob in der Firma auch
alles gut lief. Bestätigte sie dies, dann fand ich, könne sie mir
doch auch eine Lila Pause oder ein Überraschungsei kaufen…

Während der Grundschule wollte ich mal Polizist, mal Kauf-
mann werden, es änderte sich relativ oft. Natürlich hat mein

Vater durchblicken lassen, dass die LeoBa GmbH eventuell eine Option für mich sein könnte. Offen angesprochen hat er das allerdings nicht, vermutlich, weil er mich in meiner Entwicklung so wenig wie möglich beeinflussen wollte. Ich habe an der Fachhochschule in Reutlingen Produktionsmanagement studiert und natürlich war ich wie die meisten meiner Kommilitonen von den großen Namen der Wirtschaftswelt fasziniert. Im Rahmen meines ersten Praxissemesters bei Daimler Chrysler in Mettingen sammelte ich Erfahrungen in einem Großkonzern. Schnell stellte ich fest, dass ich mich dort sehr eingeengt fühlte, denn in einem großen Unternehmen hat man in der Regel einen relativ kleinen, klar abgesteckten Aufgabenbereich. Die Einblicke in das »große Ganze« bleiben leider meist verschlossen und man stößt zwangsläufig an allen Ecken und Enden an seine Zuständigkeitsgrenzen. Nichts für jemanden, der wie ich gerne Neues ausprobiert und es mag, eigene Pläne und Vorhaben in die Tat umzusetzen. Spätestens nach dieser Erfahrung bei Daimler war es für mich klar, dass ich es auf jeden Fall mit der LeoBa GmbH versuchen wollte.

Es war ausgemacht, dass ich nicht lange der Mann hinter meinem Vater sein, sondern sehr schnell die Firma mitsamt der Verantwortung übernehmen würde. Leicht war es anfangs nicht, ich saß im Sommer 2006 noch im finnischen Wald an meiner Diplomarbeit und wusste genau: Sobald ich nach Hause komme, geht der Spaß los. Im August war ich zurück, und es begann eine kurze Übergangsphase an der Seite meines Vaters. Im März 2007, direkt nach meiner Diplomfeier, wurde ich zum Geschäftsführer bestellt. Das Merkwürdige in dieser Situation war, dass ich einerseits die Befürchtung hatte, er würde nicht loslassen können, andererseits hatte ich aber überhaupt nicht das Gefühl, schon alles allein managen zu können. Wie auch immer er es gemacht hat, in meinen Augen war es geschickt. Im Nachhinein kann ich gar nicht sagen, ab wann mein Vater quasi weg war und ich die volle Kontrolle über das Schiff übernommen habe. Ich denke, er hat es bewusst nicht klar abgrenzbar gemacht, damit ich immer das

Gefühl hatte, mit ihm rechnen zu können. Auch heute noch steht er uns beratend zur Seite oder er kümmert er sich um potenzielle Kunden, wenn es um Spezialthemen wie DIN-Normen oder Zuschussmöglichkeiten geht. Ohne ihn wären wir sicher des Öfteren aufgeschmissen.

Es war schwierig, der Firma meinen eigenen Stempel aufzudrücken, denn die Außenwirkung war durch meinen Vater geprägt – er stellte sozusagen die Kühlerfigur des Unternehmens dar. So wäre es sicher auch heute noch, wenn wir gemeinsam bei einer Fachmesse wären. Er würde wesentlich mehr Aufsehen erregen als ich. Außerdem muss er bei Beratungen natürlich nicht viele Worte verlieren, um kompetent zu wirken, da er als Rollstuhlfahrer sozusagen automatisch als Fachmann gilt. Ich habe mir deshalb den kleinen »Trick« angewöhnt, bei meinen Beratungen als Erstes über meinen Vater zu sprechen und zu erzählen, wie die Firma entstand. So kann ich einfließen lassen, wie gut ich den Alltag eines Rollstuhlfahrers aus eigenem Miterleben kenne und komme über den kleinen Umweg sozusagen ans gleiche Ziel.

Mein Bruder hatte nie etwas dagegen, dass ich die Firma übernahm. Er hat wohl keine Sekunde seines Lebens auch nur darüber nachgedacht. Wir sind so verschieden, wie es zwei Brüder nur sein können. Vermutlich kam es deshalb keinem in der Familie in den Sinn, dass Benjamin überhaupt Interesse an der Firma haben könnte.

Benjamins Weg ist nicht so stetig wie der seines älteren Bruders verlaufen. Aber, wie er einmal selbst sagte: »Man kann seinen Weg auf vielerlei Weisen gehen, auch außerhalb und neben den vorgegebenen Strukturen. Wichtig ist doch, dass das Individuum zu einer Persönlichkeit reift«, und das ist auch bei Benjamin ganz offensichtlich.

Ein Vorbild im Meistern:
Bericht Benjamin Rudolf

Wie mein Bruder habe auch ich nicht empfunden, dass bei uns etwas anders war als bei anderen Familien. Klar, konnte man manchmal etwas nicht machen, weil man mit dem Rollstuhl nicht überall hinkam, aber bei anderen Familien ging ja bei Weitem auch nicht alles. Es gab kleine Unterschiede zu anderen Familien. Zum Beispiel empfinde ich es heute noch als penibel, wenn in einem Haus keine Schuhe getragen werden dürfen. Ich hab natürlich Verständnis dafür, aber ich bin in einem Haus aufgewachsen, in dem auch Räder von der Straße hereinkommen durften. Da wäre es übertrieben gewesen, allzu gründlich auf dieser Sitte zu bestehen.

Geschämt habe ich mich für meine Eltern nie. Die Behinderung ist unwichtig. Entscheidender ist der Charakter. Es gibt Fotos, auf denen wir Kinder bei meinem Vater hinten auf dem Rollstuhl stehend mitfahren. Ich finde, diese Bilder zeigen, wie stolz wir auf die Eltern sind.

Manchmal fragt mein Vater, ob unsere Erziehung nicht vielleicht zu locker war. Ich sage ihm dann, dass sie es nicht hätten besser machen können. Ich hatte nie ein Problem, mit einer schlechten Note nach Hause zu kommen, und schlechte Noten kamen in meiner Grundschulzeit durchaus vor. Mein Vater hat als Autodidakt das Gefühl, mit der Schule einen wichtigen Teil der Bildung verpasst zu haben. Aber ich versicherte ihm immer wieder, dass die Bildung, die er durch das Leben erhalten habe, wesentlich mehr wert sei und wie viel ich von ihm gelernt habe. So gehe auch ich eigene Wege und hab mich durch die Bildungssysteme hindurch als Autodidakt empfunden.

Auch seine Faszination für Technik hat sich auf mich übertragen. Früher filmte er immer mit seiner Kamera, wenn ich etwas Neues mit LEGO-Steinen gebaut hatte. Daraus entstand mein ehrgeizigstes Hobby, und meine Filme wurden stets ausgeklü-

Den Tipp unserer Freundin Ursel haben unsere Söhne begeistert
aufgenommen: Mitfahren auf meinem Rollstuhl war stets begehrt.

gelter und professioneller. Da er mich schon früh mit Compu-
tern und Videoschnitt in Berührung brachte, habe ich spielerisch
erlernt, womit ich heute arbeite. Er hatte auch keine Einwände,
als ich die Entscheidung traf, Philosophie und Kunstgeschichte
zu studieren. Vielen Söhnen wäre dieses wirtschaftlich unren-
table Studium ausgeredet worden. Mein Vater fragte zwar immer wieder nach, was man denn damit machen kann, aber da
ich mich parallel zum Studium mit meiner Mediendesign-Firma
Schwabenkopf selbstständig gemacht hatte, vertraute er darauf,
dass ich meinen Weg finden werde. Das Vertrauen hat sich bezahlt gemacht und der Bachelor in Geisteswissenschaften öffnete mir letztendlich über Umwege die Türen zur Filmakademie
Ludwigsburg, was immer mein Traum gewesen war.

Wichtig für meine persönliche Entwicklung war, dass mein
Vater sich aufgrund seiner körperlichen Einschränkungen nicht
über Muskelkraft und Stärke definieren konnte. Er definierte
sich über seine Geisteskraft, seine Toleranz, seinen Witz und seinen Ideenreichtum. Dadurch hat er uns ein ganz anderes Vater-
bild vermittelt. Er spielte mit uns zwar Fußball und wir machten
auch Spazierfahrten, aber er war kein Vater, der seinen Jungs

181

die eigene Sportbegeisterung nahebrachte. Das ist bestimmt ein Grund dafür, dass ich mich nicht für Fußball oder Sport interessiere und darin auch nicht den geringsten Ehrgeiz entwickelt habe. Mein Vater ist keine muskelstarke Vaterfigur. Er ist eine geistig starke Persönlichkeit, und dies hat sich mir als erstrebenswert eingeprägt. Aus seinen körperlichen Defiziten heraus hat er eine ganz individuelle Stärke entwickelt und mit diesen Eigenschaften passt er perfekt in unsere Zeit. In einer vorindustriellen Welt ohne moderne Kommunikationsmittel und Computertechnik, hätte es anders ausgesehen. Aber in einer Zeit, in der sich die gefragte Leistung von den Muskeln in den Kopf verlagert, kann auch er ein Vorbild sein.

Sollte ich einmal Kinder haben und die beklagen sich über die vielen Schwierigkeiten des Lebens, dann werde ich ihnen von ihrem Großvater erzählen, mit welchen Schwierigkeiten der zu kämpfen hatte und welche Energie er immer wieder aufbringen musste, um Rückschläge einzustecken und Hindernisse zu überwinden. Und was er trotz seiner benachteiligten Ausgangssituation alles aufgebaut hat. Neben seiner Energie und seinem kämpferischen Willen, auch schwierigste Lebenssituationen zu meistern, bewundere ich an ihm diese Leichtigkeit. Nicht dass er es sich immer leicht machen würde. Aber wenn etwas im Leben schief läuft, wenn er Misserfolge erleben muss, dann ist da in ihm so eine Leichtigkeit, das Leben eben zu nehmen, wie es ist und ohne zu verbittern einfach weiterzumachen.

POLITISCHE AUFGABEN
UND VISIONEN

Derzeit bin ich Stellvertretender Vorsitzender der *Landesarbeits-gemeinschaft Selbsthilfe chronisch kranker und behinderter Menschen*, ein Dachverband mit etwa 50 Landesorganisationen, der rund 50 000 Menschen mit Behinderungen in Baden-Württemberg vertritt. Außerdem bin ich Vorsitzender des *Landesverbands Selbsthilfe Körperbehinderter Baden-Württemberg* und Vertreter der körperbehinderten Menschen im *Landesbehindertenrat Rehabilitation* im Ministerium für Arbeit und Soziales. Neben meinen kommunalpolitischen Ämtern als Ortschaftsrat, Stadtrat und Kreisrat sowie stellvertretender Ortsvorsteher wurde ich im März 2008 zum Behindertenbeauftragten meines Heimatkreises Tübingen bestellt. Angefangen hat alles mit einem kleinen Schreiben, das ich auf unserem heimischen Küchentisch in Öschingen entdeckte.

Viele neue Ideen

Es war 1973, ganz in meiner Anfangszeit bei der KBF, da fiel mir der Spendenaufruf einer Vereinigung mit dem etwas sonderbaren Namen *Sozialhilfeverein* in die Hände. Ein querschnittsgelähmter ehemaliger Offizier warb für diesen Zusammenschluss, weil er sich von den Verbänden der Kriegsversehrten nicht angemessen vertreten fühlte. Dort nämlich standen die vielen arm- und beinamputierten Menschen im Vordergrund, die schwerer behinderten Rollstuhlfahrer und Querschnittsgelähmten fanden seiner Meinung nach kaum Beachtung.
    Die Ziele, die Eduard Knoll mit dem neuen Verein angehen

wollte, begeisterten mich. An erster Stelle ging es um den Bau rollstuhltauglicher Wohnungen und Einrichtungen für körperbehinderte Menschen. Das war mehr als verständlich, denn Anfang der 70er-Jahre gab es weder Wohnheime noch barrierefreie Wohnanlagen für Rollstuhlfahrer und andere körperbehinderte Menschen. Wer nicht wie ich bei seiner Familie leben konnte oder wollte, für den war ein Altersheim die einzige in Frage kommende Alternative. Logischerweise war die Nachfrage nach barrierefreien Wohneinrichtungen unter den körperbehinderten Menschen in Deutschland riesig, die zur Verfügung stehenden Mittel jedoch gering. Da kam Knoll auf die Idee mit der Pfennighilfe: Spendenwillige konnten sich für Pfennigbeträge Zusatzmarken kaufen, die wie Briefmarken auf Postsendungen geklebt wurden und deren Verkauf den Zielen des Vereins zugute kam. Wenn auch das Geld auf diese Weise nicht strömte, so tröpfelte doch mit den Jahren einiges zusammen und bald entstand in Knolls Wohnort Krautheim die erste Wohneinrichtung für körperbehinderte Menschen. Knoll hatte eine ehemalige Mühle

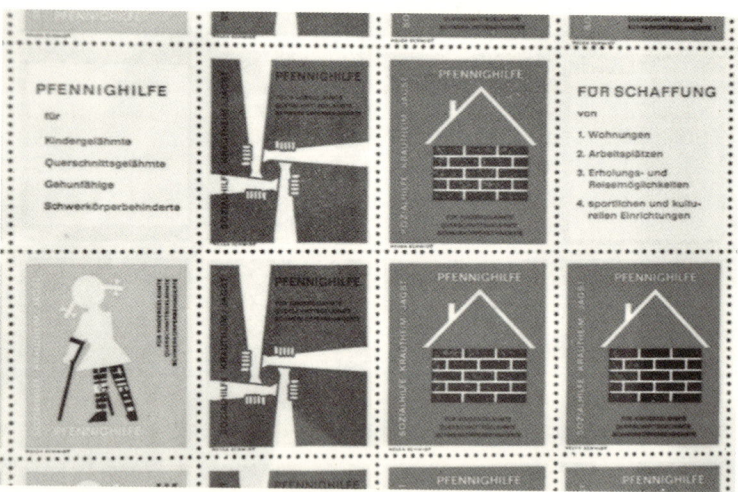

Pfennighilfe für Menschen mit Behinderungen. Wer für die körperbehinderten Menschen spenden wollte, kaufte eine Pfennigmarke und klebte sie neben die Briefmarke.

erstanden und mithilfe der Spendeneinnahmen und dem Einsatz vieler ehrenamtlicher Helfer umbauen lassen. Jahre später lernte ich dieses erste Haus selbst kennen. Ehrlich gesagt, der Charme und die Bescheidenheit des Anfangs waren noch deutlich spürbar. Aber es war ein Anfang – vor allem ein Anfang, der ganz von den Betroffenen selbst nach ihren Bedürfnissen konzipiert worden war.

Auf dem Spendenaufruf stand auch, dass der Verband in ganz Deutschland Ansprechpersonen suchte, um die Betroffenen untereinander zu vernetzen. Ich war Feuer und Flamme und schrieb sofort eine Postkarte an Herrn Knoll. Hier sprachen andere das aus, was ich auch dachte: Wir Menschen mit Behinderung können und müssen unsere Wünsche und Interessen selbst vertreten. Es ist angemessen, behinderte Kinder zu betreuen und fürsorglich zu behandeln. Aber wie oft hatte ich beobachtet, dass diese Kinder, auch wenn sie älter wurden, weiter in der Abhängigkeit von »Fürsprechern« blieben und alles andere als ein selbstständiges und selbstbestimmtes Leben führten.

Kurze Zeit später wurde ich Mitglied im *Sozialhilfeverein*. (Der Name wurde bald in *Bundesverband Selbsthilfe Körperbehinderter e. V.* geändert, als der Begriff Sozialhilfe in das Sozialrecht eingeführt und damit festgelegt worden war.)

Nur wenige Wochen später lud Ruth Schlumberger zur Gründungsveranstaltung der Gruppe Tübingen/Reutlingen ins Hotel Schwanen nach Metzingen ein. Etwa zwanzig körperbehinderte Menschen vom Schwarzwald bis zur Schwäbischen Alb kamen zu diesen ersten Treffen. Wir gründeten eine Regionalgruppe und legten fest, uns einmal im Monat zum Austausch und zu gemeinsamen Aktivitäten zu treffen. Für mich und viele andere war dieser Gedankenaustausch unter Gleichbetroffenen völlig neu. Ich war zwar durch meine Arbeit bei der KBF und meinen großen Öschinger Bekanntenkreis relativ gut integriert, aber ich war eigentlich überall der einzige Behinderte und folglich stets Gegenstand besonderer Aufmerksamkeit. Hier waren wir alle mehr oder weniger gleich und hatten ähnliche Probleme. Und vor allem: Hier konnten wir völlig frei und offen sprechen, man musste nicht erst lange erklären, worum es ging, die anderen verstanden auf Anhieb. Wir waren auch fast alle im gleichen Alter, auch das war für mich etwas Neues, denn die meisten meiner Öschinger Freunde waren entweder deutlich älter oder jünger als ich. Zu Gleichaltrigen hatte immer eine gewisse Distanz bestanden, da meine Entwicklungen im Beruf und im Privatleben nicht zeitgleich mit den Alterskameraden, sondern mit erheblicher zeitlicher Verzögerung stattfanden. Und natürlich konnte ich bei ihren Hobbys, beim Fußball und beim Wandern nie so recht mittun. Viele meiner engsten Freundschaften stammen aus diesen intensiven Anfangsjahren mit der *Selbsthilfe Körperbehinderter*.

Besonders motivierte mich das Vorbild unserer Vorsitzenden Ruth Schlumberger. Obwohl die temperamentvolle Frau in Folge einer Kinderlähmung auf Gehapparat und Rollstuhl angewiesen war, lebte sie selbstständig in einer Wohnung in Reutlingen. Sie hatte ein eigenes Auto und arbeitete als technische Zeichnerin bei der Deutschen Post – damals eines der wenigen Unternehmen, die Menschen mit Behinderungen in größerer Zahl einstellten. In einer Zeit, in der die *Aktion Sorgenkind* zehn Jahre alt wurde und Wim Thoelke mit seiner Fernsehshow *Der große Preis* für mehr Empathie und Hilfsbereitschaft warb, spornte sie uns an, uns als Betroffene selbst für unsere Anliegen stark zu machen und zwar gemeinsam, bundesweit vernetzt und mit dem visionären Ziel einer möglichst vollständigen beruflichen und gesellschaftlichen Integration.

Als geborener Organisator stieg ich voll ins Vereinsgeschehen ein. Meine vielen Beziehungen und tausenderlei Ideen verschafften mir das schöne Gefühl, nützlich zu sein und gebraucht zu werden – neben den vielen neuen Freundschaften eine ganz wichtige Erfahrung! Jahrelang »managte« ich es, dass unsere Monatstreffen in der Kantine der KBF-Schule in Mössingen stattfinden konnten. Das war praktisch, denn das gesamte Gebäude war barrierefrei ausgestattet und freie Parkplätze gab's am Wochenende vor der Schule auch genug. Da wir unseren Kuchen selbst mitbrachten und ich für den Hausmeister einsprang, hatten wir einen äußerst kostengünstigen Treffpunkt. Die anderen Regionalgruppen waren richtig neidisch.

Mein erster Urlaub

Diese Erfolgserlebnisse motivierten mich zu neuen Wagnissen. Ich überwand meine vielen Bedenken und Unsicherheiten und meldete mich für Juni 1974 zu einer von unserem Bundesverband organisierten Freizeit in Pappelau bei Ulm an. Es war nicht nur der erste Urlaub meines Lebens, es war sogar das erste Mal, dass ich im Alter von 30 Jahren – Krankenhausaufenthalte ausgenommen – außerhalb meines elterlichen Hauses übernachtete. Kaum vorstellbar heute, aber das lag natürlich in erster Linie daran, dass meine Mutter nicht gewusst hätte, wo sie eine einigermaßen barrierefreie Unterkunft für mich hätte finden sollen.

Ich hatte also keine Reiseerfahrung, in keinster Weise. Dafür aber jede Menge Fragen: Was nehme ich mit? Was brauche ich, damit ich gut sitzen und liegen kann? Und dann das Essen! Außer, dass ich, wie der Schwabe sagt, recht »schleckig« bin, kommen noch eine ganze Reihe von Lebensmittelunverträglichkeiten hinzu. Bei späteren Reisen habe ich mir deshalb immer einen kleinen Vorrat an Knäckebrot, Malzkaffee und Schokolade eingepackt. Meine größte Sorge aber war, dass in unserem Gästehaus nicht genügend Einzelzimmer vorhanden waren und ich das Zimmer mit Sieglinde, einer jüngeren Cousine meiner Mutter teilen musste. Ausgerechnet ich. Ich habe ja gewiss nichts gegen junge Damen, im Gegenteil. Aber wenn ich

Ausgelassen feiern und Spaß haben: Viele körperbehinderte Menschen lernten dies bei unseren Freizeiten zum ersten Mal kennen.

mich umkleiden will, kann ich nicht blitzschnell in Hemd und Hose schlüpfen, bei mir dauert das ziemlich lange, und eigentlich muss ich dabei Unterstützung haben. Die Vorstellung, dabei den Blicken einer jungen Dame ausgesetzt zu sein, war mir sehr unangenehm und nahm mir fast schon die Vorfreude auf die Freizeit. Sieglinde ging mit der Situation aber so diskret und geschickt um, dass meine Anspannung bald nachließ und ich die Tage ungetrübt genießen konnte. Da Pappelau knapp 50 Kilometer von Öschingen entfernt liegt, konnte ich mit meinem neu erworbenen DAF dorthin fahren. Dennoch waren wir bei unseren Freizeitaktivitäten immer auf die Hilfe nichtbehinderter Menschen angewiesen und jeder versuchte auf Good-will-Basis junge Leute in seinem Bekanntenkreis anzuwerben. Ich hatte wegen meiner Kontakte zu den Zivildienstleistenden und jungen Verwaltungsmitarbeiterinnen bei der KBF die besten Chancen und konnte viele junge Leute motivieren, uns bei Freizeiten und Ausflügen zu begleiten. Dadurch entstanden Freundschaften zwischen den behinderten Teilnehmern und ihren Begleitern, die bis heute andauern.

Später habe ich im schon erwähnten Feriendorf Tieringen bei Balingen selbst viele Wochenenden und Freizeiten organisiert. Für uns junge körperbehinderte Menschen waren das wunderbare Gelegenheiten, außerhalb des Elternhauses und ohne Begleitung von familiären Bezugspersonen unbeschwert ausgelassen zu sein. Zusammen mit unseren ebenfalls jungen Zivildienstleistenden machten wir allerlei Unsinn, wir organisierten Feste und hatten ganze Nächte hindurch Spaß, und viele von uns lernten zum ersten Mal diese Seite des Jugendlebens kennen. Diese Freizeiten waren damals noch etwas ganz Besonderes, allerdings auch nicht billig, da es bei teilweise schwer körperbehinderten Teilnehmern viel zu organisieren gibt und jedes Mal ein ganzer Tross an Begleitpersonen gefunden und instruiert werden muss. Manche Gäste konnten keine eigene Begleitung finden, also mussten Assistenzpersonen separat angeworben und zumindest mit einem Taschengeld entlohnt werden. Wer kein eigenes Einkommen hatte und keine Familie, die mit einer kräftigen Finanzspritze nachhalf, der konnte sich eine solche Freizeit schlicht nicht leisten.

Exkurs: Mit Widerstreben ins Reich der Mitte

Die größte und abenteuerlichste Reise meines Lebens unternahm ich im Frühjahr 1989 wider Willen. Ich reiste mit einer Delegation von Menschen mit und ohne Behinderungen nach China. Unsere Reise fand zeitgleich mit den Studentenunruhen und ganz kurz vor der brutalen Niederschlagung der Aufstände auf dem Platz des Himmlischen Friedens in Peking statt, und wir wurden unmittelbare Zeugen eines bewegenden Ereignisses der jüngeren Geschichte.

Zu dieser Einladung der behinderten Menschen nach China gibt es eine Vorgeschichte: Der damalige Ministerpräsident

Lothar Späth hatte bei einem Besuch im Reich der Mitte erfahren, dass der Sohn des chinesischen Ministerpräsidenten Deng Xiaoping bei politischen Unruhen verletzt worden und seither querschnittsgelähmt war. In diesem Zusammenhang muss Späth wohl eine Menge Gutes über die Rehabilitation behinderter Menschen in Baden-Württemberg berichtet haben. Auf jeden Fall lud Deng Xiaoping daraufhin eine deutsche Delegation von Fachleuten nach China ein, um die dortigen Rehabilitationseinrichtungen zu besichtigen und über vergleichbare Projekte in Deutschland zu berichten. Wie so oft habe ich auch hier bestätigt gefunden, dass es fast immer einen biografischen Anlass braucht, um Menschen für die Probleme von uns Körperbehinderten zu interessieren. Chinas mächtigster Mann hätte wohl kaum besonderes Interesse für die Situation der behinderten Menschen in seinem Land aufgebracht, hätte nicht von einem Tag auf den anderen sein eigener Sohn dazugehört. Aber so litt er als Mensch und Vater mit seinem Sohn und war dadurch auch offen für die Nöte anderer.

Späth beauftragte den *Paritätischen Wohlfahrtsverband*, eine Delegation zusammenzustellen. Da an dieser ersten Reise nur Vorstandsmitglieder und der stellvertretende Geschäftsführer der KBF teilnahmen, kam ein Jahr später eine zweite Einladung aus China. Dieses Mal wollte man Betroffene dabei haben, und da ich zu der Zeit Vorsitzender und Sprecher der Selbsthilfeorganisationen im *Paritätischen Wohlfahrtsverband* war, wurde ich gebeten, im Auftrag der Landesregierung interessierte Menschen mit Behinderungen für eine Informationsreise nach China auszuwählen – und möglichst auch selbst teilzunehmen. Ganz billig war die Reise nicht, denn obwohl wir offiziell eingeladen waren, mussten wir für den Flug, die Unterbringung und sogar für die Assistenzpersonen selbst aufkommen. Am Ende kam dennoch eine ordentliche Delegation von etwa 18 Personen zustande, fast alles Vorstandsmitglieder und Funktionäre der unterschiedlichen Behindertenorganisationen: Dazu gehörten muskelkranke,

In China: Diese größte Reise meines Lebens trat ich erst nach erheblicher Überwindung an.

spastisch behinderte oder an Multipler Sklerose erkrankte Menschen und ihre Betreuer. Gute Kontakte aus dieser Zeit habe ich bis heute zu Prof. Dr. Reinhardt Rüdel, seinerzeit Vorsitzender der *Deutschen Gesellschaft für Muskelkranke*, der immer wieder für Spaß und Erheiterung in unserer Gruppe sorgte.

Zuerst wollte ich gar nicht nach China reisen. Was ich bisher über die hygienischen Zustände und Essensgewohnheiten gehört und gelesen hatte, schreckte mich fürchterlich ab, und die Vorjahresdelegation hatte mit Schauergeschichten über geschlachtete und gebratene Hunde meine sämtlichen Vorurteile bestätigt. Es kommt häufig vor, dass ich etwas nicht vertrage und sofort nach dem Essen unter heftigen Magenbeschwerden und Durchfällen leide. In solch eine Situation wollte ich als rollstuhlfahrendes Mitglied einer offiziellen Delegation in einem fremden Land mit nach unseren Maßstäben primitiven sanitären Einrichtungen keinesfalls kommen. Zumal ich davon ausgehen musste, dass ich so gut wie keine barrierefrei zugänglichen Toiletten vorfinden würde. Außerdem hatte ich seit einiger Zeit einen erhöhten Blutdruck und Beschwerden in der Herzgegend. Mir war klar, dass mir mein Arzt von einer solchen Reise abraten würde.

Um es offiziell zu haben, vereinbarte ich einen Termin beim Kardiologen. Doch welch ein Schreck: »Nach China?«, meinte der Arzt seelenruhig, »Da brauchen Sie keinerlei Bedenken zu haben. Fliegen Sie ruhig, das wird ein unvergessliches Erlebnis. Und falls Sie einen Leibarzt mitnehmen wollen, ich stehe Ihnen gern zur Verfügung…«

Jetzt hatte ich ein Problem: Nämlich kein offizielles Argument mehr gegen die Reise. Was nun? Auch meine Frau »half« mir nicht. Sie fand, die Reise wäre für mich eine interessante Erfahrung und erklärte sich sofort bereit, die Zeit mit unseren noch kleinen Kindern in einem Ferienheim in der Schweiz zu verbringen. Ich fragte also meinen Freund Volker Bäuerle, einen ehemaligen »Zivi«, der mich schon auf vielen Fahrten begleitet hatte und gut Englisch sprach, ob er mir wieder zur Seite stehen könne. Und als auch der hoch erfreut zusagte, gab ich wohl oder übel nach und meldete mich an.

Aus den Medien hatten wir schon vor Reisebeginn gehört, dass wir vor allem in Peking mit erheblichen politischen Unruhen rechnen müssten. Was uns tatsächlich erwarten würde, konnten wir jedoch nicht einschätzen. Wir wussten, dass chinesische Studenten seit Wochen auf dem Platz des Himmlischen Friedens in Peking gegen das Regime demonstrierten und demokratische Reformen forderten. Aber wir hofften, dass unser Besuch davon nicht allzu sehr betroffen sein würde und alles einigermaßen glatt ablaufen könnte. Wir irrten uns.

Schon der Flug strengte mich enorm an. Ich vertrug das ungewohnte Essen nicht und Magen und Darm rebellierten. Volker hatte alle Mühe, mich auf die keineswegs behindertengerechten Toiletten im Flugzeug zu begleiten – für mich war es eine Tortur. Als wir auf dem Internationalen Flughafen in Peking landeten, sahen wir sofort die Maschine des russischen Präsidenten Gorbatschow, dessen offizieller Empfang für den 15. Mai angesagt war. Dieser Anblick beruhigte uns, denn wir gingen davon aus, dass die chinesische Regierung alles tun würde, um ein Eskalieren der Unruhen während des Staatsbesuchs zu vermeiden. Was wir nicht wussten war, dass viele der Studenten, die schon seit Wochen auf dem Platz des Himmlischen Friedens ausharrten, seit dem 12. Mai in einen offiziellen Hungerstreik getreten waren, der in ganz China mit großer Anteilnahme verfolgt wurde.

Wir waren überrascht, mit welchem Aufwand wir empfangen wurden. Mehrere Kleinbusse standen für uns bereit, stets wurden wir von mehreren Dolmetschern und zusätzlichem Hilfspersonal begleitet. Unsere Busfahrer waren sehr elegant gekleidet und versahen ihren Dienst mit weißen Handschuhen. Auch das Hotel, das wir nach einer längeren Busfahrt erreichten, übertraf alle Erwartungen und entsprach im Großen und Ganzen unseren Vorstellungen von Barrierefreiheit.

Uns erwarteten turbulente Tage, vollgepackt mit einem umfangreichen Informations- und Besichtigungsprogramm. Jeden Tag zeigte man uns eine Klinik, ein Behindertenheim oder eine andere soziale Einrichtung, der Rest des Tages war den touristischen Highlights gewidmet. Natürlich bekamen wir ausschließlich Vorzeigeeinrichtungen zu sehen, aber das ist bei uns bei solch einer Tour ja nicht anders. Bei der Besichtigung eines großen Krankenhauses erlebten wir entgegen den Absichten des Protokolls mit, wie die Ärzte und das gesamte Pflegepersonal sich in dem einzigen Zimmer mit Fernsehapparat drängten, um die neuesten Nachrichten von den Demonstrationen und Hungerstreiks auf dem großen Platz zu sehen. Später bekamen wir sogar live mit, wie Verletzte vom Tian'anmen Platz in unser Krankenhaus eingeliefert wurden.

Einmal tauchte bei der Besichtigung einer Palastanlage plötzlich eine große Gruppe von Polizisten in Uniform und sehr gut gekleideten Menschen auf: Frau Raissa Gorbatschow war angekommen und besichtigte ebenfalls den Palast. Auf dem Rückweg kamen wir an ihrer Staatskarosse vorbei. Und während sich die Fahrer und Sicherheitsleute im Schatten der wenigen Bäume langweilten, posierten wir einer nach dem anderen – so auch ich – vor der Prominentenlimousine und knipsten uns gegenseitig.

Die Menschen in China verhielten sich uns behinderten Menschen gegenüber sehr höflich und unkompliziert. Benötigten wir Hilfe, stand immer jemand bereit, dabei drängten sich die Leute aber niemals auf. Ich rede nicht nur von unseren »offiziellen« Helfern! Wenn eine Hilfestellung benötigt wurde, waren Freunde, Nachbarn oder einfach die Umstehenden sofort zur Stelle und packten mit an.

Nach einigen Tagen in Peking stand eine mehrtägige Reise mit dem Zug Richtung Norden auf dem Programm. Besonders in Erinnerung blieben mir die riesigen einsamen Gebiete, in denen die Menschen noch mit primitivsten Mitteln ihre Felder bestellten. Wir wurden in modernen Nachbildungen mongolischer Jurten untergebracht, allerdings mit allem modernen Komfort, inklusive Badewannen und Fernsehgeräten, ausgestattet und ebenfalls »einigermaßen« barrierefrei. Die Mahlzeiten wurden wie in China üblich auch hier an großen runden Tischen eingenommen, an denen etwa acht Gäste Platz fanden. In der Tischmitte stand ein großes Rondell, auf dem die verschiedenen Speisen angerichtet waren. Immer wurden Reis, Nüsse und verschiedene, mir häufig unbekannte Fleischsorten und Gemüse angeboten. Zum Schluss gab es regelmäßig Suppe, eine Art Magenfüller, auf den ich gern verzichtete. Stets habe ich den anderen Gästen beim Essen den Vortritt gelassen, so konnte ich mich wenigstens erkundigen, was nach Einschätzung meiner Mitreisenden auf dem Teller liegen könnte. Meinen Vorkostern sei es gedankt, dass meine Verdauung von größeren Katastrophen verschont geblieben ist. Ganz entgegen meiner Befürchtungen hat mir das chinesische Essen meistens sogar geschmeckt. Zusätzlich zum

Pustefix aus Kilchberg macht auch chinesischen Kindern Spaß:
Hier bei einem Besuch in einem Kinderheim.

Essen standen auch immer reichlich große Flaschen mit chinesischem Bier auf dem Tisch, das den Biertrinkern unserer Gruppe
ebenfalls vorzüglich gemundet hat.

Abends feierten wir ausgelassen in einem großen Gemein-
schaftszelt mit Musik und Tanz. Für mich war das eine der wenigen Gelegenheiten in meinem Leben, wo ich ohne Hemmungen meinen Gefühlen freien Lauf lassen und mich ungezwungen
zur Musik bewegen konnte. Der Gedanke, keine »gute Figur zu
machen« und mich wegen meiner Behinderung blamieren zu
können, war so weit weg, dass ich sehr gern an diesen Abend
zurückdenke.

Am nächsten Morgen um sechs Uhr war die fröhliche Stimmung vorbei. Eine Lautsprecherdurchsage in chinesischer Sprache riss uns aus dem Schlaf. Wir begriffen, dass etwas Drama-
tisches vorgefallen sein musste. Beim Frühstück im Speisezelt
teilte uns die leitende Dolmetscherin mit ernster Miene mit, dass
sich China seit der vorigen Nacht im Ausnahmezustand befände.
Sie nannte das eine »Sonderzeit« und erklärte uns die verschiedenen, ab sofort geltenden Einschränkungen, an die wir uns

unbedingt halten sollten. Insbesondere sei es streng verboten, irgendwelche Menschenansammlungen oder Demonstrationen zu fotografieren! In gedrückter Stimmung traten wir die Rückreise an, doch im Zug waren wir wieder in einer anderen Welt. Wir saßen in luxuriösen Abteilen an kleinen Tischchen und verkürzten uns die lange Fahrt mit chinesischem grünem Tee. In der Hauptstadt allerdings regierte das Chaos. Auf der Rückfahrt zum Hotel mussten wir den Platz des Himmlischen Friedens queren. Hunderttausende Studenten und andere Bürger Pekings demonstrierten dort noch immer. Sie hatten weiße Bänder um den Kopf gebunden und hielten viele Transparente hoch. Im Gegensatz zu Studentenprotesten, die ich in Deutschland gesehen hatte, machten die jungen Leute hier einen friedlichen und ruhigen, aber enttäuschten Eindruck. Unser Chauffeur schrie und gestikulierte aus dem Fenster und verteilte immer wieder Geldscheine an die Umstehenden. Wie das biblische Rote Meer so teilte sich mit einem Mal das Menschenmeer auf dem Platz des Himmlischen Friedens und unser Bus erreichte ohne Zwischenfall das Hotel.

Am folgenden Tag waren wir sehr erleichtert, als wir endlich mit unseren Koffern am Flughafen standen und das Einchecken begann. Einige aus unserer Gruppe waren bereits durch die Absperrungen durch, da dröhnten plötzlich die allgegenwärtigen Lautsprecher wieder los. Wegen der eskalierenden Unruhen gelte ab sofort ein generelles Startverbot für alle Maschinen. Unsere bislang eher unterschwellige Unruhe schlug in Angst um. Was würde nun geschehen? Wo sollten wir überhaupt hin, unser Hotel war sicher schon wieder belegt? Kurze Zeit später kam von wer weiß wo die Parole, vor dem Flughafen wären Busse für uns bereitgestellt, und wir sollten umgehend dort einsteigen. In all den Wochen war unsere Gruppe mit all den Rollstühlen und dem Gepäck noch nie so schnell »verladen« worden. Kaum saß der Letzte, gab der Fahrer Gas und in strammer Fahrt ging's aufs Land. Wir hatten keine Ahnung, wo wir hingebracht wurden.

Wie aus dem Nichts tauchte nach längerer Fahrt plötzlich ein gigantisches Hotel mitten in der Landschaft vor uns auf. Vor diesem Hotelpalast wurden wir ausgeladen und in luxuriösen Zimmern untergebracht. Alle Hotelangestellten flitzten, um uns den ungeplanten Aufenthalt so angenehm wie möglich zu machen, und selbstverständlich durften wir alle auf Kosten des Hauses unsere Angehörigen in Deutschland anrufen und über die Verspätung aufgrund des politischen Ausnahmezustands informieren. Am folgenden Tag sind wir dann ohne weitere Verzögerung zum Flughafen gebracht und ausgeflogen worden.

Wir erregten häufig Aufsehen
Kommentar Prof. Dr. Dr. h.c. Reinhardt Rüdel

Als Vertreter der Deutschen Gesellschaft für Muskelkranke nahm ich an der Reisedelegation nach China im Frühjahr 1989 teil. Wir hatten ein abwechslungsreiches Besichtigungsprogramm, nur die berühmte Verbotene Stadt blieb für uns leider in der Tat verboten. Bei Sonnenuntergang standen wir vor dem Eingang, wurden aber nicht eingelassen, weil dort, wie wir später erfuhren, bereits auswärtige Soldaten stationiert waren, die wegen der Demonstrationen auf dem Platz des Himmlischen Friedens angefordert worden waren.

Als Gruppe von Menschen mit Behinderungen erregten wir häufig Aufsehen. Aufschlussreich war für mich der Besuch eines Parks, in dem wir zu einem berühmten großen steinernen Schiff gingen, beziehungsweise in den Rollstühlen dorthin geschoben wurden. Zurück fuhren wir dann mit einem Boot. Beim Besteigen des Bootes entstand durch die anderen Fahrgäste, die zuvor noch unsere Rollstühle bestaunt hatten, ein fürchterliches Gedränge. Kein Chinese wollte auf uns Rücksicht nehmen und unsere chinesischen Helfer mussten recht massiv werden, um uns Platz zu verschaffen. Ein anderes Mal aßen wir in einem

Restaurant zu Mittag, in dem hinter einer spanischen Wand eine Hochzeitsgesellschaft tafelte. Nach dem Essen kam das Brautpaar auf uns zu und wollte mit uns fotografiert werden. Ähnlich erging es uns bei der Großen Mauer. Auch dort baten viele chinesische Touristen darum, mit uns fotografiert werden zu dürfen. Beim Überwinden der vielen Stufen half uns hingegen keiner von ihnen.

Einmal besichtigten wir nach einer langen Busfahrt ins Landesinnere ein fürchterlich dreckiges Landkrankenhaus. Dort wurden wir Zeugen einer merkwürdigen Prozedur, als einem Patienten ein magisches Papierröllchen auf einer Körperstelle verbrannt wurde. Die Ärzte boten an, bei uns zum Kennenlernen probeweise eine Akupunktur durchzuführen. Sie wollten dazu sogar extra in unser Hotel kommen. Einige aus unserer Gruppe gingen tatsächlich auf dieses Angebot ein und ich konnte Andrea, meine damalige Frau, gerade noch von der ekligen Prozedur abhalten, den vereinbarten Preis musste sie aber trotzdem bezahlen.

Ein Traum wird wahr – das barrierefreie Haus

So engagiert ich mich auf politischem Terrain für Selbstständigkeit und Abschaffung von Barrieren einsetzte, so sehr wünschte ich mir das auch in meinem privaten Umfeld. Wie oft war ich in meiner Kindheit über Schwellen gestolpert oder auf Treppen ausgerutscht! Im Jahr 1978 war es dann so weit, unser altes Haus war zum Abriss freigegeben worden und der Neubau konnte in Angriff genommen werden. Wochen vorher schon hatte die Ahne angekündigt, dass sie diesen Anblick nicht ertragen könne und für den Tag zu ihrer Nichte nach Tübingen fahren werde. Als es aber los ging, stand sie natürlich in der ersten Reihe, damit sie den Abbruch genau verfolgen konnte und brachte den schwer schuftenden Männern anschließend Vesper und kalte Getränke.

Diese Entscheidung hat uns allen weh getan, doch es war aus baulichen Gründen nicht möglich gewesen, das Haus an meine Bedürfnisse anzupassen. Wir hatten während meiner Kindheit ständig Handwerker im Haus gehabt, die irgendetwas veränderten, selbst den riesigen Granitspülstein in der Küche hatten sie herausgerissen und durch eine moderne Edelstahl-Spüle mit Unterbau-Badewanne für mich ersetzt. Aber alles Verändern und Anpassen blieb Stückwerk, denn das Hauptproblem konnte nicht beseitigt werden: Im gesamten Haus waren zwischen den Räumen 15 bis 20 Zentimeter hohe Schwellen eingezogen, die man keinesfalls entfernen durfte, weil sie für die Statik des Hauses erforderlich waren. Ein Rollstuhl hätte mir in diesem Haus also wenig genützt, weil ich nicht von einem Raum in den anderen gekommen wäre. Auch mit Krücken ging es kaum besser, die Schwellen waren für mich einfach zu gefährlich. Die steilen Stiegen hat mich meine Mutter jahrelang hinauf- und hinuntergetragen, doch irgendwann machte ihr Rücken einfach nicht mehr

Schweren Herzens entschieden wir uns zum Abbruch meines elterlichen Hauses. Deutlich zu erkennen meine diversen »Fenster zur Welt«.

mit und wir freundeten uns mit dem Gedanken an einen Neubau an.

Als man mir bei der KBF eine volle Stelle und eine schöne Gehaltserhöhung genehmigte, beschloss ich, meine lang gehegten und mehrfach verschobenen Pläne eines barrierefreien Hauses in die Tat umzusetzen. Da ich inzwischen einiges angespart und einen zusätzlichen Bauplatz geerbt hatte, sprach ich meinen Chef, Hans-Georg Döbereiner, eines Tages »in privater Sache« an! Der Meister der Zahlen, der bei all seinem dominanten Auftreten auch sehr menschlich fürsorgliche Züge hatte, setzte sich mit mir zusammen und hatte in wenigen Minuten die Finanzierung meines Traumes auf einem DIN-A4-Blatt zusammengestellt: »Herr Rudolf, das reicht. Sie können bauen.« Aber knapp würde es werden, denn die Mehrkosten für die rollstuhlgerechte Ausstattung trieben die Kosten noch einmal um etwa ein Drittel in die Höhe.

Nun kam der spannende Teil, nämlich die konkrete Planung eines barrierefreien Neubaus. Tipps und Ratschläge einer erfahrenen Hausfrau steuerte meine Mutter bei. Meine Devise war: Keine Stufe zwischen Büroschreibtisch und Bett. Wichtig war mir außerdem, dass ich künftig nicht mehr mit dem Rollstuhl durch Schnee oder Regen vom Auto ins Haus müsste. Deshalb plante ich von der Garage einen überdachten Zugang ins Wohnhaus.

Barrierefreiheit bedeutet bei einem Wohnhaus aber mehr als nur das Weglassen von Treppenstufen und möglichen Stolperschwellen. Ich wollte möglichst großzügige Wohnräume mit viel Bewegungsfreiraum, das ist für Rollstuhlfahrer optimal. Schmale Gänge und viele Türen hingegen sind extrem unpraktisch und außerdem Raumverschwendung. Wichtig ist auch, dass die Bodenbeläge leicht zu reinigen sind, denn, wie mein Sohn Benjamin erwähnte, ein Rollstuhl bringt unweigerlich »Dreck« ins Haus und ein heikler Teppichboden wäre schnell unansehnlich.

Für einen Rollstuhl darf der Rollwiderstand am Boden nicht zu groß sein, bei einem zu glatten Boden hingegen besteht für Menschen mit Krücken Sturzgefahr. Hier sind wirklich viele verschiedene Aspekte zu berücksichtigen und es ist gut, wenn man sich für diese Planungsphase viel Zeit nimmt und auch an die Zukunft denkt.

So überlegte ich mir, dass ich später vielleicht einmal mehr Pflege bräuchte, als meine Familie selbst leisten könnte. Ich würde also eventuell vorübergehend oder dauerhaft eine Pflegeperson in meinem Haus aufnehmen müssen. Deshalb plante ich ein zusätzliches Zimmer mit kleinem WC außerhalb der eigentlichen Wohnung ein, das ich vorläufig als Büro nutzen wollte. Diese Idee hat mittlerweile Schule gemacht und wird bei zahlreichen Wohnungsneubauten für Menschen mit Behinderungen genau so umgesetzt.

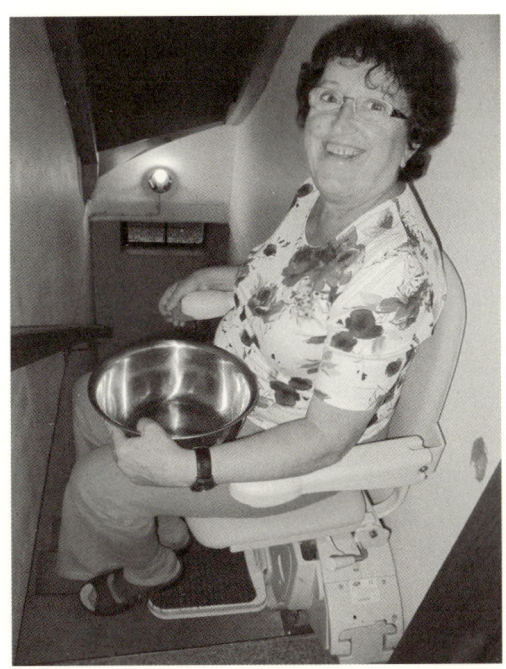

Heute führt in unserem Haus sogar ein LeoBa-Lift in den Keller: Eine seniorenfreundliche Lösung, wenn das Treppensteigen nicht mehr so leicht fällt.

In der Küche war mir wichtig, dass ein ausreichender Radius zwischen den beiden Küchenzeilen eingehalten wird und die Arbeitsplatte mit dem Rollstuhl unterfahrbar ist. Mit Blick in den Garten! Kühlschrank, Backofentür, Spülmaschine: Alles muss so eingebaut werden, dass die Griffe vom Rollstuhl aus bequem zu erreichen sind. Meine Mutter beriet mich, in welcher Reihenfolge Spülbecken, Herd und Spülmaschine eingebaut werden müssen, um unnötige Wege zu vermeiden. Um überhaupt möglichst wenig rangieren zu müssen, ließ ich die Wand zwischen Küche und Esszimmer weg und ersetzte sie durch einen multifunktionalen Raumteiler mit Durchgangstür. Bei meinen späteren Beratungen für barrierefreies Bauen konnte ich all diese Überlegungen und Ideen noch viele Male zum Nutzen anderer einbringen. Ich weiß genau, worum es geht, denn ich habe die meisten Gedanken selbst durchgespielt und fast alle denkbaren Situationen erlebt.

Ich hatte mich für ein Fertighaus entschieden und extra im Kaufvertrag festgehalten, dass das gesamte Gebäude rollstuhlgerecht zu sein hat und alle Türen eine Breite von 90 Zentimetern haben müssen. Kaum stand der Rohbau, bemerkte meine Mutter, unsere »heimliche Bauaufsicht«, dass die Tür der Gästetoilette nicht diesen Maßen entsprach. Der Bauleiter wollte sich herausreden, dass für die Gäste doch eine normale Breite ausreichen müsse. Ich wurde deutlich, schließlich müsse ich als Hausherr doch die Möglichkeit haben, auch dieses WC zu nutzen und ganz sicher würde ich auch rollstuhlfahrende Gäste bekommen. Nach einigen Minuten hitziger Debatte holte der Bauleiter eine schwere Motorsäge und sägte die Türöffnung auf das gewünschte Maß. In den vergangenen Jahrzehnten hat sich dies unzählige Male gelohnt!

Viel später stellte sich übrigens heraus, dass unser altes Bauernhaus unter Denkmalschutz stand und eigentlich gar nicht hätte abgerissen werden dürfen. Doch dieser Umstand ist damals völlig untergegangen und erst wieder aufgetaucht, als das Gebäude schon abgetragen war. Zu meinem Glück eindeutig zu spät.

Mitreden, wo die Entscheidungen fallen

Die positiven Erlebnisse im Beruf, im Privatleben und bei meiner sozialpolitischen Arbeit vor Ort machten mir Lust, meine Ideen und Erfahrungen auch auf überregionaler politischer Ebene einzubringen. Kurt Junior vom *Bundesverband der Selbsthilfe Körperbehinderter* hatte mich gebeten, für den Vorstand zu kandidieren, da man sich viel von meinen langjährigen Erfahrungen als Mitarbeiter bei der KBF versprach – in erster Linie natürlich im Hinblick auf die Finanzierung von Projekten und die Spendenakquise. Ich sagte zu, doch ich stellte rasch fest, dass die Unterstützung von erwachsenen Menschen mit Behinderungen ungleich schwieriger zu finanzieren ist als die von Jugendlichen. Den meisten Menschen sitzt der Geldbeutel eindeutig lockerer, wenn es um Kinder geht und es ist viel einfacher, für solche Projekte Spenden einzuwerben oder Sponsoren zu finden.

Da viele für behinderte Menschen wichtige Entscheidungen auf Landesebene getroffen werden, drängte ich darauf, dass sich die Regionalgruppen zu einem *Baden-Württembergischen Landesverband der Selbsthilfe Körperbehinderter* zusammenschlossen, um dadurch mehr politisches Gewicht zu erhalten. Mitreden, wo die Entscheidungen fallen – das war und ist bis heute mein Motto. Da wir als Verband Mitglied in der *Fachgruppe Selbsthilfe des Paritätischen Wohlfahrtsverbandes* waren und ich viele Jahre dort den Vorsitz inne hatte, konnte ich mehrmals die Hauptrede beim Tag der Menschen mit Behinderungen im Landtag halten. Eine großartige Plattform, um unseren Themen Gehör zu verschaffen. Die erste Veranstaltung fand im Januar 1995 in Stuttgart statt. Natürlich bewirkten die Diskussionen mit den Fraktionen keine grundlegenden Änderungen der Behindertenpolitik des Landes, aber es gab Schritte in die richtige Richtung, zum Beispiel wurde die Neufassung der Landesbauordnung in Angriff genommen. 20 Jahre lang hatten die Behindertenverbände darum gekämpft, dass »Barrierefreiheit zum Wohl aller Menschen mit Behinderungen« darin aufgenommen würde, im August 1995 wurde die Landesbauordnung endlich um den § 39 »Barrierefreie Anlagen« ergänzt.

Barrierefreiheit war mir aus eigener Betroffenheit ein ganz besonderes Anliegen, deshalb habe ich mit viel Engagement in den folgenden Jahren an den Richtlinien für Barrierefreies Bauen in öffentlichen Gebäuden und Einrichtungen mitgearbeitet. Hier war die Zusammenarbeit mit den anderen Organisationen wie dem *Landesverband für Körper- und Mehrfachbehinderte* oder dem *Dachverband Integratives Planen und Bauen (DIPB)* sehr wichtig, da unterschiedliche Nutzergruppen verschiedene Anforderungen an Barrierefreiheit stellen. So bin ich als Rollstuhlfahrer darauf angewiesen, dass Übergänge möglichst eben verlaufen, für blinde Menschen ist jedoch eine mit dem Stock tastbare minimale Erhebung erforderlich. Ein für beide tragbarer Kompromiss ist nun eben in der DIN und den Richtlinien für Barrierefreies Bauen verankert. Entscheidende Impulse gingen von der im Jahr 2008 verstorbenen Mitbegründerin des *Dachverbands Integratives Planen und Bauen (DIPB)* Dr. Ursula Broermann aus, mit der ich auch persönlich befreundet war.

Wie bei jedem Gesetz gab es auch bei der Landesbauordnung zunächst eine Anhörung im Landtag. Als Sprecher der *Selbsthilfe behinderter Menschen* hatte ich gemeinsam mit den Vertretern der Architektenkammer und anderer Fachverbände ein Statement abzugeben und wurde nach meinen wortgewaltigen Vorrednern angekündigt. Doch das Rednerpult blieb leer und das Mikrofon wurde nicht benutzt. Ich als Einziger musste meine Rede ohne akustische Verstärkung von den hinteren Rängen aus halten. Die Sitzreihen im Plenarsaal verengen sich nämlich nach vorne zu so stark, dass ich mit meinem Rollstuhl zwischen den Reihen steckengeblieben bin. Eine peinliche Situation, die mir die passenden Stichworte für meinen Einstieg in die Rede lieferte:

Eine großartige politische Plattform für unsere Anliegen: Eröffnungsrede beim Tag der Menschen mit Behinderungen im Stuttgarter Landtag.

Barrieren sind für Menschen mit Behinderungen allgegenwärtig, selbst wenn sie sich als betroffene Bürger im Auftrag ihrer Landesregierung zu Wort melden. So viel Aufmerksamkeit hätte ich vom vorgesehenen Ort aus bestimmt nicht bekommen!

Übrigens kann man sich auch auf das Etikett »barrierefrei« nicht unbedingt verlassen. Im Sommer 1984 hatte ich mit meiner jungen Frau Emma und unserem Sohn Simon ein paar Urlaubstage in einem angeblich rollstuhlgerechten und barrierefreien Feriendorf in der Nähe von Bayreuth verbracht. Emma wollte sich ein wenig ausruhen, und ich schob in Hochstimmung mit meinem Elektrorollstuhl meinen Sohn im Kinderwagen durch das Feriendorf. Irgendwann bekam der Junge Hunger und fing an zu schreien. Also beendete ich die Rundfahrt und kehrte zu unserem Ferienhaus zurück. Als ich den Kinderwagen die Zufahrt zum Haus hinaufschieben wollte, stellte ich mit einem Riesenschreck fest, dass die Rampe viel zu steil und vor allem zu schmal war. Ich brüllte voller Panik nach meiner Frau, die dann erst den Wagen mit dem Baby und anschließend mich mit dem Rollstuhl sicherte und ins Haus schob.

Exkurs: In Sachen Bioethik-Konvention bei Dr. Rita Süssmuth

Im Dezember 1995 machte ich mich sogar auf den Weg nach Bonn. Als Vorsitzender des *Baden-Württembergischen Landesverbands Selbsthilfe Körperbehinderter* und Sprecher der Fachgruppe im *Paritätischen Wohlfahrtsverband* war ich zum Europäischen Tag der Menschen mit Behinderungen nach Bonn geladen und wollte diese Gelegenheit nutzen, um der Bundestagspräsidentin Dr. Rita Süssmuth ein Protestschreiben der Behindertengruppen gegen die anstehende Unterzeichnung der Bioethik-Konvention des Europarats persönlich zu überreichen. Durch meinen Auftritt als offensichtlich selbst schwerbehinderter Mensch versprach ich mir bei den politischen Entscheidungsträgern im Bundestag besondere Aufmerksamkeit für unser Anliegen. Bei mir trug ich eine Liste mit Unterschriften von behin-

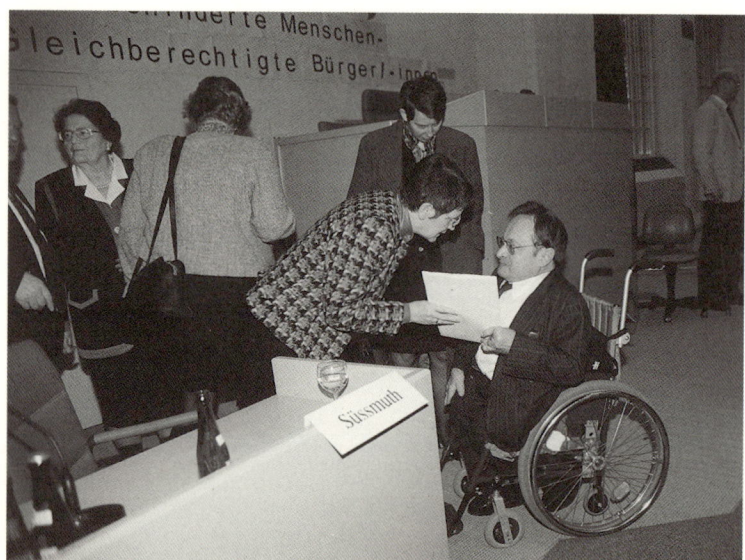

Ich überreiche die Unterschriftenliste gegen die geplante Bioethik-Konvention. Dr. Rita Süssmuth war unseren Bedenken gegenüber aufgeschlossen.

derten Menschen aus verschiedenen Verbänden und politischen Parteien, die ich in den vergangenen Monaten eigenhändig bei Tagungen und Veranstaltungen gesammelt hatte.

Die Bioethik-Konvention enthielt einige aus unserer Sicht fragwürdige Punkte, besonders bedenklich aber fanden wir, dass sie es erlauben würde, dass an nicht einwilligungsfähigen Menschen wie Neugeborenen, Kindern, geistig Behinderten, Dementen oder Komapatienten zum Nutzen anderer Personen geforscht werden darf, wobei das »Forschungsziel« vage und das »minimale Risiko« wenig definiert bleiben (Artikel 17.2) und auch deren Angehörige nicht befragt werden müssen.

Ich selbst sah mich nicht bedroht. Aber ich befürchte, dass so ein Abkommen das Risiko für behinderte Menschen vergrößern könnte, wieder für Versuche und medizinische Experimente missbraucht zu werden. Jegliche Entwicklung in diese Richtung muss im Ansatz unterbunden werden. Aus diesem Grund wollte ich Dr. Süssmuth die Unterschriftenliste nicht nur in die Hand drücken, sondern meine Bedenken gern persönlich äußern. Ich war sehr aufgeregt, ob es mir gelingen würde, an die Präsidentin des Bundestags »heranzukommen«. Da ich mich strategisch günstig platziert hatte, gelang mir das gegen Ende der Veranstaltung tatsächlich und es hat mich gefreut, dass Frau Süssmuth mich nicht mit ein paar Sätzen abfertigte, sondern in einem kurzen, aber intensiven Gespräch zeigte, dass sie sich mit unseren Argumenten bereits auseinandergesetzt hatte und unsere Bedenken durchaus nachvollziehen konnte.

Natürlich war diese Aktion für mich wieder mit erheblichen organisatorischen Vorbereitungen verbunden und ich war sehr froh gewesen, dass mein damals zwölfjähriger Sohn Simon mich begleitete, um mir die notwendigen Hilfestellungen zu leisten. Wie immer bei Bahnfahrten musste ich mich als Rollstuhlfahrer bereits Tage vorher anmelden und alle Umsteigebahnhöfe informieren, damit entsprechende Hubwagen zur Verfügung standen. In Bonn herrschte das Chaos. Das Bahnhofspersonal war auf die vielen behinderten Menschen, die alle gleichzeitig zur Veranstaltung im *Wasserwerk* wollten, nicht vorbereitet. Zum Veranstaltungssaal wollte ich ein Taxi nehmen. Deshalb hatte ich auf meinen bequemen Elektrorollstuhl verzichtet und war mit meinem leichten Klapprolli unterwegs, der problemlos in einen Kofferraum gepasst hätte. Aber den Taxifahrern war das Einladen zu mühsam, deshalb sagte man uns:»Wir dürfen Sie nicht befördern, bei uns in Bonn gibt es Spezialtaxis für Rollstuhlfahrer.« Wir mussten endlos warten, denn dieses Fahrzeug war am Tag der Menschen mit Behinderungen natürlich heillos überlastet. Das»Spezialtaxi« entpuppte sich dann als simpler VW-Kleinbus, bei man die mittlere Sitzbank entfernt hatte. Ohne jegliche Befestigung oder gar Sicherung musste ich mich mit meinem Rollstuhl auf die freie Fläche stellen und los ging die Fahrt. Ich wusste natürlich, dass dies verboten ist, doch der Taxifahrer versicherte mir, dies sei in Bonn so üblich.

Recht auf Bildung für alle

Beim nächsten Tag der Menschen mit Behinderungen im Landtag, 1998, konnte ich bereits ein kleines Resümee über Erreichtes und noch Anzustrebendes ziehen. Unter anderem wies ich dabei auf die langjährige Forderung der Behindertenverbände hin, dass»wenn Eltern und Kinder es wünschen, ein Rechtsanspruch auf Integration in Kindergarten und Schule gewährleistet sein muss.«

Es sollte noch einmal mehr als zehn Jahre dauern, bis im März 2009 die UN-Konvention über die Rechte von Menschen mit Behinderungen für Deutschland verbindlich wurde – und damit endlich auch dieser Anspruch. Wenn irgend möglich, heißt es, sollen behinderte und nicht behinderte Kinder gemeinsam in eine Klasse gehen. Der damalige Kultusminister Helmut Rau richtete einen breit aufgestellten Expertenrat ein, dem ich für die *LAG Selbsthilfe* angehöre.

Zu Beginn der ersten Sitzung, zu der ich als einziger selbst Betroffener eingeladen worden war, habe ich Minister Rau eine Kopie meines Abschlusszeugnisses nach Klasse 5 übergeben und damit meine dringende Forderung, dass das Recht auf Bildung in Zukunft für kein Kind in Deutschland mehr in Frage gestellt werden darf. Am eigenen Leib habe ich erfahren, welch ein Nachteil vorenthaltene Bildung im Leben eines Menschen bedeutet. Allerdings bin ich der Meinung, dass wir derzeit auf Sonderschulen noch nicht verzichten können, damit wir den Kindern, die aus irgendwelchen Gründen eine Sonderschule benötigen, ein entsprechendes Angebot bieten können. Wichtig ist, dass die Eltern über die Schulform entscheiden dürfen und das Wohl des Kindes im Vordergrund steht, was unter Umständen nicht immer einfach zu bewerten ist und am besten in einem vertrauensvollen Dialog mit Fachleuten herausgefunden werden kann.

Kandidieren, ja, aber auf welcher Seite?

Ich war schon eine ganze Weile in sozialpolitischen Vereinen und Verbänden für Menschen mit Behinderungen aktiv, da wagte ich auch noch den Sprung in die Kommunalpolitik. Mein Chef Döbereiner hatte immer wieder empfohlen, dass Menschen mit Behinderungen sich auch in politische Ämter wählen lassen sollten, um dann in den entscheidenden Gremien vertreten zu sein und ihre Anliegen selbst vorantreiben zu können. Besonders galt das seiner Meinung nach für die Kommunalpolitik. Entscheidungen, die dort getroffen werden, prägen das Bild einer Gemeinde für viele Jahre und beeinflussen die Lebensqualität aller, also auch der behinderten Bürgerinnen und Bürger.

Wie ich zu meinen neuen Ämtern kam, ist eine lustige Geschichte: Ich saß gerade über den Zahlen für den Rechnungsabschluss 1978 der KBF, da klopfte es an meine Bürotür. Dr. Dieter Schmidt, Universitätsdozent für Neuere Deutsche Literatur in Tübingen und Sprecher der SPD-Fraktion im Mössinger Gemeinderat, wollte mich gern in einer privaten Angelegenheit sprechen: »Herr Rudolf, Sie sind ja in Öschingen ein bekannter Mann und vertreten Ihre und die Interessen anderer Menschen mit Behinderungen energisch und mit Erfolg. Könnten Sie sich vorstellen, bei der nächsten Kommunalwahl auf der SPD-Liste für den Öschinger Ortschaftsrat und den Gemeinderat in Mössingen zu kandidieren?«

Damit hätte ich zuletzt gerechnet. Ich war völlig überrascht und fühlte mich natürlich auch geehrt, dass die Mössinger SPD-Mitglieder mir so viel Vertrauen entgegenbrachten und solch eine Tätigkeit zutrauten. Selbstverständlich sagte ich nicht sofort zu, sondern bat mir Bedenkzeit aus. Ziemlich aufgekratzt setzte ich mich ins Auto und fuhr wie üblich zum Mittagessen nach Hause. Obwohl mir die aufregende Neuigkeit gar nicht aus dem Kopf wollte, zögerte ich, meiner Mutter gleich vom Gespräch mit Dr. Schmidt zu berichten und schwieg vor mich hin. Sie jedoch, während sie den Eintopf auf unsere Teller verteilte, erwähnte beiläufig: »Heut morgen war der Wilhelm da, der wollte mit dem Willi reden.«

»Welcher denn?«, fragte ich, denn Wilhelm gab es in Öschingen viele. »Der Merk Wilhelm«, ergänzte meine Mutter, »der Neffe von der Glaser-Ahne.«

Wilhelm Merk, von dem mein Konfirmationsanzug stammte, war der Sohn eines Bruders von Großmutter Marie väterlicherseits. Er hatte sich nach dem Krieg mit einer Hemdenschneiderei selbstständig gemacht und den Betrieb im Lauf der Zeit zu einer gut gehenden Fabrik mit Sitz in Öschingen ausgebaut. Seit Jahren schon engagierte er sich für kommunalpolitische Belange und saß für die CDU-Fraktion im Kreistag und Gemeinderat. Irgendwie schwante mir schon etwas und ich fragte, was der Wilhelm denn von mir gewollte habe.

»Das hat er nicht gesagt, du sollst ihn zurückrufen.« Obwohl ich eigentlich wieder zurück ins Büro wollte, war ich neugierig und rief noch schnell bei Merks an. Wilhelm rückte gleich mit seinem Anliegen heraus:

»Willi, du musst bei den nächsten Kommunalwahlen auf der CDU-Liste kandidieren!«

Ich musste tief Luft holen, traute mich aber nicht, ihm spontan von der gleichlautenden Anfrage der SPD-Fraktion nur wenige Stunden zuvor zu berichten. Natürlich erwiderte ich auch ihm, dass ich mir das erst überlegen müsste. Solche Bedenken hörte der Wilhelm aber nicht gern. Das sei doch selbstverständlich, dass man sich für seine Gemeinde auch auf politischer Ebene einsetzen müsse. Außerdem hielte er mich für sehr geeignet. Ich merkte schon, so einfach ließ sich das jetzt nicht regeln. Ich bestand auf meiner Bedenkzeit und Wilhelm bestand seinerseits darauf, mir die Sache noch einmal »in Ruhe« auseinandersetzen zu dürfen.

Nun hatte ich ein Problem, genauer gesagt, ich hatte zwei. Sollte ich überhaupt für den Gemeinderat kandidieren? Und wenn ja, bei welcher Fraktion?

Meine Mutter war über diese neuen Perspektiven in meinem Leben nicht glücklich. Politische Parteien waren ihr suspekt. Zu nah waren die Erfahrungen aus dem Dritten Reich. Der Krieg, die Naziverbrechen, aber auch das persönliche Leid über den Verlust des geliebten Mannes hatten in ihr ein diffuses, aber nachvollziehbares Misstrauen gegenüber allen politischen Bewegungen zurückgelassen. Mit großem Nachdruck hat sie mir das Versprechen abgenommen, dass ich niemals Mitglied irgendeiner politischen Partei werden würde. Da ich weiß, wie bitter ernst es ihr damit war, werde mich auch daran halten. Bei Kandidaturen auf kommunaler Ebene spielt dies glücklicherweise keine Rolle: Hier muss man kein Parteimitglied sein, um auf der Liste einer Partei zu stehen.

Ich überlegte hin und her: Es ist zweifellos eine verdienstvolle Aufgabe, die Interessen der Bürger auf kommunalpolitischer Ebene zu vertreten. Aber es ist eben auch eine Aufgabe, und die kostet Zeit und Kraft und mitunter auch eine gehörige Portion Nervenstärke. Würde ich den langen Sitzungen gewachsen sein, die Vor-Ort-Termine und Begehungen überhaupt mitmachen können? Das Meiste würde wohl möglich sein, und wenn nicht, dann wäre das vielleicht sogar eine gute Möglichkeit, den Ratskollegen die vielfältigen Schwierigkeiten eines Lebens mit körperlicher Behinderung nahezubringen!

Was mich jedoch am meisten beschäftigte: Würden die Leute mich mit meinen schweren Einschränkungen als ihren Vertreter im Rat haben wollen? Trauten sie mir solch ein Amt zu? Ich hatte zwar den Eindruck, dass meine Mitbürger mich und meine Meinungen akzeptierten, aber schätzte ich das richtig ein? Würden sie in der Anonymität der Wahlkabine vielleicht doch eher für einen gesunden Gemeinderat stimmen? Die Sache begann mich zu reizen. Sollten die Leute doch einmal beweisen, wie ernst es ihnen mit der Akzeptanz eines Schwerbehinderten war! Nun wollte ich es wissen: Die Wähler aus Öschingen und Mössingen sollten zeigen, ob sie es mir zutrauten, ihre Interessen auf politischem Terrain zu vertreten.

Blieb noch die spannende Frage: Bei welcher Fraktion denn nun kandidieren? Von meiner politischen Einstellung her hätte ich sowohl mit der SPD als auch mit der CDU »gekonnt«. Ich hatte in beiden Lagern Freunde und in jedem Fall würde es hinterher enttäuschte Gesichter geben. Dass ich mich schließlich für die CDU entschied, daran hatte Wilhelm Merk Senior nicht wenig Anteil. Verwandtschaftliche Beziehungen, familiäre Bande, das waren für ihn wichtige Werte. Im Gespräch unter vier Augen verwies er immer wieder auf seine frühere enge Verbundenheit zu seinem verstorbenen Vetter, meinem Vater, wie viel der ihm bedeutet habe. Nun müsse ich doch in gewisser Hinsicht für ihn einspringen und zur Familie stehen, also auch hier in seine Fußstapfen treten.

Gewählt – Ein Sitzungssaal mit Barrieren

Am Wahlsonntag war ich nervöser als gedacht. Mit Spannung verfolgte ich das Auszählen der Stimmen für den Öschinger Ortschaftsrat und bald schon war klar: Ich hatte es nicht nur im ersten Anlauf geschafft, sondern eine überraschend große Zahl von Mitbürgern hatte mir ihre Stimme gegeben. Ich freute mich riesig über diese Anerkennung, die mir zeigte, dass es die Leute mir gegenüber tatsächlich ernst meinten.

In der CDU-Fraktion fühlte ich mich zunächst sehr wohl und auf meine Meinung wurde großen Wert gelegt. Nach einiger Zeit habe ich allerdings die Fraktion gewechselt und nun vertrete ich meine Mitbürger schon seit vielen Jahren in der Fraktion der Freien Wähler im Öschinger Ortschaftsrat, im Gemeinderat der Stadt Mössingen sowie im Tübinger Kreistag. Im Juli 2009 habe ich für 30 Jahre kommunalpolitische Arbeit das Verdienstabzeichen in Gold verliehen bekommen.

Ich war also 1979 frischgebackener Öschinger Ortschaftsrat, aber niemand rechnete damals mit der Einmischung behinderter Menschen in die Politik. Der Sitzungssaal lag im Obergeschoss des Rathauses und war nur über eine wuchtige Eichentreppe zu erreichen. Wie die Mehrzahl der Menschen mit Behinderungen war auch ich noch weit davon entfernt, solche Missstände selbstbewusst anzuprangern. Es war mir sogar unangenehm, dass ich schon wieder als »Behinderter« auffiel und gleich zu Beginn solche »Umstände« machte, und ich sprach Wilhelm Merk privat auf das Problem an. Der betrachtete das Ganze eher pragmatisch und meinte: »Die anderen sollen dich halt rauftragen!«

Ich musste dazu immer pünktlich vor Sitzungsbeginn vor dem Rathaus warten, und zwei kräftige Ratskollegen trugen mich die Treppen hoch. Das war zu schaffen, denn damals kam ich innerhalb von Gebäuden noch ohne Rollstuhl mit meinen Achselstützkrücken aus. Bald stellte sich zudem heraus, dass mir die einfachen Holzstühle im Sitzungssaal zu wenig Halt boten und ich nur sehr mühsam sitzen konnte. Daraufhin bekam ich den alten schweren Bürgermeisterstuhl mit mehreren Sitzkissen an meinen Platz gestellt, und damit ging's einigermaßen. Es ist bemerkenswert, wie lange ich solche Hindernisse als »meine« persönlichen Probleme angesehen habe, für die ich Lösungen zu finden hätte. Bis in die 90er-Jahre sollte es dauern, bis das allgemeine gesellschaftliche Bewusstsein sich gewandelt hatte und bauliche Barrieren als allgemeines Problem und Ausgrenzungskriterium für Menschen mit Behinderungen gebrandmarkt wurden.

»einen Willi mit eisernem Willen«
Bericht Werner Walz, ehemaliger »Zivi«

Unmittelbar nach dem Abitur trat ich im Juni 1978 meinen Zivildienst bei der Körperbehindertenförderung in Mössingen an. Ehrlich gesagt war es für mich ziemlich gewöhnungsbedürftig, mit so vielen körperbehinderten Menschen zusammen zu sein. Willi Rudolf, unterwegs mit Rollstuhl oder mit Krücken, war mein erster Chef. Ich lernte dabei einen sehr zielstrebigen Willi mit eisernem Willen, immer neuen Ideen und dennoch fröhlich und mit viel Menschlichkeit kennen. Die Zivi-Zeit mit ihm war für mich sehr prägend und hat mir viele ganz neue Erkenntnisse mitgegeben.

Mehr als 25 Jahre später kreuzten sich unsere Wege wieder. Willi hatte sich entschlossen, in die Kreispolitik einzusteigen. Heute ist er Geschäftsbereichsleiter Finanzen und Zentrale Verwaltung am Landratsamt Tübingen. Eines Tages rief er mich auf dem Landratsamt in der Doblerstraße in Tübingen an und erkundigte sich nach den »äußeren Rahmenbedingungen« seines Amts als Kreisrat. Ich erinnere mich noch genau an dieses Gespräch: »Willi, wie willst du denn mit deinem Rollstuhl die

steilen Treppen in den Sitzungssaal im 3. Stock hinaufkommen?
Wir haben keinen Aufzug!« Aber Willi ließ sich nicht abschrecken. Wir vereinbarten einen Ortstermin in der Doblerstraße und für Willi war klar:»Mit vier Mann muss das zu schaffen sein«. So war es dann auch. Zwei Jahre lang bis zum Umzug ins neue Gebäude war dieser lebende Aufzug im alten Landratsamt zu den Kreistagssitzungen im Einsatz. Für Willi war das überhaupt kein Problem. Besondere Umstände erfordern eben besondere Maßnahmen!

Der öffentliche Raum muss barrierefrei werden

Mein letzter Chef bei der KBF, Hans Georg Döbereiner, sollte Recht behalten: Es ist ganz entschieden von Vorteil, wenn Menschen mit Behinderungen in politischen Gremien vertreten sind! Als beispielsweise das neue Öschinger Dorfzentrum gebaut wurde, war es von Anfang an selbstverständlich, dass dies komplett barrierefrei sein muss. Der Bauleiter verriet mir hinter vorgehaltener Hand, dass ihm sein Chef geraten hatte:»Pass auf, dass dort bei der Barrierefreiheit keine Fehler passieren, in Öschingen wohnt der Rudolf, der ist Rollstuhlfahrer und sitzt im Gemeinderat.«

Aber Barrierefreiheit heißt mehr als nur rollstuhlgerecht und dient nicht nur körperbehinderten Menschen. Im Treppenhaus im Verwaltungstrakt waren die unteren beiden Stufen halbrund ausgeführt worden, ohne optischen Kontrast zum Bodenbelag und ohne bis unten durchgehenden Handlauf. Der endete aus ästhetischen Gründen auf der dritten Stufe. Gleich bei der ersten Gebäudebegehung des Gemeinderats habe ich diesen optischen Gag moniert, denn ich selbst war ja als junger Mann einmal wegen eines fehlenden Handlaufs durchs Glas unserer Haustür gestürzt. Leider wurde diese Gefahrenquelle im Treppenhaus

Barrierefreiheit im Öffentlichen Personennahverkehr ist leider noch immer längst keine Selbstverständlichkeit.

des Dorfzentrums nicht sofort behoben und tatsächlich stolperte schon bei der ersten öffentlichen Gebäudebesichtigung an einem Wahlsonntag eine ältere Öschingerin so unglücklich über diese beiden Stufen, dass sie sich einen Oberschenkelhalsbruch zuzog, an dem sie jahrelang zu leiden hatte.

Barrierefreiheit ist also nicht nur ein Zugänglichkeitsmerkmal, sondern ein allgemeiner Qualitätsstandard. Besonders gilt das für den Öffentlichen Personennahverkehr (ÖPNV). Da die individuelle Fahrzeuganpassung für körperbehinderte Menschen sehr teuer ist, ist ein barrierefreier ÖPNV für diese Zielgruppe besonders wichtig. Aber nicht nur für diese! So sind Niederflurbusse für Rollstuhlfahrer eine der zwingenden Voraussetzungen, für Eltern mit Kinderwagen und Senioren sind sie bequem. Und die leidigen unverständlichen Lautsprecherdurchsagen sind für alle Menschen unbefriedigend, hörbehinderten Menschen und Hörgeräteträgern jedoch entgehen wichtige Informationen.

Ich habe viele Situationen erlebt, in denen Menschen mit Behinderungen durch Unbedachtheit oder unüberlegte bürokratische Überreglementierungen aus dem alltäglichen Leben ausgegrenzt werden. Seit meinem Einstieg in die *Selbsthilfe Körperbehinderter* im Jahr 1973 habe ich in unzähligen zähen Verhandlungen und Diskussionen versucht, Barrieren abzubauen und unnötige Hindernisse aus dem Weg zu räumen.

Exkurs: Keine Rollstühle auf dem Bodensee

Bei aller Mühseligkeit sind jedoch immer wieder auch Erfolge zu verbuchen, das macht das Kämpfen so wichtig und letztlich befriedigend. Am Ende meiner Erinnerungen steht deshalb eine erfreuliche und hoffentlich anspornende »Erfolgsmeldung« aus meinen politischen Aktivitäten.

Die Nachricht schlug damals ein wie eine Bombe. Die »Weiße Flotte« auf dem Bodensee sollte künftig von deutscher Seite aus für Elektrorollstühle tabu sein. Begründung war, dass der Wasserstand auf dem Bodensee unterschiedlich hoch sei und deshalb die Neigungswinkel der mobilen Rampen an den Anlegestationen jeweils verschieden sein müssten. Um dies technisch in den Griff zu bekommen, seien bauliche Veränderungen mit Kosten in sechsstelliger Höhe pro Anlegestelle notwendig. (Allerdings sah man dieses Problem nur auf deutscher Seite, die Österreichischen und Schweizer Behörden hatten nichts veranlasst.) Als Vorsitzender des *Baden-Württembergischen Landesverbands Selbsthilfe Körperbehinderter* fuhr ich umgehend zu einem Praxistest an den Bodensee und führte Gespräche mit den Vertretern der Bodenseeschifffahrt. Anschließend informierte ich Presse und Fernsehen und präsentierte in einer Dokumentation des Fernsehsenders *Pro Sieben* eine Grafik, die das Problem der unterschiedlichen Neigungswinkel auf höchst simple und schwäbisch preiswerte Weise löste. Ich schlug vor, am Rampenende Scharniere mit einer zusätzlichen circa 50 Zentimeter langen Metallklappe

Praxistest an der Schiffsrampe am Bodensee.

als bewegliche Rampen anzubringen, die sich dem Wasserstand anpassen. Die Kosten reduzierten sich auf maximal zehn Prozent des von den Behörden errechneten Betrags. Als der damalige Verkehrsminister Hermann Schaufler im *Reutlinger General-Anzeiger* davon Kenntnis nahm, setzte er sich für die prompte Behebung des Missstands ein, und der Bodensee wurde wieder für Elektrorollstühle freigegeben.

BUNDESVERDIENSTKREUZ UND LANDESVERDIENST-ORDEN FÜR BEISPIELLOSES ENGAGEMENT

Im Januar 2005 überreichte mir der Chef der Staatskanzlei in der Stuttgarter Villa Reitzenstein das Bundesverdienstkreuz am Bande für »beispiellosen Einsatz für Menschen mit Behinderungen und Barrierefreiheit – auch in den Köpfen«. Ich habe diesen Verdienstorden gemeinsam mit meiner Frau Emma mit großem Stolz und Freude über diese Anerkennung entgegengenommen. Nur gemeinsam haben wir all das leisten und erreichen können. Ohne Emmas Unterstützung, die sowohl mir als auch unserer gemeinsamen Sache und Vision galt, wäre vieles nicht möglich gewesen oder auf der Strecke geblieben.

»Beispielloser Einsatz für Barrierefreiheit auch in den Köpfen«: Bundesverdienstkreuz am Bande 2005.

Willi Rudolf erhält den Verdienstorden des Landes Baden-Württemberg.

Es bleibt noch viel zu tun. Barrieren abzubauen ist in den Niederungen des Alltags mitunter »ein sehr mühsames Geschäft«. Im Jahr 2008 wurde ich zum Behindertenbeauftragten in meinem Heimatkreis Tübingen bestellt und schlage mich nun von Amts wegen mit all den kleinen und größeren Hindernissen im Leben behinderter Menschen herum. Es ist erfreulich, dass unser Landkreis als einer der ersten in Baden-Württemberg dieses Amt geschaffen hat und ich freue mich, dass ich hier weiterhin meine Kenntnisse und Erfahrungen einsetzen kann.

Verdienstorden des Landes Baden-Württemberg

2011 erhält Willi Rudolf den Verdienstorden des Landes – in Würdigung seines persönlichen Einsatzes, aber auch für mehr: als öffentliche Anerkennung und Wertschätzung der Selbsthilfe und der politischen Arbeit von Menschen mit Behinderungen. Als Vorsitzender des Landesverbandes Selbsthilfe Körperbehinderter Baden-Württemberg setzte er sich für die Verbesserung der Lebenssituation von seinesgleichen ein. Der intensive Dialog mit Abgeordneten aller Parteien gehörte ebenso dazu wie das Einbringen von Erfahrungen, unter anderem bei der Erstellung der Landesbauordnung. Sinnfälliges Beispiel ist die Umgestaltung des Klosters Bebenhausen: Es gibt dort inzwischen Wege, die Rudolf spielend mit dem Rollstuhl schafft, es gibt eine behindertengerechte Toilette und es gibt Rampen, um in dem alten Gemäuer dorthin zu gelangen, wo sich auch Menschen ohne Behinderung aufhalten, um Geschichte hautnah zu erleben.

Den Verdienstorden erhielt Rudolf auch als Mitglied im Expertenrat des Kultusministeriums »Schulische Bildung von Menschen mit Behinderung«. Willi Rudolf wertete die Auszeichnung aber nicht nur positiv für sich, sondern auch für andere: »Möge diese Auszeichnung andere anspornen, sich im Rahmen der Selbsthilfe in politischen Gremien für ihre Bedürfnisse einzusetzen«, sagte er. Denn: »Es stehen noch wichtige Aufgaben an, es bleibt viel zu tun.«

Meine Begegnungen mit Willi Rudolf
Thomas Seyfarth, KBF Mössingen

Seit mehr als 40 Jahren kenne ich Willi Rudolf und habe ihn in dieser Zeit in den unterschiedlichsten Rollen erlebt. Wir haben rasch ein freundschaftliches Verhältnis zueinander entwickelt. Gerne werde ich mich als Psychologe äußern, der immer wieder die schwere Körperbehinderung Willi Rudolfs im Zusammenhang mit seinem erfolgreichen Lebensweg erstaunt und bewundernd wahrgenommen hat. Ich habe viele Jahre eine Einrichtung – die KBF in Mössingen – geleitet, deren Ziel es war, Menschen mit Behinderung die größtmögliche Förderung zukommen zu lassen.

Als Willi Rudolf noch ein Kind war, wurden ihm keine der besonderen Fördermaßnahmen zuteil, die in späteren Jahren ganz selbstverständlich die Entwicklung von Kindern mit einer Behinderung bestimmten. Für gezielte Hilfen durch die Sonderpädagogik, spezielle Physiotherapie und Ergotherapie, war er zu früh geboren. Es dauerte in Deutschland bis in die 60er- und 70er-Jahre des vergangenen Jahrhunderts, bis ein stabiles Netz an sonderpädagogischen Fördermaßnahmen entstanden war.

Willi Rudolf war ein Kriegskind. Sein Vater kehrte nicht mehr von der Front in Russland zurück und er wuchs alleine bei seiner Mutter und Großmutter auf ohne jegliche professionelle Förderung. Ein paar Jahre wurde er im Leiterwagen zur Grundschule gezogen, danach ohne Abschluss ausgeschult, seine Beschulung erschien der Schule zu aufwendig. Für die meisten Kinder und Jugendlichen wäre Regression eine zu erwartende Folge gewesen, wenn nicht genügend Anregungen vorhanden sind. Dies aber war bei Willi Rudolf anders, der trotzdem in der Lage war, sich aus eigenem Antrieb weiterzuentwickeln. Zum einen muss es Menschen in seinem Umfeld gegeben haben, vor allem vermutlich seine Mutter, die ihm trotz aller Schwere der Behinderung ein positives Selbstbild vermittelt haben. Bei Kindern sind die Bezugspersonen der Spiegel ihrer Selbstwahrnehmung. Nur wenn meine engsten Bezugspersonen mich liebenswert finden und Zutrauen in meine Fähigkeiten haben, kann ich mich selber lieben und mir etwas zutrauen. Dieses Vertrauen in die eigenen Fähigkeiten besitzt Willi Rudolf bis heute und ohne dieses Selbstvertrauen wären seine Erfolge nicht denkbar. Zum anderen scheint er ein Beleg dafür zu sein, dass Menschen im Hinblick auf Variablen, die für die Persönlichkeitsentwicklung bedeutsam sind, eine unterschiedliche Ausstattung mit ins Leben bringen. Dazu gehören die Stärken der Willenskraft, die verfügbare Energie, die Stabilität der Emotionalität. Diese Eigenschaften hat Willi Rudolf in hohem Maße. Er besitzt viele Quellen für dieses hohe Ausmaß an Resilienz und wäre dadurch für eine Langzeitstudie der Resilienz-Forschung ein höchst interessanter Proband gewesen.

Bedingt durch seine schwere Körperbehinderung muss Willi Rudolf ständig an Grenzen gestoßen sein; persönliche Grenzen, aber auch an gesellschaftliche Grenzen. Wie war es ihm möglich, sie immer wieder zu überwinden? Dies lässt sich nur durch seine ausgeprägten Eigenschaften erklären. Willi Rudolf hat sein Leben völlig selbst gestaltet und immer eigenverantwortlich gehandelt. Im Lauf seines Lebens hat er sehr viel Anerkennung und Respekt von allen Seiten erfahren. Sein Leben kann anderen Menschen mit Behinderung oder Menschen mit schwierigen Lebensumständen Mut machen. Er scheint ihnen beinahe zu sagen:

Fast alles ist möglich, wenn ihr es nur zielstrebig genug verfolgt.

Allerdings: Nicht jeder Mensch in einer schwierig erscheinenden Lebenssituation ist mit so viel Tatkraft, Energie, Selbstvertrauen, emotionaler Stabilität, Durchhaltevermögen und intellektuellem Potenzial ausgestattet wie Willi Rudolf. Insofern bleibt er auch eine Ausnahmeerscheinung.

Ist es erlaubt zu sagen: »ein Glückskind«?

INKLUSIONSBEGLEITER – WIE KAM ES ZU DIESER AKTION?

Seit Jahrzehnten beobachtete ich immer wieder die Unsicherheit im Umgang zwischen Menschen mit und ohne Behinderung. Nicht nur bei mir selbst, auch bei Veranstaltungen und im täglichen Leben fiel mir auf, dass diese Unsicherheit oft zu Missverständnissen ja sogar zu Fehlhandlungen führen kann. Das typische Beispiel ist das Angebot an einen Menschen mit Behinderung, ihm über die Straße zu helfen, obwohl dieser gar nicht über die Straße möchte.

Bei gemeinsamen Aktionen von behinderten und nichtbehinderten Menschen wie Urlaub oder bei der alltäglichen Arbeit oder sonstigen Kontakten stellte ich jedoch fest, dass diese Unsicherheit sehr schnell verschwindet und ein ganz »normaler« Umgang möglich wird. Oft entstanden aus diesen Begegnungen jahrzehntelange Freundschaften. Mit dem Projekt »Inklusionsbegleiter« wollte ich modellhaft, im Sinne der Inklusion, diese Erkenntnisse in die alltägliche Praxis umsetzen. Bei einer Ausschreibung der Landesstiftung und der Lechler Stiftung sowie der Stiftung Aktion Mensch konnte ich die Entscheidungsgremien von der Sinnhaftigkeit des Projekts »Inklusionsbegleiter« überzeugen und durch ihre Unterstützung eine solide Finanzierung sicherstellen.

Sicherer Umgang mit Menschen

Schwerpunkt des Projekts sollte der sichere Umgang zwischen den Menschen mit und ohne Behinderung sein. Dies sollte in Seminaren in Theorie und Praxis geübt werden.

Zuerst wurde eine in der Erwachsenenpädagogik erfahrene Referentin eingestellt. Gemeinsam begannen wir, eine zielführende Konzeption zu erarbeiten. Dabei war meine grundsätzliche Vorgabe, dass dies in Zusammenarbeit mit Menschen mit und ohne Behinderung erfolgt. Ein weiterer wichtiger Ansatz war, mit zahlreichen praktischen Anteilen wie Rollstuhltest, Blindenstock, Gehhilfen usw. bei nichtbehinderten Menschen eine Art »Selbsterkenntnis« auszulösen, die es ihnen dann ermöglicht, ungezwungener mit Hilfsmitteln und Menschen, die diese Hilfsmittel brauchen, umzugehen.

Durch die Besichtigungen unterschiedlicher Lebenswelten von

Kämpfer für Inklusion (von links nach rechts): Frau Simone Fischer vom Städtetag Baden-Württemberg, Willi Rudolf, Landkreis Tübingen und Monika Tresp vom Gemeindetag Baden-Württemberg.

Menschen mit Behinderung und anschließenden Diskussionen sollte die realistische Wahrnehmung nicht Behinderter geweckt und nachhaltig geprägt werden, Stichwort »Barrieren im Kopf«. Diese Erfahrungen sollten dann sowohl im täglichen Leben als auch bei Veranstaltungen praktisch geübt und umgesetzt werden.

Machen Sie mit – werden Sie Inklusionsbegleiter!

Ein Mensch mit weißem Stock steht an einem Zebrastreifen. Soll ich helfen oder nicht? Bei einem Tag der offenen Tür in der Firma ist unter den Gästen ein Mann, der keine Arme hat. Wie begrüße ich ihn »richtig«? Und wie verständige ich mich mit der hörbehinderten Kollegin am Arbeitsplatz?

Mit einer Seminarreihe will der Landesverband Baden-Württemberg der Selbsthilfe Körperbehinderter Baden-Württemberg (LSK) 2015 und 2016 nicht behinderten Teilnehmern mehr Sicherheit vermitteln im Umgang mit behinderten Menschen. Hauptziel der ein- oder mehrtägigen Kurse ist es, mit Informationen und gemeinsamen Erlebnissen das gegenseitige Verständnis zu vertiefen; eine wichtige Voraussetzung, damit Inklusion gelingen kann. Aus nicht behinderten Teilnehmern werden Inklusionsbegleiter, die sich sicher fühlen im Umgang mit Menschen mit Behinderung und gelernt haben, die Welt mit anderen Augen zu sehen. Neue Perspektiven gewinnen, Barrieren abbauen am Arbeitsplatz, im Umgang mit Kunden, in der Familie oder ganz allgemein im täglichen Leben. Nur wer die Bedürfnisse und Grenzen des Anderen kennt, kann im Alltag gezielt Unterstützung anbieten. Gerade so viel, wie der Andere braucht, um aktiv teilhaben zu können an der Gesellschaft und sich selbst einzubringen. Aktiv werden – und andere in ihrem Engagement unterstützen. Die Ziele der Behindertenrechtskonvention der Vereinten Nationen sind in Deutschland seit 2009 gesetzlich verankert. Inklusion ist aktueller denn je. Und sie ist wichtig. Alle Beteiligten profitieren davon, ob mit oder ohne Behinderung. In Deutschland leben 7,5 Millionen Menschen mit einer Schwerbehinderung, also fast jeder zehnte Bürger. In einer Gesellschaft, in der die Menschen immer älter werden, steigt diese Zahl täglich weiter an. Zum Seminarangebot gehören Informationen über die Behindertenrechtskonvention, Tipps, Tricks und Techniken im Umgang mit dem Rollstuhl und anderen Hilfsmitteln und natürlich Begegnungen und Diskussionen zwischen Menschen mit und ohne Behinderungen. Viele Menschen mit Handicaps wollen sich einbringen und ehrenamtlich engagieren. Wie viel und welche Hilfe sie dazu benötigen und wie Inklusionsbegleiter sie dabei unterstützen können, ist ein wichtiges Thema des Seminars.

WANDERAUSSTELLUNG – »AM BESTEN VON ANFANG AN BARRIEREFREI BAUEN«

Sage es mir, und ich werde es vergessen.
Zeige es mir, und ich werde es vielleicht behalten.
Lass es mich tun, und ich werde es können.

Konfuzius

Dieser Wahlspruch von Konfuzius war mein Leitgedanke beim Projekt »Wanderausstellung – am besten von Anfang an barrierefrei bauen«.

Aus eigener Betroffenheit lernte ich schon in meiner Kindheit in unserem einige hundert Jahre alten Haus, zur Steigerung der Selbstständigkeit und Lebensqualität, Barrieren abzubauen und immer wieder den Bedürfnissen anzupassen. Dies war sicherlich Motivation genug, mich über Jahrzehnte hinweg in den unterschiedlichsten Situationen für Barrierefreiheit einzusetzen. Das war nicht nur für mich eine wesentliche Erleichterung und auch große Hilfe zugleich.

Die Demografie stellt unsere Gesellschaft und jeden Einzelnen von uns vor große Herausforderungen. Wer würde im Alter nicht gern möglichst lange in den eigenen vier Wänden wohnen bleiben? Die Barrierefreiheit ist ein nicht zu vernachlässigender Faktor für unsere Zukunft und sollte rechtzeitig in die Gesellschaft getragen werden. Sie ist eine elementare Voraussetzung für die Mobilität und den Gemeinsinn in unserem kommenden Miteinander.

Was für den Gehbehinderten eine Notwendigkeit ist, bietet meist auch gesunden Menschen einen Vorteil. Immer mehr clevere

Auch in der Glashalle des Landratsamtes Tübingen war die Wanderausstellung zum Thema Barrierefreiheit ein großer Erfolg.

Häuslebauer werden sich dieser Faktoren bewusst und berücksichtigen die Barrierefreiheit in ihren Bauvorhaben. So erhöhen sie grundsätzlich den Lebenskomfort und ersparen sich, im Falle eines Falles, den bitteren Auszug aus dem trauten Heim – mindestens jedoch die wesentlich teureren Umbaumaßnahmen.

Alles hat zwei Seiten

Die Automatiktür im Supermarkt empfindet jeder als bequem, für mich ist sie jedoch notwendig. Wenn ein Hausmeister angeliefertes schweres Material in den ersten Stock tragen muss, denkt er sehnsüchtig daran, dass man ihm seit Jahren einen Aufzug versprochen hat.

Nicht nur die jungen Eltern behinderter Kinder berichten mir von den nicht abgesenkten Bordsteinen im öffentlichen Raum. Auch pflegende Angehörige erzählen, dass sie bei der Pflege der Eltern Probleme mit schmalen Badezimmertüren haben, Treppenhäuser zu eng sind, Aufzüge fehlen usw.

Diese zahlreichen und verschiedenartigen Anregungen haben seit vielen Jahren in mir den Wunsch geweckt, insbesondere den Entscheidungsträgern wie Architekten, Bauplanern und Kommunalpolitikern die Sinnhaftigkeit barrierefreier Baumaßnahmen selbst situativ erfahrbar zu machen und so ihre Notwendigkeit zu verdeutlichen.

Bei der praktischen Umsetzung der Ausstellung »Barrierefreiheit« war mir die Schreinerei Schmid aus Pfronstetten eine große Stütze. Mit neu gestalteten Sandwichplatten wurden Ein-Meter-Wandteile simuliert. Nun konnten wichtige Elemente wie Waschbecken, WC und Türen an- und eingebaut werden. Grundidee war immer, eine positive und barrierefreie Situation herzustellen, um dann mit der Negativversion die Probleme der Barrieren aufzuzeigen. Durch das Baukastensystem konnten wir die Zusammenstellung der Ausstellung immer den jeweiligen örtlichen Gegebenheiten anpassen.

Für die Demonstration und das Erfahrbarmachen der Einschränkungen durch eine Behinderung habe ich zum Beispiel einige Simulationsbrillen – Stichwort verschiedene Augenkrankheiten – Rollatoren und Rollstühle sowie den Alterssimulationsanzug bereitgehalten. Bei den feierlichen Eröffnungen an

den verschiedenen Standorten habe ich dann immer einen prominenten Teilnehmer gebeten, durch die Ausstellung sozusagen
als »Tester« zu gehen.

Barrieren im Alltag

Welche Wirkung die Ausstellung auf die zahlreichen interessierten Besucher hatte, konnte ich den Kommentaren der Ausstel-
lungsbesucher entnehmen. Bereits bei einer der ersten Ausstel-
lungen sicherte mir der Leiter eines Architekturbüros zu, dass er
am Folgetag sämtliche Mitarbeiter seines Büros zum Testen schicken werde, um so für sie die Bauproblematik nachhaltig erfahrbar und erlebbar zu machen.

Um das Problem der Barrieren im Alltag zu verdeutlichen und
nachhaltig auf Veränderungen hinzuwirken, hatten wir die Ausstellung ins Leben gerufen. Sie sollte die Möglichkeit darstellen,
sich in die Situation von Menschen mit körperlichen Einschränkungen oder Behinderungen zu versetzen und zeigte auch preis-
günstige Lösungen für ein barrierefreies Leben zu Hause. Wie
man an der Reaktion des Architekten sehen konnte, ist diese
Idee angekommen.

Auch in der Landeshauptstadt Stuttgart gastierte die Ausstellung, im Mehrgenerationenhaus des Paritätischen Wohlfahrts-
verbands sowie in der Landesvertretung des Wohlfahrtsverbandes in Vaihingen. In Stuttgart waren unter den Besuchern
nicht nur der Landesbehindertenbeauftragte Gerd Weimer, sondern auch Vertreter und Mitarbeiter aus den unterschiedlichsten Ministerien, die sich sehr beeindruckt zeigten und die Idee
und Art und Weise der Präsentationen besonders lobten. Weitere Stationen der Ausstellung waren unter anderem das Landratsamt Schwäbisch Hall, die Stadt Singen und die Gemeinden
Althütte, Oberndorf und Remchingen.

In der Universitätsstadt Tübingen eröffnete Joachim Walter,

Landrat und Präsident des Landkreistags, die Ausstellung in Anwesenheit von prominenten Teilnehmern. Zahlreiche Landtagsabgeordnete, der baden-württembergische Ministerialdirektor Hubert Wicker und fast der gesamte Kreistag sowie zahlreiche Bürgermeister waren anwesend.

Nachdem der Landrat als Hausherr die Gäste begrüßt hatte, und Gerd Weimer in seiner Ansprache besonders für die Idee von Barrierefreiheit warb, hatte ich die Rolle, in die Ausstellung einzuführen und die zahlreichen Besucher zum Testen der Exponate zu motivieren.

Natürlich hatte ich zu dieser Veranstaltung meinen besten Anzug aus dem Schrank geholt. Als ich nun das Manuskript meiner Rede aus der Innentasche des Jacketts holen wollte, stellte ich fest, dass ich leider mein Manuskript verwechselt hatte und die Rede an die Kindergartenleiter/innen des Landkreises vom Folgetag erwischt hatte. Nun galt es, spontan die Situation zu retten. Gott sei Dank lag die richtige Rede als Duplikat auf einem Nachbartisch bereit. Ich versuchte natürlich, auf eine heitere Art diese Panne zu entschärfen.

Im Nachhinein wurde ich von einem Besucher gefragt, ob dies geplant war.

Hintereingänge in den Ministerien Stuttgart

Als jahrelanges Mitglied im Expertenrat für Inklusion im schulischen Bereich war das Kultusministerium ein regelmäßiger Tagungsort. Bereits der erste Termin kam vor dem Gebäude ins Stocken. Im großen Hof konnte ich zwar mit meinem großen Auto parken, aber die Eingangsstufen waren für meinen Elektrorollstuhl nicht zu überwinden. Ich habe dann den nächsten Besucher des Ministeriums gebeten, bei der Pforte Bescheid zu geben, dass ein Rollstuhlfahrer zwar einen Termin mit dem Minister hatte, aber hilflos vor der Treppe stand. Nach wenigen Minuten kam ein freundlicher Herr an die Tür und informierte mich über den Zugang über den Hintereingang. Meine Fahrt mit dem Rollstuhl um das Ministerium herum kontrollierte er vom Fenster aus und siehe da, hinter dem Ministerium war tatsächlich auch eine den Vorschriften entsprechende Rampe mit Klingel. In seiner Eingangsrede entschuldigte sich der Minister, dass mir diese Information nicht rechtzeitig zugegangen war. Eines Tages wurde überraschenderweise die Sitzung in einen anderen Raum im Dachgeschoss verlegt und nun waren wieder Stufen zu überwinden. Gutwillig packten vier Ministerialbeamte an und hoben mich über die Stufen, allerdings war dies für das Material des Rollstuhls zu viel und nun musste ich am Folgetag in das Sanitätshaus, damit die Fußstützen wieder zurechtgebogen werden konnten.

Den Seiteneingang des Sozialministeriums kenne ich seit Jahren, er ist gut beschildert und auch mit einer Klingel zum Pförtner ausgestattet, allerdings ist dieser »Lieferanteneingang« nicht beim Pförtner und so kommt in der Regel ein Mitarbeiter als Lotse und teilweise als Aufzugsführer (bei einem für die Besucher nicht freigegebenen Aufzug) durch das große Gebäude. Das Sozialministerium verfügt nicht über ausreichend Versamm-

lungsräume und so werden zahlreiche Besprechungen in den großen Sitzungssaal des Innenministeriums verlegt.

Auch dieser ist auf einem »erhöhten Niveau« mit ein paar Stufen. Grundsätzlich versuche ich, bei wichtigen Sitzungen aus Vorsicht wegen eventuell entstehender Probleme etwa eine halbe Stunde Reserve einzuplanen. Bei einer der ersten Sitzungen musste ich das WC aufsuchen, die erste freundliche Sekretärin konnte sich nicht an einen Rollstuhl-WC erinnern und verwies mich an ihren Chef, der hinter Bergen von Akten beschäftigt war. Auch er war sehr freundlich und hilfsbereit, allerdings fehlte auch ihm die Information über ein entsprechendes Rollstuhl-WC. Nun gingen wir zu zweit in mehreren Stockwerken auf die Suche. Nachdem die Situation immer dringender wurde, ermutigte er mich, einen Sanitärraum mit Dusche zu benutzen, der sich mit breiten Türen angeboten hat. Allerdings bestand ein gewisses Nutzungsrisiko mangels Haltegriffe. Um die eventuell notwendige Hilfeleistung sicherzustellen, schloss ich die Tür nicht ab und er stand vor der Tür Wache. Zu den Eingangsstufen zurückgekehrt, begegnete ich Gerd Weimer, dem Landesbehindertenbeauftragten. Er wollte mir spontan mit einigen umstehenden Teilnehmern über die Stufen helfen, was natürlich mit meinem Elektrorollstuhl nicht ging. Doch mit einem herbeigerufenen Lotsen habe ich Umwege über die Rampe gefunden und komme nun zwischenzeitlich immer über die Hintertür zu den Sitzungen im Innenministerium.

Bei der Einladung zum Neujahrsempfang des Ministerpräsidenten Kretschmann wurde zentimetergenau geprüft, ob ich über den Eingang kommen konnte und festgestellt, dass aufgrund der Breite meines Elektrorollstuhls der Lieferanteneingang der Küche sinnvoll ist. Nachdem dieser wiederum nicht öffentlich ist, wartete zu einer abgesprochenen Zeit bereits ein Posten vor der Tür und geleitete mich durch die Küche in den Aufzug.

Abenteuer auf der Fahrt nach Stuttgart

Selbstverständlich gab es bei diesen unzähligen Fahrten auch abenteuerliche Situationen, zum Beispiel ein Reifenschaden auf der B 27 kurz vor Stuttgart. Dies hört sich einfach an, aber schon das Parken war ein Problem, mit Mühe haben wir uns noch in das Degerlocher Parkhaus gerettet, doch dann kamen neue Probleme. Ich konnte nicht aussteigen und in einem normalen Taxi transportiert werden. Der ADAC war wegen kalter Witterung überfordert. Ein Freund, Jürgen Steiger, mit Abschleppwagen, sagte spontan seine Hilfe zu. Doch nun kam das nächste Probleme: Ich konnte nicht in das Fahrerhaus umsteigen und musste im Rollstuhl sitzen bleiben. Dies bedeutete, ich wurde mitsamt dem Auto aufgeladen, der Rollstuhl war im Auto fixiert und ich wiederum im Rollstuhl.

Die zahlreichen Termine und Fahrten zu den unterschiedlichsten Jahreszeiten und abends bei Feierabendverkehr, verbunden mit den Parkplatzproblemen, konnte ich nur wahrnehmen, wenn meine Frau bereit war, das Steuer zu übernehmen. In den 25 Jahren konnte ich unter anderem wesentliche politische Entwicklungen in unterschiedlichen Funktionen und Gremien beratend begleiten. Spontan denke ich an das persönliche Budget (Umwandlung von einer Sachleistung in eine Geldleistung), Inklusion von behinderten Schülern in Regelschulen und insbesondere die Landesbauordnung von Baden-Württemberg, einschließlich der Novellierung.

Meine Begegnung mit Willi Rudolf

Oliver Raach, Ehren-Sachverständiger für die Mobilität
behinderter Menschen (BDSF)

»Kein Mensch kann beim anderen sehen und verstehen, was er
nicht selbst erlebt hat.« Dieses Zitat des weltberühmten Schrift-
stellers und Nobelpreisträgers Hermann Hesse könnte nicht tref-
fender sein für die Charakterisierung des Lebenswerks von Willi
Rudolf. Schon vor der Jahrtausendwende hatte ich die große
Freude, diesen wundervollen Menschen kennen und schätzen
zu lernen. Als Selbstbetroffener setzt er sich unermüdlich für die
Rechte und die Belange behinderter Menschen ein. Nie aufgeben ist sein Lebenselixier. Seine großen Erfolge zum Wohle mo-
bilitätseingeschränkter Menschen auf politischer, sozialer und
gesetzgebender Ebene die Essenz. Daher sind insbesondere
die Zeilen aus seiner Feder von so hoher Glaubwürdigkeit und
Authentizität.

Schon vor zwanzig Jahren war Willi Rudolf einer der Vorreiter
der modernen Inklusion, obwohl zu der Zeit alle noch von Integration sprachen. Aber die Integration ist nur das Einbeziehen von
Menschen, die aufgrund ihrer Behinderung von vielem ausgeschlossen sind. Die Forderung nach Inklusion will jedoch eine Gesellschaft, in der niemand integriert werden muss, weil niemand
ausgeschlossen wird. Die Maxime: Jeder Mensch ist gleich. Jeder
soll gegenseitige Wertschätzung, Achtung, Respekt und Liebe
erfahren. Der behinderte Mensch selbst steht mit seinen Stärken
und Schwächen, seinen individuellen Wünschen und Bedürfnissen im Mittelpunkt. Er soll nach seinen eigenen Vorstellungen
eigenverantwortlich und selbstständig leben und an der Gesellschaft teilhaben können. Die größte Aufgabe besteht darin, die
Forderungen der am 26. März 2009 in Deutschland ratifizierten
UN-Behindertenrechtskonvention im Alltag zu leben und in das
praktische Leben zu überführen.

Einer der Eckpfeiler und bedeutungsvoller Faktor zur Realisie-

rung der Inklusion ist die Mobilität. Das Auto hat mehr denn je eine ganz zentrale Bedeutung, wenn es um individuelle Bewegungsfreiheit geht. Im Berufsleben, im Alltag und in der Freizeit. Wer vorwärtskommen will, muss mobil sein. Ohne fremde Hilfe mit dem eigenen Automobil von A nach B zu fahren, ist ein wahr gewordener Traum vieler Rollstuhlfahrer. Die individuelle Anpassung an das jeweilige Krankheitsbild ist die Voraussetzung für einen Maßanzug auf vier Rädern. Nicht der Mensch muss sich dem Fahrzeug anpassen, sondern das Fahrzeug den Beeinträchtigungen, denn viele Körperbehinderungen gehen mit massiven motorischen Einschränkungen einher. Der Umfang der Bewegungsbeeinträchtigungen und der mangelnden Kräfteverhältnisse tritt nicht nur von Krankheitsbild zu Krankheitsbild unterschiedlich auf, sondern ist auch bei Menschen mit der gleichen Behinderung sehr unterschiedlich ausgeprägt. Für progressive Krankheitsbilder und hohe Querschnitte gilt bei der Möglichkeit der Verschlechterung, beispielsweise nach einem Schub bei Multipler Sklerose, sich bereits im Vorfeld darüber zu informieren, ob die Fahr- und Lenkhilfen den neuen Bewegungsabläufen und Restkräften Tribut zollen. Auf dem Markt befindliche sogenannte Drive-by-wire-Systeme (Autofahren per Joystick, Minilenkrad, Gas-Bremsschieber) sind auf ihre aktive Redundanz (doppelte Sicherheit) zu überprüfen sowie auf ihre individuelle Anpassbarkeit und Nachjustierbarkeit nach Änderung des Krankheitsbildes. Oberste Priorität hat hierbei die Sicherheit im Straßenverkehr – für alle Verkehrsteilnehmer und für den Behinderten selbst. Nur dann ist es möglich, die automobile Freiheit, Gleichheit und Unabhängigkeit in vollen Zügen nachhaltig zu genießen.

Als einer der ersten Paravan-Kunden und zugleich Gründer und ehemaliger Geschäftsführer seines Unternehmens für Treppenlifte, Leoba, ist Willi Rudolf ein ausgewiesener und erfahrener Fachmann für die Verwirklichung uneingeschränkter Mobilität. Davon konnte ich mich schon vor zwanzig Jahren in den zahlreichen Gesprächen mit ihm überzeugen.

Seine außerordentliche Kompetenz, sein großes Wissen über die verschiedensten Krankheitsbilder und seine ausgeprägte Empathie und Menschlichkeit sind es, die ihn als langjährigen Vorsitzenden des Landesverbandes Selbsthilfe Körperbehinderter Baden-Württemberg und als Kreisbehindertenbeauftragter des Landkreises Tübingen zu einer anerkannten und vertrauensvollen Persönlichkeit machten. Gerne wird Willi Rudolf in den Landtag nach Stuttgart eingeladen, wenn es um das Thema Behinderung geht. Als engagierter Kämpfer für die soziale Inklusion kennt er die bürokratischen Hürden, die Menschen mit Behinderungen zu bewältigen haben – sei es in der Kostenbezuschussung durch die staatlichen Kostenträger oder bei der Zulassung zum Autofahren im öffentlichen Straßenverkehr.

Für Willi, wie er liebevoll von seinen Freunden genannt wird, steht aber eines fest:
»Wer Inklusion will, sucht Wege (wie Willi Rudolf) – wer sie verhindern will, sucht Begründungen.« (Hubert Hüppe, ehemaliger Beauftragter der Bundesregierung für die Belange behinderter Menschen im März 2011.)
Noch heute verbindet uns eine auf gegenseitiger Wertschätzung beruhende Freundschaft, worauf ich sehr stolz bin. Menschlichkeit gewinnt.

Matilda, Zwiegespräch zwischen Großvater und Enkelin.

KREISBEHINDERTEN-
BEAUFTRAGTER

Der Landkreis Tübingen hat als einer der ersten im Ländle einen Behindertenbeauftragten bestellt. 2015 habe ich eine Teilzeitanstellung beim Landkreis Tübingen übernommen. Nachdem ich lange Jahre ehrenamtlich die Aufgaben des Behindertenbeauftragten vom Landkreis Tübingen wahrgenommen hatte, wurde 2015 diese Stelle hauptamtlich besetzt und mit Beschluss des Kreistags wurde ich mit diesen Aufgaben betraut.

Im Auftrag der Selbsthilfe und Behindertenverbände von Baden-Württemberg hatte ich bei einer Rede im Landtag, anlässlich des Tages der Behinderten, bereits vor vielen Jahren schon die Ernennung von hauptamtlichen Kreisbehindertenbeauftragten gefordert.

Die grün-rote Landesregierung hat dann mit Gesetzeskraft, bei Kostenersatz, den Landkreisen vorgegeben, entweder ehrenamtliche Kreisbehindertenbeauftragte mit Verwaltungsunterstützung oder hauptamtliche Kreisbehindertenbeauftragte einzustellen.

Nie hätte ich gedacht, dass diese Forderung auch für mich solche Konsequenzen hätte. Dies bedeutete für mich ganz persönlich, ich musste die Entscheidung fällen, ob ich weiter ehrenamtlich tätig sein wollte und wenn ja, in welcher Form. Nach längerer Überlegung habe ich mich für die hauptamtliche Variante entschieden. Hier gibt es bei Behinderung die Möglichkeit, die Tätigkeit auf 70 Prozent zu beschränken, mit einer 30-prozentigen Zuarbeit durch eine Sekretärin. Diese Lösung erschien mir, auch im Hinblick auf eine teilweise Home-Office-Version, besonders geeignet.

Allerdings bedeutete dies, dass ich auch meine Tätigkeit im Kreistag beenden musste. So habe ich in einer Kreistagssitzung meinen Rücktritt erklärt und in dem nachfolgenden Tagesordnungspunkt wurde ich – in meiner Abwesenheit – als Kreisbehindertenbeauftragter bestellt.

Trotzdem stelle ich bei meiner neuen hauptamtlichen Tätigkeit fest, dass die Erfahrungen im Kreistag und Gemeinderat mir bei meiner Arbeit sehr nützlich sind. Die Einschätzungen und Kenntnisse über Entscheidungsprozeduren und deren Abwicklung sind bei meiner jetzigen Tätigkeit sehr wichtig.

Ziel meiner Arbeit ist eine gute und partnerschaftliche Vernetzung mit den anderen Kreisbehindertenbeauftragten, den Vereinen und Selbsthilfeorganisationen sowie den Städten und Gemeinden im Kreis.

Derzeit versuche ich, in Zusammenarbeit mit den Bürgermeistern und Gemeindeverwaltungen, kommunale Behindertenbeauftragte zu bestellen. Hierbei kann ich feststellen, dass die Bürgermeister und Gemeinden der Thematik sehr offen gegenüberstehen. Der ständige Kontakt und die vertrauensvolle Partnerschaft mit Organisationen, Selbsthilfegruppen und Verbänden ermöglichen auch die aktive Beteiligung von Menschen mit Behinderung. Auch die Öffentlichkeitsarbeit und Pressearbeit ist mir ein großes Anliegen.

Die Aufgaben des Kreisbehindertenbeauftragten sind in § 15 Abs. 3 und 4 Landesbehindertengleichstellungsgesetz (BGG) geregelt.

Als Behindertenbeauftragter des Landkreises Tübingen ist es meine Aufgabe, die Interessen und Belange aller Menschen mit Behinderungen zu wahren und die Teilhabe von Menschen mit Behinderungen am Leben in der Gesellschaft zu fördern.

Rüdiger Grube, Chef und Vorstandsvorsitzender der Deutsche Bahn AG beschreibt Willi Rudolf seine Ausbaupläne zur Barrierefreiheit der Bahn und sichert auch die Realisierung zu.

Hierzu zählen insbesondere folgende Bereiche:

- Beratung der Kommunen in Fragen der Politik für Menschen mit Behinderung. Hierbei spielt auch die Zusammenarbeit mit den Behindertenbeauftragten bei den einzelnen Kreisgemeinden eine wichtige Rolle.
- Frühzeitige Einbindung bei allen Vorhaben der Kommunen und des Landkreises, soweit die spezifischen Belange der Menschen mit Behinderung betroffen sind. Auch bei baulichen Anfragen und Problemstellungen bin ich für die Kommunen ein wichtiger Ansprechpartner.

- Förderung der Integration von Menschen mit Behinderung in die Gesellschaft (Kindergärten, Schule, Arbeit und Beruf) und deren Teilhabe am Leben in der Gemeinschaft.
- Öffentlichkeitsarbeit, um auf Anliegen und Bedürfnisse von Menschen mit Behinderung aufmerksam zu machen.

Als Kreisbehindertenbeauftragter des Kreis Tübingen arbeite ich in verschiedenen Gremien mit:

- Beim Teilhabeplanungsprozess der Menschen mit psychischer Erkrankung.
- Bei der Umsetzung des Teilhabeplans für Menschen mit geistiger, körperlicher oder mehrfacher Behinderung und im AK »MIT« (Miteinander, Inklusion und Teilhabe). Der AK »Teilhabe« setzt sich aus Menschen mit unterschiedlichen Behinderungen, sowohl in Heimen als auch zu Hause lebend, zusammen. Die Themenvielfalt betrifft alle Lebensbereiche behinderter Menschen.
- Im Projekt »Arbeit und Inklusion« bin ich ebenfalls aktiv. Hierbei sollen Menschen mit Behinderung vermehrt in den allgemeinen Arbeitsmarkt eingegliedert werden. Es ist mir ein besonderes Anliegen, dass für die unterschiedlichsten Bedürfnisse der Menschen mit Behinderungen ein inklusiver Arbeitsmarkt geschaffen wird.
- Beim Projekt »MOVE« sehe ich mich als Bindeglied zwischen dem Landkreis und dem Projekt MOVE vom Freundeskreis Mensch. Hier kann ich meine langjährigen Erfahrungen mit dem ÖPNV einbringen. Aktuelle Themen sind Ausschreibungskriterien der Fahrzeugausstattung sowie die Gestaltung und Ausstattung der Haltestellen und die Schulung der Fahrer.
- Ich freue mich sehr, dass wir im Landkreis Tübingen mit dem ÖPNV beispielhaft weit voran sind. Der Tübinger Kreistag hat mit seinem Zuschussprogramm für die »Kasseler Borde« eine vorausschauende Entscheidung getroffen. Zwischenzeitlich

wurden auch ein Zuschussprogramm auf Landesebene eingerichtet und 28 Haltestellen gefördert.

- Bei uns im Kreis Tübingen sind seit 2013 insgesamt einhundert Anträge auf Bezuschussung eingegangen und 400 000 Euro Fördervolumen zugesagt. Hier können die Gemeinden für einen Teil der barrierefreien Umgestaltung von Haltestellen – zum Beispiel auch Leitlinien für blinde Menschen – einen Zuschuss bekommen. Dieses Erfolgsmodell kenne ich von keinem anderen Landkreis.

- Um die barrierefreien Linienbusse optimal einzusetzen, ist eine Erhöhung des Randsteins erforderlich – Kasseler Bord. Auch hier hat der Kreistag Tübingen fraktionsübergreifend ein Zuschussprogramm aufgelegt. Diese neuen Haltestellen bringen nicht nur Vorteile für Rollstuhlfahrer, Menschen mit Gehbehinderung oder Kinderwagen. Durch die spezielle Betonform der »Kasseler Borde« werden die Reifen der Omnibusse geschont. Das ist bei dem bisher verwendeten scharfkantigen Granitstein nicht der Fall.

- Durch die klaren Vorgaben bei den Ausschreibungen der Omnibuslinien im ÖPNV hat der Tübinger Kreistag entscheidend zur Barrierefreiheit beigetragen. Nur so kann ein barrierefreier Standard sichergestellt werden, und für die Omnibusunternehmer ist die Faktenlage bei der Fahrzeugbeschaffung von Beginn an klar.

Hinkommen, reinkommen, klarkommen!

In meiner Funktion als Kreisbehindertenbeauftragter möchte ich nun auch einige Schwerpunkte aus meinem Alltag beispielhaft darstellen.

Derzeit ist die Barrierefreiheit bei den Hausärzten und Therapieeinrichtungen im Landkreis ein Hauptthema. So ist es mir gelungen, dieses Thema offiziell in die Gesundheitskonferenz des Landkreises Tübingen einzubringen.

Für Menschen mit Einschränkungen stellt sich schon vor dem Besuch zum Beispiel einer Arzt- oder Zahnarztpraxis eine der entscheidendsten Fragen: Wie komme ich da hin? Bereits die Auswahl einer barrierefreien Praxis ist in der Regel ein großes Problem.

Bei dem Projektjahr »DU – ICH – WIR« konnte ich von der Konzeption bis zur Realisierung mitwirken. Ziel war, die Gesellschaft zum Thema Inklusion zu sensibilisieren.

Hier gibt es zwar verschiedene Möglichkeiten, über das Internet entsprechende Informationen zu erhalten: Wie finde ich einen entsprechenden Arzt, gibt die Homepage dann die Auskünfte, die ich suche, und ist das, was da steht, auch wirklich verlässlich? Sinnesbehinderte Menschen, vor allem sehbehinderte Menschen haben hier ein großes Problem.

Als Nächstes geht es um die Parkplatzfrage. Sind die Parkplätze so angelegt, dass sie für behinderte Menschen tauglich sind, breit genug, um in den Rolli einsteigen zu können und mit dem Rollstuhl am Auto vorbeizufahren?

Ich hatte bei einem Zahnarzt, den ich als Vertretung aufsuchen musste, weil mein Zahnarzt im Urlaub war, große Schwierigkeiten, denn alle Türen in seinem Behandlungszimmer waren für mich als Elektrorollstuhlfahrer zu schmal. Ich wurde dann im Flur von diesem Zahnarzt mit Taschenlampe und Tastinstrument untersucht. Bevor er mich nach Hause schickte, gab er mir Schmerzmittel mit dem Kommentar:»Ich kann da auch nichts machen!«

Und das im 21. Jahrhundert!

Für Frauen mit Handicap ist der Gang zur jährlichen Kontrolle beim Gynäkologen ein ähnlich großes Problem, Stichwort gynäkologischer Untersuchungsstuhl! Wie soll man da reinkommen als Rollstuhlfahrerin?

Fußgängerüberwege – ein heißes Dauerthema

Hier benötigen einerseits blinde Menschen mit Taststock eine erkennbare Abgrenzung und andererseits ist für Menschen mit Rollstuhl jede Schwelle und Kante ein Problem und eine Barriere. Ganz schwierig wird es für die stark zunehmende Zahl an Senioren mit Rollator. Deshalb wurden in der Vergangenheit für beide Zielgruppen geeignete Betonsteine entwickelt. Es freut mich, dass ich zwischenzeitlich mit entsprechendem Informationsmaterial, Text und Bild, den Gemeinden und Städten, wenn es um den Bau und die Sanierung öffentlicher Wege und Trottoirs geht, weiterhelfen kann.

Mobilität und Unabhängigkeit – Fortbewegung mit dem eigenen Auto

Bei der Beschaffung von einem der individuellen Behinderung entsprechend umgebauten Auto stellen sich grundsätzlich zwei Fragen. Erstens eignet sich das Fahrzeug und zweitens, wie kann ich es finanzieren?

Es freut mich sehr, dass die europaweit führende Firma Paravan in meiner Nähe auf der Schwäbischen Alb ihren Sitz hat. Dieses vielfach preisgekrönte und mit zahlreichen Auszeichnungen bedachte Unternehmen verfügt über eine große Erfahrung im Umbau von Fahrzeugen, angepasst auf ganz individuelle Bedürfnisse. Eine eigene Fahrschule mit eigenem Übungsplatz bietet ideale Voraussetzungen zum Erwerb einer Fahrerlaubnis für die umgerüsteten Fahrzeuge für Menschen mit Handicap.

Auch ich bin seit der Gründung der Firma vor etwa 20 Jahren ein sehr zufriedener Kunde bei Paravan und habe bereits ungefähr 300 000 Kilometer mit diesen Fahrzeugen zurückgelegt.

Linienbusse

Vor fast 20 Jahren war es für mich schon frustrierend, wenn ich in südeuropäischen Ländern wie zum Beispiel Spanien barrierefreie Busse mit dem schwäbischen Stern im Einsatz sah, die es bei uns nicht gab.

Ich erinnere mich noch gut an das erste Gespräch mit den Omnibus-Betreibern hier in der Region. Unmissverständlich wurde mir erklärt, dass Barrierefreiheit durchaus unterstützenswert sei, es jedoch aus Kosten- und Wettbewerbsgründen unmöglich wäre, die Forderungen umzusetzen.

Doch so ein »Unmöglich« ließ ich nicht gelten.

Die Behinderungen sind sehr unterschiedlich und stellen sowohl den Fahrgast als auch den Omnibusfahrer vor zusätzliche und unterschiedlichste Herausforderungen. Deshalb sind gemeinsame Schulungen aller Beteiligten, auch von Menschen mit Behinderung, notwendig. So können das gegenseitige Verständnis gestärkt und Missverständnisse vermieden werden.

Sie kennen ja meinen Grundsatz: Geht nicht, gibt's nicht.

Ich habe mein Ziel weiterverfolgt und im Nahverkehrsplan des Landkreises, zusätzlich zur gesetzlichen Vorgabe, die Barrierefreiheit festgeschrieben und bei Ausschreibungen als zwingende Vorgabe eingebracht. Meiner Argumentation ist nicht nur die Verwaltung des Landratsamtes, sondern auch der Kreistag gefolgt und es wurden entsprechende Beschlüsse gefasst. Dies bedeutet, dass alle vom Landratsamt beauftragten Linien – nach neuer Ausschreibung – beispielhaft barrierefrei sein werden.

Flugzeuge auf meinem Heimatflughafen

Es ist bekannt, dass die Wartezeiten/Haltezeiten an dem sogenannten Rüssel – schwenkbare Rampe zum Flugzeug – sehr teuer sind. Deshalb wird oft aus Kostengründen eine entferntere Stelle auf dem Flughafen – draußen auf dem Rollfeld – für die Landung für ankommende und abfliegende Flugzeuge ausgewählt.

Dies bedeutet, dass die Fluggäste über eine Treppe in oder aus dem Flugzeug gelangen. In Stuttgart-Echterdingen werden

Nun müssen auch in Echterdingen Menschen mit Behinderung nicht mehr über die gefährlichen Treppen getragen werden.

auch die Menschen im Rollstuhl von zwei kräftigen Männern über diese Treppe ins Flugzeug getragen. Hierzu wurde der Rollstuhlfahrer auf einen extrem schmalen Tragestuhl umgesetzt und festgeschnallt, um dann, in einer leichten Schräglage, über die Treppe getragen zu werden.

Ich erinnere mich nur zu gut, wie ich im Schneetreiben, frierend, über die Treppe ins Flugzeug getragen wurde.

Nun hat mich ein Rollstuhlfahrer aus Balingen um Hilfe gebeten, nachdem auch er, als Vielflieger, große Probleme mit dieser Lösung hatte.

Im Süden Europas sind auch hier bereits tolle technische Lösungen im Einsatz.

Bei meinem Vorstoß an entsprechender Stelle am Flughafen mit der Bitte, beim Transport behinderter Menschen über die Treppe etwas zu ändern, wurde ich zunächst mit Argumenten wie zu teuer, zu langsam abgewimmelt. Doch ich ließ nicht locker.

Um dem Anliegen ein größeres Gewicht zu geben, habe ich die Landesarbeitsgemeinschaft Selbsthilfe behinderter und chronisch kranker Menschen – dort bin ich stellvertretender Vorsitzender – mit eingeschaltet.

Die von uns vorgestellte Lösung, ein sicheres, schweres Raupenfahrzeug, stieß auf wenig Gegenliebe. Wieder hieß es, diese Fahrzeuge seien angeblich zu langsam und würden deshalb kaum eingesetzt.

Bei der nächsten Gelegenheit wurden uns kleinere, mobile Geräte vorgestellt. Diese waren jedoch beim Einsatz im Freien, bei Nässe und Schnee und für die zahlreichen unterschiedlichsten Behinderungsarten für Fluggäste mit Handicap sehr problematisch.

Doch auch hier hat die Strategie von Konfuzius geholfen. Bei einem Praxistest in Anwesenheit von Herrn Gerd Weimer und dem MdL Sascha Binder konnten auch die zuständigen Verantwortlichen am Stuttgarter Flughafen von der Notwendigkeit einer geeigneten Lösung des Einstiegsproblems für behinderte Menschen überzeugt werden.

Heute ist der Hubcontainer auch am Flughafen Stuttgart-Echterdingen erfolgreich im Einsatz.

Mein Lieblingsthema – bauliche Barrieren

Im Gegensatz zu gesunden und fitten Menschen bin ich seit meiner Kindheit täglich mit baulichen Barrieren konfrontiert. Vermutlich deshalb kreisen auch meine Gedanken, im Gegensatz zu denen gesunder Menschen, vermehrt um die Lösungen von Problemen, die durch Barrieren baulicher Art entstehen. Der größte Frust überfällt mich, wenn ich bei neuen Gebäuden sehe, dass durch Unwissenheit, Gleichgültigkeit oder aus rein optischen Gründen die Funktionalität und die Barrierefreiheit vernachlässigt werden.

Prominenter Städtetest: Baubürgermeister Gönner setzte sich in den Rollstuhl und testete seine Stadt zusammen mit Gerd Weimer, Behindertenbeauftragter des Landes Baden-Württemberg, Stadtrat Armin Dieter, einigen Schülerinnen und Willi Rudolf.

Bei besonders krassen Fällen kann es sogar vorkommen, dass bei mir eine mir sonst nicht eigene Verhaltensweise an den Tag kommt. Bei den Schwaben sagt man, sie wären gutmütig, aber wenn man sie lange genug ärgert, können sie auch grob werden. Und so ein Schwabe bin ich auch.

»Auf Tour für eine barrierefreie Stadt« in Mössingen, Rottenburg, Münsingen und St. Johann

Der Landesverband Selbsthilfe Körperbehinderter Baden-Württemberg e. V. (LSK) veranstaltete am 9. und 10. Mai eine öffentlichkeitswirksame Kampagne. In vier Städten und Gemeinden waren Menschen mit und ohne Behinderung sowie Schüler verschiedener Klassen gemeinsam unterwegs, um eigene Eindrücke und Meinungen von Passanten zur Barrierefreiheit ihrer Stadt zu sammeln. In Mössingen waren zwei Klassen des Firstwald-Gymnasiums als Tester bei der »Tour für eine barrierefreie Stadt« beteiligt. Neben Rollstühlen, die zur Selbsterfahrung eingesetzt wurden, hatten die Schülerinnen und Schüler vorbereitete Dokumentationsbögen zum Ausfüllen dabei. Die Tour, die momentan als bundesweites Projekt von Aktion Mensch gefördert wird, erfasst nicht nur bauliche Hürden, die für Menschen mit Behinderung ebenso zum Problem werden können wie für ältere oder kranke Menschen und Eltern, die mit einem Kinderwagen unterwegs sind. Vielmehr geht es darum, ganz generell »das gegenseitige Verständnis füreinander zu vertiefen. Das ist eine wichtige Voraussetzung dafür, dass Inklusion gelingen kann«, sagt Sabine Goetz, Projektleiterin vom LSK, die in Kooperation mit dem Kreisbehindertenbeauftragten Tübingen Willi Rudolf und dem Kreisbehindertenbeauftragten Reutlingen Mark-Oliver Klett durch das Programm führte. In Mössingen und Rottenburg unterstützte neben den Schülern auch der Landesbehindertenbeauftragte Gerd Weimer die Aktion, der nun bereits zum 3. Mal der Einladung von Willi Rudolf gefolgt ist, um gemeinsam für die Teilhabe von Menschen mit Behinderung am kulturellen sowie politischen Leben, der Arbeitswelt und der Freizeit aufmerksam zu machen. »Die Kommunen sind der Schlüssel für die Umsetzung der Inklusion in der Fläche«, betonte er und fügte an, dass diese Kampagne mit Modellcharakter als beispielhaft einzustufen sei und zur Nachahmung allen Kreisbehindertenbeauftragten empfohlen sei. An der Steinlach waren außerdem der Erste Beigeordnete der Stadt Mössingen, Martin Gönner, sowie Rainer Powils, Behindertenbeauftragter der Stadt Mössingen, vor Ort. Gönner stellte sich dabei auch als Versuchsperson zur Verfügung und absolvierte als Rollstuhlfahrer mit einer Schulklasse einen Rundgang durch die Innenstadt. Schon an der ersten Station erwies sich eine kleine Stufe am Eingang eines Ladengeschäfts als Hürde, die ohne Assistenz nicht zu überwinden gewesen wäre. Als barrierefrei zugänglich zeigte sich hingegen das Eiscafé, bei dem sich Weimer gleich ein Eis genehmigte. Allerdings: Der Tresen wäre für einen Rollstuhlfahrer zu hoch gewesen, um selbstständig zu bezahlen. Gänzlich ungeplant stellte sich dann auch das Kopfsteinpflaster in einer Mössinger Gasse als Problem heraus. Beim Elektrorollstuhl eines Teilnehmers sprang der Gummireifen vom kleinen Vorderrad herunter. Begleiter mussten in einem Geschäft in der Nähe einen Schraubendreher für die fällige Reparatur ausleihen. Überhaupt erwiesen sich viele Besitzer und Mitarbeiter in Läden und Büros als sehr hilfsbereit, eine positive Erfahrung dieses Aktionstags. Und es gab auch Überraschungen in Sachen Barrierefreiheit: In einem Backshop fand sich ein sehr gut ausgestattetes Behinderten-WC. Vor allem ging es aber darum, die Mitwirkenden und Passanten dazu anzuregen, eine neue Perspektive einzunehmen und Barrieren in den Köpfen durch Kontakte und Austausch abzubauen. Die Reaktionen der Schülerinnen und Schüler belegten, dass dies gelungen ist. Sie erlebten durch eigene Anschauung, welche im Alltag sonst häufig übersehenen Details eine Barriere darstellen können – und wie es sich anfühlt, im Alltag auf die Hilfsbereitschaft anderer Menschen angewiesen zu sein. Sie stellten aber auch fest, dass Begegnungen der unterschiedlichsten Art auch Spaß machen können. Einige begaben sich freiwillig und voller Tatendrang auf eine Zusatzrunde durch die Stadt – natürlich mit

Der Weg für einen barrierefreien Zugang und eine barrierefreie Toilette war in Bebenhausen sehr mühsam und steinig, auch im übertragenen Sinne.

dem Rollstuhl. »Die Gesellschaft trägt eine Mitverantwortung an der Beseitigung von Barrieren«, sagt der Kreisbehindertenbeauftragte Tübingen, Willi Rudolf, der zugleich seit 25 Jahren als 1. Vorsitzender des Landesverbandes Selbsthilfe Körperbehinderter Baden-Württemberg e.V. Menschen mit Behinderung betreut und vertritt.

Bebenhausen – barrierefrei und rollstuhlgerecht

Mit dem Rollstuhl zum Kloster Bebenhausen hinauf? Aus eigener Kraft ist das nicht zu schaffen. Dies zumindest galt noch vor drei Jahren. Willi Rudolf hatte das damals, am 5. Mai 2013, zum Europäischen Protesttag zur Gleichstellung von Menschen mit Behinderung gezeigt. Auch Michael Hörrmann, Geschäftsfüh-

rer der Staatlichen Schlösser und Gärten, machte in einem Rollstuhl das Experiment mit. »Ich bin so demütig geworden, als ich hinaufgeschoben werden musste. Da hat sich bei mir die Wahrnehmung geändert«, erinnert er sich.

Seitdem hat sich einiges getan auf dem Gelände mit dem ehemaligen Zisterzienserkloster und dem Jagdschloss der württembergischen Könige. Und nicht nur hier, sondern auch bei einigen anderen geschützten Kulturdenkmälern im Land. »Barrierefreiheit und Denkmalschutz: Das galt lange als unvereinbar, die vergangenen Monate haben jedoch gezeigt, es kann viel gelingen«, sagte die Landesbehindertenbeauftragte Stephanie Aeffner.

In Tübingen hatte die Denkmalschutzbehörde gemeinsam mit dem Kreisbehindertenbeauftragten Willi Rudolf eine Liste von 23 Eingriffspunkten für das Kloster und Schloss Bebenhausen erarbeitet. Einige wichtige Punkte wurden bereits umgesetzt. So gibt es mittlerweile einen Behindertenparkplatz, eine barrierefreie Toilette sowie eine trotz des Kopfsteinpflasters leicht befahrbare Spur. Für diesen denkmalgerechten Weg mussten 400 Quadratmeter Pflastersteine herausgenommen, eben geschliffen und wieder eingesetzt werden. Im Laufe des Jahres soll noch einiges mehr verbessert werden, Handläufe angebracht, Türen elektrifiziert und Stufen überbrückt werden. Die Gesamtkosten belaufen sich auf 360 000 Euro, drei Jahre zuvor wurde für die Barrierefreiheit der Betrag von 1 Million Euro genannt. »Jedes Denkmal braucht seine eigene individuelle Lösung. Das ist meist kostspielig. Würden die Betroffenen gefragt, könnte man in so manchem Fall auch einfache, kostengünstige Lösungen finden«, meint Stephanie Aeffner.

Kommunalpolitik und der Ausstieg

Bestimmte Ereignisse und Situationen lassen sich im Leben nicht planen, trotzdem wollte ich jedoch den Ausstieg aus meinen Ehrenämtern nicht dem Zufall überlassen. Deshalb habe ich mir seit Langem vorgenommen, bei der nächsten Kommunalwahl nicht mehr für den Ortschaftsrat und den Gemeinderat zu kandidieren. In den letzten Jahren habe ich auch festgestellt, dass die gesellschaftliche Situation in der Gemeinde sich in den vergangenen Jahrzehnten wesentlich geändert hat. Zu Beginn meiner Tätigkeit, vor über 30 Jahren, waren die persönlichen Kontakte zu der Bevölkerung erheblich intensiver, inzwischen begegnet man sich in der Regel nur noch mit dem Auto, und wenn die Nummer bekannt ist, kann man (wegen der spiegelnden Fenster) erraten, wer wohl drinsitzt.

Eine weitere Überlegung war, dass die Entscheidungen in den Gremien in aller Regel langfristig und nachhaltig sind und deshalb auch ein Anteil junger Gremiummitglieder notwendig ist, um die Zukunft zu gestalten.

Während einer Gemeinderatssitzung wurde mir, nach mehreren langen Reden, unwohl und ich vermutete Unterzucker. Ich verließ den Sitzungssaal, um mich in der Vorhalle zu erholen, mein Freund und Fraktionskollege Armin Dieter folgte mir und fragte, wie es mir ginge. Er versorgte mich mit Traubenzucker und Schokolade. Doch die Situation besserte sich nicht. Zwischenzeitlich kam auch mein Nebensitzer und Fraktionssprecher Dr. Marc Eisold, erkundigte sich nach meinem Befinden und stellte Kaltschweißigkeit fest. Sein Vorhaben, mich mit seinem Auto in seine Arztpraxis zu fahren, war nicht realistisch, ich konnte aufgrund meiner Behinderung und meines Rollstuhls nicht in seinem Auto transportiert werden. Mit meinem in der Tiefgarage geparkten Auto konnte aufgrund des Umbaus (ohne Demontage der Pedale) auch keiner fahren.

Warum man rechtzeitig aussteigen soll

Also riskierten wir einen sicherlich unzulässigen Transport. Ich fuhr in meinem Auto selbst, Armin saß neben mir, um im Notfall eingreifen zu können und Doktor Eisold fuhr mit seinem Auto dicht hinter uns. Um die Einlieferung in die Klinik zu beschleunigen, hatten wir beschlossen, direkt in die DRK-Rettungszentrale Mössingen zu fahren. Dort angekommen, haben wir von dem Rettungswagen noch die Rücklichter gesehen und mit der Notruftaste am Hauseingang konnte kein weiteres Personal alarmiert werden. Also ging die Fahrt weiter direkt in die Praxis von Doktor Eisold.

Sofort wurde mir Sauerstoff zugeführt und die Messergebnisse ergaben einen Blutdruck von 210 zu 105. Zum Glück konnte durch die sofortige Behandlung der Blutdruck gesenkt werden und die zwischenzeitlich eingetroffenen Rotkreuz-Fahrer transportierten mich dann mit dem Krankenwagen in die Klinik. Meine zwischenzeitlich herbeigerufene Frau konnte zusammen mit Armin Dieter meine Sondereinbauten im Fahrzeug ausbauen und den Rollstuhl von der Arztpraxis in die Klinik transportieren. Dieses Erlebnis und die Erkenntnis, dass die Gemeinderatssitzungen in der Regel erst knapp vor 23 Uhr endeten, waren Grund genug, nicht mehr zu kandidieren. Die Entscheidung, in die Kommunalpolitik zu gehen, habe ich nie bereut und ich freue mich, dass ich im Laufe der Jahrzehnte an zahlreichen Entscheidungen mitwirken konnte und unter anderem die Sichtweise und Bedürfnisse von Menschen mit Behinderung einbringen konnte.

Wenn ich nun die Ehrenmedaille der Stadt, die mir bei der Verabschiedung überreicht wurde, betrachte, kommen mir zahllose Erlebnisse in den Sinn, für die ich sehr dankbar bin.

Zwischenzeitlich bin ich über 70 Jahre alt und von meinen Altersgenossen sind die meisten nun im Ruhestand oder in Rente und genießen das Leben mit Reisen, Gartenarbeiten oder sonstigen Hobbys.

Nachdem mir dies alles schwerfällt, musste ich mir wieder einmal andere Alternativen der Betätigung überlegen.

In den vergangenen 40 Jahren habe ich zahlreiche ehrenamtliche Tätigkeiten übernommen, in meiner Verantwortung für das Fortbestehen dieser Aufgaben habe ich mich Schritt für Schritt aus den Gremien zurückgezogen.

2017 werde ich meine letzte ehrenamtliche Funktion, den Vorsitz des Landesverbandes Selbsthilfe Körperbehinderter Baden-Württemberg e. V., abgeben, die ich seit Gründung vor über 25 Jahren innehabe.

Das Beste kommt zum Schluss

Seit langer Zeit habe ich mich nach geeigneten Nachfolgern umgesehen, doch die Anforderungen waren sehr hoch. Nun ist es mir gelungen, die Arbeit und Funktionen auf mehrere Personen aufzuteilen. Die sehr arbeitsreiche und wichtige Verbandsarbeit einschließlich der Mitgliedschaft im Vorstand der LAG S (Landesarbeitsgemeinschaft Selbsthilfe Baden-Württemberg mit 60 Landesverbänden und circa 60 000 Mitgliedern von Menschen mit Behinderung) wird von Ines Vorberg wahrgenommen. Für den Verbandsvorsitz konnte ich Andreas Braun gewinnen, den ich während meiner Mitgliedschaft im Kreistag Tübingen als engagierten Kollegen kennengelernt habe. Herr Braun ist als Feuerwehrmann im Einsatz verunglückt und abgestürzt und seither querschnittsgelähmt. Trotz dieser Behinderung und seiner Tätigkeit als Gymnasiallehrer ist Herr Braun kommunal- und sozialpolitisch sehr aktiv.

Abschied von Funktionen und Verbandstätigkeiten, doch neue Aufgaben warten.

Ich freue mich sehr und bin dankbar, dass es mir gelungen ist, diesen Verband, der mir auch ans Herz gewachsen ist, in geeignete, zuverlässige Hände zu übergeben. Durch die Inklusion kommen weitere wichtige Aufgaben auf den Verband zu, und nun kann ich beruhigt die Entwicklung auch im Hinblick auf das neue Teilhabegesetz beobachten.

Ein unermüdlicher Schaffer
Gerd Weimer, Landesbehindertenbeauftragter
Baden-Württemberg

Im Leben, sagt der Volksmund, begegnet man sich immer zweimal. Im Leben von Willi Rudolf und mir ist das sogar dreimal passiert.

Es muss in den frühen 90er-Jahren des letzten Jahrhunderts gewesen sein, als ich diesem ungewöhnlichen Mann erstmals begegnete. Es war politisch die Zeit der damaligen großen Koalition in Stuttgart. Ich war Abgeordneter und parlamentarischer Geschäftsführer einer der beiden Regierungsfraktionen und bekam im Landtag Besuch von Willi Rudolf als Repräsentant der LAG Selbsthilfe. Konkret ging es um mehr Barrierefreiheit beim Bauen im Hinblick auf die damals anstehende Novellierung der Landesbauordnung (LBO). Es hätte seines dezenten Hinweises, dass er aus Mössingen, also aus einer Stadt meines damaligen Wahlkreises komme, nicht bedurft: Wir waren uns von Anfang nicht nur wegen unserer schwäbischen Sprache sympathisch, sondern vor allem wild entschlossen, bei diesem Gesetzesvorhaben ein Höchstmaß an Barrierefreiheit politisch »herauszuholen«. Das Ergebnis konnte sich sehen lassen, die LBO im Ländle galt damals für viele Jahre bundesweit als vorbildlich.

Zum zweiten Mal kreuzen sich unsere Wege durch die Kommunalwahlen 2004. Willi Rudolf wurde in den Tübinger Kreistag gewählt, dem ich damals ebenfalls angehörte. Dass er als Betroffener automatisch zum parlamentarischen Sprachrohr für den Abbau von Barrieren jedweder Art wurde, versteht sich von selbst. Es war auch eine logische Konsequenz seiner beharrlichen Arbeit, dass ihn der Tübinger Kreistag 2008 einstimmig zum ehrenamtlichen Kreisbehindertenbeauftragten wählte. Damit nicht genug: Dieser selbstständige Unternehmer, Familienvater, Hans-Dampf-in-allen-Gassen führte nicht nur seine zahlreichen Ehrenämter fort, er machte auch auf Landesebene »Karriere«.

So wurde er beispielsweise ab 2006 in den Beirat Rehabilitation des Sozialministeriums oder ab 2009 als Mitglied in den Expertenrat zur schulischen Inklusion des Kultusministeriums berufen. Nur wer selbst im Rollstuhl sitzt oder die erforderliche Empathie für Betroffene aufbringt, kann annähernd ermessen, wie viel Kraft und wie viel komplizierte Logistikplanung hinter all diesen Terminen an den verschiedensten Orten in einer sehr barrierereichen Gesellschaft steckt.

Die schaffensreichste und intensivste Phase unserer Zusammenarbeit begann im Jahr 2011, zwei Jahre nachdem der Deutsche Bundestag die UN-Behindertenrechtskonvention einstimmig verabschiedet hatte. Die Landesregierung berief mich zum ersten unabhängigen Beauftragten für Menschen mit Behinderung in Baden-Württemberg. Es war keine Frage, dass Willi Rudolf als Vertreter der kommunalen Familie und kurze Zeit später als hauptamtlicher Kreisbehindertenbeauftragter in den neu aufgestellten Landesbehindertenbeirat berufen wurde. Bei innovativen Projekten (Landesstiftung »Inklusionsbegleiter« oder »Impulse Inklusion« des Sozialministeriums) kamen die von ihm eingereichten Förderanträge stets zum Zug. Er war mir auch kompetenter Ratgeber bei neu beschlossenen Gesetzen, zum Beispiel beim Landesbehindertengleichstellungsgesetz oder einer weiteren Novellierung der LBO.

Unvergesslich in Erinnerung bleiben auch eine ganze Reihe gemeinsamer und erfolgreicher Vor-Ort-Termine. Im Zisterzienserkloster Bebenhausen ging es beispielsweise um das schwierige Thema Denkmalschutz und Barrierefreiheit. Bei der Begehung des neuen Nationalparks Schwarzwald kämpfte er um ein Höchstmaß an Barrierefreiheit in der freien Natur. In Tübingen haben wir gegen den erbitterten Widerstand des Oberbürgermeisters den Gemeinderat davon überzeugen können, dass eine neue Uni-Klinik auch ein barrierefreies und leicht erreichbares Parkhaus braucht. Diese Aufzählung erfolgreich abgeschlossener Projekte könnte noch beliebig lange fortgeführt werden. Es

Auch als Behindertenbeauftragter des Landes hat Gerd Weimer meine Arbeit maßgeblich unterstützt.

war eine gute Zeit. Oft habe ich mich in diesen fast 25 Jahren gemeinsamer Begegnungen gefragt, woher dieser auf den Rollstuhl angewiesene Mann die Kraft, den Mut und diese Ausdauer bezieht in seinem Kampf gegen Barrieren in den Köpfen und im Alltag. Wer dieses Buch liest, bekommt eine ungefähre Vorstellung davon. Es ist ein richtiges Mut-Macher-Buch und sollte Pflichtlektüre in unseren Schulen werden. Der Kampf geht weiter, oder wie wir Schwaben zu sagen pflegen: ad multos annos.

EPILOG

Willi Rudolf und ich haben dieses Buch gemeinsam geschrieben. Am Anfang stand ein kleiner Text von vielleicht dreißig Seiten, viele Fakten, Zahlen, die ein Leben in eine Form pressten, das eigentlich jeden Rahmen sprengte. In zwei, drei knappen Sätzen stand manchmal schlicht notiert, was eigentlich eine ganze Reihe von Ausrufezeichen verdient hätte:»Ein schäbiges Kind!«, »Fast gestorben!«,»Musste ich ein halbes Jahr auf dem Rücken liegen!« Oft war ich mir unsicher und fragte nach:»Hat deine Mutter dich als Baby wirklich fast dreißig Kilometer auf dem Kopf getragen?«»Haben sie dich einfach so aus der Schule entlassen?«

Vieles von dem, was Willi Rudolf erzählt, klingt heute ungeheuerlich. Manchmal konnte ich kaum glauben, was ich las. Es scheint, er ist zur Unzeit geboren. Am Ende des Zweiten Weltkriegs, als die alte bäuerliche Welt, der seine Eltern und Großeltern noch angehörten, und in der eine Familie ganz selbstverständlich für die Ihren einsteht, zu Ende ging. Der moderne Sozialstaat, mit seinen festgeschriebenen Rechten, auch für Menschen mit Behinderungen, war noch nicht entstanden. Alles war im Umbruch. Das Alte galt nicht mehr als selbstverständlich, das Neue war noch nicht ausformuliert.

Und dann war da ein Kind, ohne Vater, und ohne Aussicht, je auf eigenen Beinen durchs Leben zu gehen. Und eine junge Mutter, ohne Ehemann, ohne eigene Ausbildung, und doch mit dem festen Willen, das Beste für ihr behindertes Kind zu schaffen. Zwei Menschen, denen das Glück nicht in die Wiege gelegt wurde, die es aber mit ihrer Energie und ihrem unerschütterlichen Gottvertrauen selbst in die Hand genommen haben.

»Geht nicht, gibt's nicht«, das ist ganz früh schon Willi Rudolfs

Devise. Und nichts ist für sein Leben bezeichnender als sein kindlicher Versuch, sich einen Gartenbrunnen nach dem Prinzip eines *Perpetuum mobile* zu konstruieren. Dass das tatsächlich nicht geht, lernte er erst viel später. Damals dachte er, er hätte es entdeckt, das Geheimnis der unerschöpflichen Energie.

Unerschöpfliche Energie, er scheint sie wirklich zu haben, zumindest zeitweise. Immer wieder werfen ihn frustrierende Diagnosen und Erfahrungen zurück, und immer rappelt er sich wieder auf, versucht es noch einmal, probiert einen neuen Weg. Egal ob es sich um neue und immer wieder erfolglose Therapiemethoden, Arbeitsversuche oder das Spießrutenlaufen zum Führerscheinerwerb handelt! Wahrscheinlich ist es das Geheimnis seines Erfolges: Dass er den Mut nicht sinken lässt, dass er selbst in scheinbar aussichtslosen Situationen nicht jammert und klagt, sondern mit heiterem Gesicht immer wieder einen neuen Versuch wagt. Auch wenn ihm vielleicht hinter verschlossener Zimmertür die Tränen kommen mögen.

Er hatte keinen leichten Start ins Leben, der kleine Willi, ohne Vater, ohne Schulabschluss, dafür mit einer angeborenen Knochenfehlstellung und Kleinwuchs. Aber er hatte auch Glück, weil er von ungewöhnlich wohlwollenden und einfallsreichen Menschen umgeben war, die ihn zu keinem Zeitpunkt aufgaben, sondern sich immer wieder etwas einfallen ließen, um ihm sein Leben so lebenswert und angenehm wie möglich zu gestalten: Die energische Ahne, die selbst gern die Zügel in der Hand hielt und ihm das erste Pferdchen zum Geschenk machte. Der schwer schuftende Großvater, der so jung schon verstarb, und natürlich seine Mutter, die ihn so liebte wie er war, und die tausend und eine Idee hatte, um ihm sein Leben zu vereinfachen und zu erleichtern. Und er hatte auch Glück, weil er zum richtigen Zeitpunkt die richtigen Leute kennenlernte. Fritz, den alten Freund, der ihn zur genetischen Untersuchung und dann auch zur Suche nach einer Partnerin bewegte; Hans-Georg Döbereiner, den Chef, der ihn zwar sehr forderte, doch ihm schließlich zum beruflichen Erfolg verhalf, und schließlich Emma, seine Frau, die nicht nur seinen Traum vom glücklichen Familienleben, sondern auch seine sozialpolitischen Visionen teilte und mit ihm realisierte.

Die Arbeit an »unserem« Buch war wie eine kleine Reise. Seit fast 40 Jahren hat Willi sie vorbereitet. Mit großer Sorgfalt hat er alle möglichen wichtigen und unwichtigeren Stationen seines Lebens festgehalten, Dokumente und Bilder gewissenhaft archiviert. Es ist anrührend, wenn jemand den Ereignissen seines Lebens einen so hohen Stellenwert beimisst. Es hat mich sehr beeindruckt, wie ernst Willi sein Leben nimmt, wie bedeutsam ihm alles ist, was ihm und seinen Lieben begegnet und welche Menschen seinen Weg kreuzen. Die Familie ist ihm sehr wichtig. Von allen gibt es Fotos und Geschichten, die zeigen, wie sie lebten, wie sie waren und welche Bedeutung sie auch für sein Leben hatten.

Fast ein Jahr haben wir zusammen gearbeitet. Irgendwann im Sommer 2009 fragte mich Willi, ob ich mir vorstellen könnte, seine Biografie zu schreiben. Für mich war das Neuland, in mehrerlei Hinsicht. Als Redakteurin hatte ich zwar schon viele Texte für Zeitschriften und Zeitungen verfasst, noch nie zuvor aber an einem so umfangreichen Text gearbeitet. Das größte Fragezeichen aber war für mich, ob es mir überhaupt gelingen würde, mich in eine mir bis dahin nur wenig bekannte Person so hineinzuversetzen, dass ich sozusagen mit ihrer Stimme sprechen und möglichst authentisch schreiben könnte. Vor allem, da es sich um einen Mann mit einer angeborenen Schwerbehinderung handelte! Ich war skeptisch.

Aber Willi Rudolf ist kein Mensch, der sich lange mit uneffektiven Überlegungen aufhält: »Wären Sie einverstanden«, fragte er mich, »wenn ich Ihnen mein Rohmanuskript zuschicken würde und Sie mir zunächst einen Probetext schreiben?« Gesagt, getan. Das Probekapitel wurde geschrieben und Herr Rudolf, wie ich ihn damals noch nannte, war sehr angetan.

Wir haben uns auf Anhieb gut verstanden. Willi leidet nicht an seiner Behinderung, obwohl er, wie ich im Laufe unserer intensiven Gespräche erfahren habe, selten ganz ohne Schmerzen ist. Das Leben ist für ihn kein Jammertal und er auch kein Jammerlappen. Ein Zusammensein mit Willi ohne zu lachen, das gibt's eigentlich nicht. Sein Humor verlässt ihn nie, er wirkt vielmehr ansteckend.

Das Beste waren unsere nächtlichen Kontakte: E-Mails und Telefonanrufe zu nachtschlafender Stunde. Jeder von uns saß vor seinem Laptop, ich schrieb an seinem Text, hatte immer wieder Fragen, und schickte mal eben schnell eine Mail nach Öschingen. Willi beantwortete meine Frage prompt. Wir redeten über die Vergangenheit, über seine Gefühle und Politik und wie es ist, wenn man behindert ist und trotzdem im Leben seinen Mann stehen will. Wir haben über fast alle Themen geredet, die ein Menschenleben ausmachen: Im wahrsten Sinne des Wortes über Gott und die Welt, über Männer und Frauen, Chefs und Kollegen, Liebe und Freundschaft, Krankheit und Gesundheit und, und, und... Wir kamen vom Hundertsten ins Tausendste und wenn ich nicht aufhören wollte zu fragen und zu bohren, stöhnte Willi des Öfteren: »An was für eine Frau bin ich da nur geraten, ich muss ja alles von mir preisgeben.« Es war ein sehr intensiver Prozess, der sich in Willi Rudolf und zwischen uns beiden abspielte und ein schwieriges Stück gemeinsamer Arbeit – nicht immer angenehm, denn auch viele leidvolle Erfahrungen mussten noch einmal durchlebt und beschrieben werden.

In der Tat war es auch harte Textarbeit, und gelegentlich ist der Spaßfaktor in den Hintergrund getreten. Aber es war eine große Bereicherung für mich.

Wir haben erzählt, gelacht, überlegt, an Textstellen gefeilt und kontrovers diskutiert. Die Gespräche und Diskussionen haben auch in meinem Leben einiges zurechtgerückt, nicht nur, was den Umgang mit Menschen mit Behinderungen oder Fragen nach Barrierefreiheit im Alltag angeht.

Lieber Willi, ich danke dir. Die gemeinsame Arbeit mit dir war eine wunderbare Lebenserfahrung.

Hiltrud Schwenzer

DANKE …

>»Man kann das Leben nur rückwärts verstehen,
>aber man muss es vorwärts leben.«
>
>*Sören Kierkegaard*

Bereits 1972, in meinem persönlichen »Wendejahr«, habe ich
mir vorgenommen, die Ereignisse meines Lebens zu Papier zu
bringen. Damals schon spürte ich, wie sehr Sätze wie »Das
kannst du nicht.« oder »Das geht nicht.« den Blick auf das Mögliche verstellen. An diesem emotionalen Tiefpunkt, als ich um
das Leben meiner Mutter fürchtete und auch meine eigene Zukunft plötzlich ins Wanken geriet, habe ich eine Wende erlebt,
wie ich sie mir nicht hätte vorstellen können. Mitten in meiner
großen Angst, möglicherweise auch das wenige Erreichte wieder preisgeben zu müssen, da packte mich plötzlich der Mut der
Verzweiflung und ich äußerte meine vier »völlig unmöglichen«
Wünsche. Und in der Tat, die Wünsche gingen in Erfüllung, und
zwar auf eine Art und Weise, die ich mir nicht hätte träumen lassen.

»Geht nicht, gibt's nicht!« ist das nicht dennoch ein überzogener, unrealistischer Buchtitel? Ich finde nicht. Viele Male habe
ich erlebt, dass anscheinend Unmögliches sehr wohl möglich ist,
und dass sich vieles realisieren lässt, von dem alle dachten, es sei
völlig ausgeschlossen. Man muss es eben ein wenig anders anpacken oder von einer anderen Seite her betrachten. In diesem
Sinne möchte das Buch auch Mut machen. Mut, das Mögliche
zu suchen, andere Wege, ungewöhnliche Lösungen auszuprobieren.

Wir Menschen mit Körperbehinderungen werden von klein
an mit unseren Grenzen konfrontiert. Wir erleben, was wir alles

nicht können, wo wir nicht mitmachen oder nicht mithalten können. Aber das ist nur die halbe Wahrheit. Unser alter Öschinger Schultes Martin Buck, mein treuer Gesellschafter vieler einsamer Kindertage, tröstete mich oft mit dem Satz: »Jeder Mensch kann irgendetwas, er muss es bloß herausfinden.« Das klingt banal, ist aber, wie so manche simple Erkenntnis, eine tiefe Wahrheit.

Früher schaute ich oft mit Wehmut meinen nicht behinderten Freunden und Verwandten zu, wenn sie im Handwerk und in der Landwirtschaft ihrer Arbeit nachgingen. Ich wusste, ich würde niemals einen Acker bestellen können. Aber ich kann strategisch denken, Ziele entwickeln und geschickt verhandeln. Die Felder, auf denen ich seit vielen Jahren tätig bin, sind die Kommunalpolitik und meine sozialpolitischen Aufgaben, und die Früchte, die ich einzubringen hoffe, ein befriedigendes gesellschaftliches Miteinander von Menschen mit und ohne Behinderungen.

Während der Arbeit an dem Buch habe ich viele Episoden aus meinem Leben in Gedanken noch einmal durchlebt. Ereignisse, die ich vergessen hatte, sind aus der Erinnerung wieder aufgetaucht. Zusammenhänge und Verbindungen habe ich aus der Distanz erst richtig gesehen. Und wenn ich heute, wie Kierkegaard schreibt, »rückwärts« blicke, dann bin ich einerseits glücklich und stolz auf all das, was ich wider alle Prognosen erreicht und erkämpft habe. Ich bin aber auch von ganzem Herzen dankbar, für all die Wegbegleiter und Mutmacher, die mich vom ersten Lebenstag an begleitet haben und bis heute begleiten.

In der Tat, es sind nicht viele, es sind sehr viele Menschen, denen ich »Danke« sagen will: Liebe Emma, liebe Mutter und liebe Großeltern, euch danke ich an erster Stelle. Wenn ihr mich mit eurer Lebensfreude, eurer Liebe und eurer Fantasie nicht so unermüdlich unterstützt hättet, ich hätte niemals auch nur annähernd erreicht, auf was ich heute zurückblicken darf.

Ich danke meinen Söhnen Simon und Benjamin, die sich niemals für ihren behinderten Vater genierten, sondern mit größter Selbstverständlichkeit das Gegebene akzeptierten und später durchaus Stolz auf ihre »etwas anderen« Eltern zum Ausdruck brachten.

Meinen Verwandten, Nachbarn, Kollegen, ja dem ganzen Dorf Öschingen danke ich. Sie haben in mir nie den »Behinderten« gesehen, sondern eben den Willi, »dem man zwar gelegentlich helfen muss«, dem man aber auch eine ganze Menge zutraut. Bereits als Kind hat mich das ermutigt und mich immer wieder neu motiviert. Sie alle zu nennen, würde den Rahmen sprengen.

Ein ganz besonderer Dank all denen, die mir die fehlende Muskelkraft ersetzt und mich unzählige Stufen und Treppen hinauf- und wieder hinuntergetragen haben: Meine Zivis, die mir dadurch eine große Selbstständigkeit ermöglichten, die Mitarbeiter des Landratsamtes und natürlich all die Sitzungskollegen in Ortschaftsrat und Kreistag. Vermutlich werden sie diese teilweise gewagten Aktionen so wenig vergessen wie ich und bei künftigen Entscheidungen in Sachen Barrierefreiheit daran denken.

Natürlich danke ich allen im Buch erwähnten Personen, meiner einfühlsamen Mitautorin Hiltrud Schwenzer und unserer Lektorin Petra Wägenbaur. Ein Dank geht auch an Dr. Dieter Schmidt, der das Buch aufmerksam gegengelesen und uns viele wertvolle Tipps gegeben hat. Nicht nur im Buch erwähnte Politikerinnen und Politiker jeder Couleur haben sich weit über ihr professionelles Muss hinaus für meine Anliegen interessiert und eingesetzt. Auch ihnen ein Dankeschön.

Ein ganz besonderer Dank aber geht an Frau Gabriella Schäfer-Lehari vom Verlag Oertel & Spörer, die ich bei einer Fahrzeugpräsentation der Firma PARAVAN kennengelernt habe und die von meinem Projekt spontan so begeistert war, dass sie das Buch zur Chefsache machte und die Entstehung aufmerksam betreute und begleitete.

Willi Rudolf

ANMERKUNGEN

1 Beim Stichwort Kinderlandverschickung denkt man zuerst an die von der Hitlerjugend organisierte Evakuierung von Schulkindern aus Großstädten, die besonders von Bombenangriffen bedroht waren. Diese Kinder lebten oft monatelang von ihren Familien getrennt und verbrachten, häufig gemeinsam mit ihren Klassenkameraden, eine wichtige Phase ihrer kindlichen Entwicklung in sogenannten KLV-Lagern. Weniger bekannt ist die Erweiterte Kinderlandverschickung, drei zahlenmäßig weit bedeutendere Evakuierungsaktionen, die von der Nationalsozialistischen Volkswohlfahrt durchgeführt und finanziert wurden, und bei der auch jüngere Kinder und Mütter mit Kleinkindern verschickt und teilweise für mehrere Jahre in Pflege- oder Gastfamilien untergebracht wurden.

2 Die Frage nach dem Schicksal der deutschen Kriegsgefangenen in russischen Lagern belastete die deutsche Öffentlichkeit der Nachkriegsjahre. Mit Denkmälern, Briefmarken und Demonstrationen wurde immer wieder auf das grausame Schicksal dieser Menschen hingewiesen. Eigentlich war in einer Außenministerkonferenz der Alliierten vereinbart worden, dass bis Ende 1948 alle Kriegsgefangenen in ihre Heimatländer zurückkehren sollten, doch die Sowjetunion hielt sich nicht an diese Vereinbarung, da die Kriegsgefangenen die außerordentlichen Kriegsschäden mit ihrer Arbeitskraft beheben sollten. Die letzten Kriegsgefangenen kehrten erst im Herbst/Winter 1955/1956 aus den Lagern zurück. Hintergrund dafür, dass auch diese letzten verloren geglaubten Männer heimkehren durften, war eine Einladung 1955

an Bundeskanzler Adenauer zu einem Staatsbesuch nach Moskau. Zu diesem Zeitpunkt befanden sich noch knapp 10 000 deutsche Soldaten sowie rund 20 000 politisch inhaftierte Zivilisten in sowjetischer Gefangenschaft. Überraschend schnell einigte man sich über die Aufnahme diplomatischer Beziehungen und die Freilassung der restlichen Kriegsgefangenen und Zivilinternierten. Am 7. Oktober 1955 kamen die ersten 600 Heimkehrer der »Zehntausend« in Friedland an. In ganz Deutschland nahmen die Menschen tief bewegt Anteil.

3 Zitiert nach der Webseite der KBF Mössingen: www.kbf.de unter Verein/Partner/Stiftung unter der Rubrik Entstehung und Entwicklung: http://www.kbf.de/homepage/01_verein/entstehung.htm

4 Am Donnerstag, 10. Juni 2010, fand ein Gespräch mit Dr. Andreas Dufke von der Genetischen Beratung der Uniklinik Tübingen statt.
Bei Willi Rudolf wurde bei seinem ersten Besuch am Institut für Humangenetik in Tübingen Anfang der 80er-Jahre aufgrund der klinischen Befunde und der charakteristischen Röntgenbilder die Diagnose einer diastrophischen Dysplasie gestellt. Die Diastrophe Dysplasie ist eine seltene Erkrankung, gekennzeichnet durch Kleinwuchs und andere typische Fehlbildungen an Knochen und Gelenken. Ursache ist eine genetische Veränderung (Mutation), die rezessiv weitervererbt wird. Anfang der 80er-Jahre, als Herr Rudolf sich zum ersten Mal in Tübingen vorstellte, konnte die Diagnose nur aufgrund des klinischen Befunds gestellt werden. Seit wenigen Jahren ist ein verantwortliches Gen bekannt, bei über 90 Prozent der Patienten kann eine genetische Veränderung nachgewiesen werden.
Da die Diastrophe Dysplasie einem autosomal-rezessiven Erbgang folgt, besteht für Nachkommen eines Betroffenen mit einem gesunden, nicht-blutsverwandten Partner nur eine geringe

Wahrscheinlichkeit ebenfalls zu erkranken. Bei familienplanerischen Bedenken ist es empfehlenswert, eine genetische Beratung in Anspruch zu nehmen.

Kontakt und Information: Genetische Beratung, Abteilung Medizinische Genetik, Institut für Humangenetik, Calwerstraße 7, 72076 Tübingen, Terminvergabe: (0 70 71) 2 97 64 08.

Gute Informationen über die Erkrankung sowie über Spezialambulanzen findet man in der Datenbank der Seltenen Erkrankungen ORPHANET unter dem Stichwort *Diastrophischer Kleinwuchs*. www.orpha.net

Informationen über Selbsthilfeorganisationen, Hilfsmittel und vieles andere mehr:

Bundesverband Kleinwüchsige Menschen und ihre Familien e.V., Beratungs- und Geschäftsstelle im Deutschen Zentrum für Kleinwuchsfragen, Leinestraße 2, 28199 Bremen, (04 21) 3 36 16 90, info@bkmf.de, www.bkmf.de
Bundesverband Selbsthilfe Körperbehinderter e.V., Altkrautheimer Straße 20, 74238 Krautheim, (0 62 94) 42 81-0, info@bsk-ev.org, www.bsk-ev.org
Landesverband für Körper- und Mehrfachbehinderte Baden-Württemberg e.V., Haußmannstr. 6, 70188 Stuttgart, (07 11) 21 55 220
info@lv-koerperbehinderte-bw.de, www.lv-koerperbehinderte-bw.de
LAG Selbsthilfe Baden-Württemberg e.V., Rotebühlstraße 133, 70197 Stuttgart, (07 11) 25 11 81-0, info@lag-selbsthilfe-bw.de, www.lag-selbsthilfe-bw.de
Landesverband Selbsthilfe Körperbehinderter e.V. Untergasse 2, 72116 Mössingen, (0 74 73) 9 14 74, info@lsk-bw.de, www.lsk-bw.de

CHRONOLOGIE

1943	**Kriegshochzeit der Eltern**
1944	**28. November: Geburt Willi Rudolf**
1950	*Gründung des »Verbandes der Kriegsbeschädigten, Kriegshinterbliebenen und Sozialrentner Deutschlands« (seit 1994: Sozialverband VdK Deutschland)*
1951	**Einschulung in die Dorfschule Öschingen**
1953	*»Schwerbeschädigtengesetz« regelt berufliche Wiedereingliederung der rund zwei Millionen Kriegsbeschädigten*
1954	**Tod des Großvaters (Ehne)**
1955	**Erstes Pony (Lotte)**
1955	*Eduard Knoll gründet den BSK (Sozialhilfeverein)*
1956	*Körperbehindertengesetz regelt Eingliederung der »Zivilbehinderten«*
1957	**Ende der Schulzeit**
1959	**Konfirmation**
1960	**Heimarbeit, kunstgewerbliche Artikel, Schuhverkauf usw.**
1964	*»Aktion Sorgenkind« wird gegründet. Im Anschluss an Unterhaltungssendung »Vergißmeinnicht« wird mit eindringlichen Bildern über die Lebenssituation von Menschen mit Behinderung zu Spenden aufgerufen.*
1965	*»Gesetz zur Vereinheitlichung und Ordnung des Schulwesens«, alle Kinder, auch solche mit geistiger Behinderung, sind nun schulpflichtig.*
1967	*In der Bundesarbeitsgemeinschaft Hilfe für Behinderte e.V. (BAGH) schließen sich Selbsthilfeverbände zusammen.*
1972	**Krebsverdacht bei Mutter, »Behördenkampf« zum Führerschein**

1973	5. Januar: **Erhalt des Pkw-Führerscheins** September: **Beginn der Tätigkeit bei der KBF Mössingen** **Gründung der Regionalgruppe Tübingen – Reutlingen des Bundesverbands Selbsthilfe Körperbehinderter in Metzingen**
1974	*»Schwerbehindertengesetz« hebt Aufteilung in »Kriegsversehrte« und »Zivilbehinderte« auf*
1976	**Neubau des barrierefreien Eigenheims in Öschingen**
1979	**Wahl zum Öschinger Ortschaftsrat**
1981	**Genetische Beratung an der Tübinger Uniklinik**
1981	*»Internationales Jahr der Behinderten«*
1982	– April: **Gründung der Firma Rudolf Reha Systeme** – **Kündigung als Sachgebietsleiter bei der KBF** – **im gleichen Monat stirbt die Großmutter (Ahne)** – Mai: **Hochzeit** – November: **Tod der Mutter** – **Wahl in den KBF Vorstand**
1983	30. April: **Geburt Simon Rudolf**
1984	21. August: **Geburt Benjamin Rudolf** **Berufung in den Beirat der Zentralen Wohnberatungsstelle beim LWV**
1987	*Gründung LAG-Selbsthilfe (bis 2005 Hilfe für Behinderte Baden-Württemberg e.V.)*
1991	**Gründung: Landesverband Selbsthilfe Körperbehinderter Baden-Württemberg e.V.**
1991	*In Köln wird die Gründungsresolution der »Interessenvertretung Selbstbestimmt Leben Deutschland e.V.« (ISL) unterzeichnet*
1994	*Im November tritt die neue gesamtdeutsche Verfassung in Kraft. Behinderte Menschen und ihre Verbände und Organisationen haben durchgesetzt, dass der Grundrechtekatalog um den Satz »Niemand darf*

wegen seiner Behinderung benachteiligt werden«.
(Art. 3, Abs. 3, Satz 2) erweitert wird.

1994 *Regelung der Pflegeversicherung im SGB XI als Pflegeversicherungsgesetz: Je nach Pflegebedarf können Leistungen in drei Pflegestufen unabhängig von Einkommensgrenzen und vorhandenem Vermögen gewährt werden.*

1995 **Übergabe der Unterschriftenliste gegen Bioethik-Konvention an Dr. Rita Süssmuth**
Wahl in den Mössinger Gemeinderat

2000 *Aktion Sorgenkind wird Aktion Mensch*

2001 *Das Sozialgesetzbuch (SGB) IX tritt in Kraft. Politisches Ziel ist ein Paradigmenwechsel, der die Betroffenen vom Objekt staatlicher Fürsorge zu Menschen macht, die ihr Leben in »bürgerrechtlicher Teilhabe« selbst bestimmen.*

2002 **Wahl in den Vorstand LAG Selbsthilfe Baden-Württemberg e.V. (ab 2005 Stellvertretender Vorsitzender)**
Das Behindertengleichstellungsgesetz des Bundes (BGG) tritt in Kraft. Kernstück ist »die Herstellung einer umfassend verstandenen Barrierefreiheit«: Menschen mit Behinderung sollen alle Lebensbereiche »in der allgemein üblichen Weise, ohne besondere Erschwernisse und grundsätzlich ohne fremde Hilfe« nutzen können.

2004 **Wahl in den Kreistag Tübingen**

2005 **Willi Rudolf erhält Bundesverdienstkreuz am Bande**

2006 **Berufung in den Landes-Behindertenbeirat für Rehabilitation und Teilhabe im Sozialministerium als Vertreter der Menschen mit Körperbehinderung und Bestellung zum Behindertenbeauftragten des Landkreises Tübingen**

2006 bis 2008	*Der Deutsche Bundestag beschließt das Allgemeine Gleichbehandlungsgesetz (AGG). Von Diskriminierung Betroffene können nun sowohl in arbeitsrechtlichen wie in zivilrechtlichen Lebensbereichen ihre Rechte auf Gleichbehandlung einfordern.*
2009	**Berufung in den Expertenrat beim Kultusministerium (UN Konvention) Stellvertretender Ortsvorsteher Öschingen**
2009	*Die Bundesrepublik ratifiziert die Konvention der Vereinten Nationen über die Rechte von Menschen mit Behinderungen.*
2011	**Verleihung der Landesverdienstmedaille Baden-Württemberg im Schloss Mannheim; Mitglied im Fahrgastbeirat des Verkehrsministeriums Baden-Württemberg.**
2014	**Verleihung der Bürgermedaille der Stadt Mössingen und Ausscheiden aus dem Stadtrat.**
2015	**Ausscheiden aus dem Kreistag damit eine Bestellung zum hauptamtlichen Behindertenbeauftragten Landkreis Tübingen möglich war.**
2015	**Ausscheiden als stellvertretender Vorsitzender der Landesarbeitsgemeinschaft Selbsthilfe Baden-Württemberg e.V.**
2015	*Projekt Wanderausstellung in Baden-Württemberg zum Thema Barrierefreiheit im Auftrag von dem Sozialministerium.*
2016	*Projekt Inklusionsbegleiter Seminarreihe im Auftrag der Landesstiftung Baden-Württemberg.*
2016	**Berufung in den Landesbehindertenbeirat im Auftrag des Landkreistags und Ausscheiden als Vertreter der Menschen mit Körperbehinderung.**
2017	**Ausscheiden als Vorsitzender des Landesverbandes Selbsthilfe Körperbehinderter Baden-Württemberg e.V.**